Velfærds- og velstandsforstæder

Forstadsformer i det 20. århundredes hovedstadsmetropol

FAGFÆLLE-
BEDØMT

Henning Bro

Velfærds- og velstandsforstæder

Forstadsformer i det 20. århundredes hovedstadsmetropol

Metropolhistorisk Netværk
2025

Velfærds- og velstandsforstæder
Forstadsformer i det 20. århundredes hovedstadsmetropol
Forfatter: Henning Bro
1.udgave, 1 oplag, 2025

Forlag: BoD · Books on Demand, Strandvejen 100, 2900 Hellerup, bod@bod.dk
Tryk: Libri Plureos GmbH, Friedensallee 273, 22763 Hamborg, Tyskland

ISBN: 978-87-7691-974-0

Indholdsfortegnelse

Forord

Omslaget til denne bog angiver udstrækningen af det forstadsområde, der ligger uden for hovedstaden (København-Frederiksberg). Nok ikke lige fra dem, der bor eller arbejder her, men fra dem, som på vej til og fra arbejde, oplevelser eller fornøjelser i hovedstaden kører igennem forstadsområdet, får det ofte negative prædikater: Trøstesløst, uniformt, kulturløst, menneskefjendskt, historieløst, stereotypt o.s.v.

Heller ikke populærvidenskabelige og forskende historikere har levnet forstæderne megen interesse. Fokus har været på København og til nød Frederiksberg, hvorved forstaden ofte er blevet overset og i bedste fald blot blevet set som en historisk udløber af hovedstadens historie. Uden blik for forstædernes forskellighed og forskelligartede historiske forudsætninger. En tilsvarende manglende forståelse for både hel- og forskelligheder er ofte også blevet resultatet, når lokale ildsjæle indenfor kommunegrænsens usynlige mure har beskrevet forstadskommunernes historie i punktstudier.

Kun i én forstadshistorie anlægges et bredere perspektiv. Nemlig i Poul Sverrilds værk *Vejene til Hvidovre*, der indskriver Hvidovre i en samlet forstadshistorie.[1] Den her foreliggende bog skal ikke gå dette værk i bedene, men inspireret heraf forsøge at udsondre forskellige forstadsformer og afdække deres forskelligartede samfundshistoriske baggrund.

Som følge af at forstæderne blev en central del af den danske hovedstadsmetropols dannelse og udvikling som en byregion, og de med deres sociale og erhvervs- og bebyggelsesmæssige forskelligartethed ikke blot interagerede med hinanden, men også med metropolens centrale del og nye og andre byenheder, der opstod i dens periferi. Bogen indgår dermed i den forskning i hovedstadsmetropolens historie, som særlig i de sidste 15 år alene er udgået fra forskende medarbejdere ved metropolens arkiver og museer, og hvis resultater er oplistet til sidst i denne bog.

Som det fremgår heraf har denne forskning omfattet en række antologier, der syntetiserer sider af hovedstadsmetropolens historie, og en buket af tidsskriftsartikler, som bidrager hertil. Herudover afdækker en monografi regionale rammebetingelser for metropolens funktion som en byregion, mens såvel monografier som tidsskriftartikler foreløbig har belyst historien bag to af hovedstadsmetropolens forskelligartede byenheder. Nemlig pendlersatellitbyer og sommerhusbyer, der opstår i metropolens ydre og yderste periferi. Med fokus på forstadsformer i det 20. århundredes hovedstadsmetropol indskriver denne bog sig således i denne sammenhæng, og suppleres i løbet af dette år med en antologi med titlen: *Købstadsringen. Historien om Københavns og hovedstadsmetropolens omliggende købstæder*, der udgives af forlaget Frydenlund Academic.

Jeg skal afslutningsvis takke styregruppen for Metropolhistorisk Netværk for, at den foreliggende bog, som den første, udgives i netværkets regi.[2] Endelig skal jeg varmt takke tidligere arkivar ved Lyngby-Taarbæk Stadsarkiv, cand.mag., Lise Skjøt-Pedersen for, med sin store, brede og alsidige viden om og forskning i hovedstadsmetropolens forstæder, at have gennemlæst, kommenteret og kritiseret mit oprindelige manuskript. Ligeledes en varm tak til tidligere museumsinspektør og arkivleder ved Museum Nordsjælland, Ph.D. Hans Jørgen Winther Jensen, for, med sin tilsvarende indsigt og forskning og store viden om og betydelige forskning i særlig Nordsjællands og de stedlige forstæders historie, også at have gennemlæst og kommenteret mit manuskript. Uvurderlige bidrag til, at der, efter min vurdering, nu foreligger en bedre bog.

Stege, d. 18.2.2025, Henning Bro, Ph.D., seniorforsker, Frederiksberg Stadsarkiv

---

[1] Poul Sverrild: Vejene til Hvidovre. Om den periurbane udvikling i en københavnsk forstadskommune, Frydenlund, 2020.

[2] METROPOL – Metropolhistorisk Netværk METROPOL

Kapitel 1

Indledning

I sit værk, *Vejene til Hvidovre*, konstaterer Poul Sverrild med samme illustration, som på denne bogs forside: *"Den overordnede struktur i Storkøbenhavns sociale geografi i kølvandet af industrialiseringen fulgte en halvcirkel vest om København med faldende status fra nord til syd"*.[3]

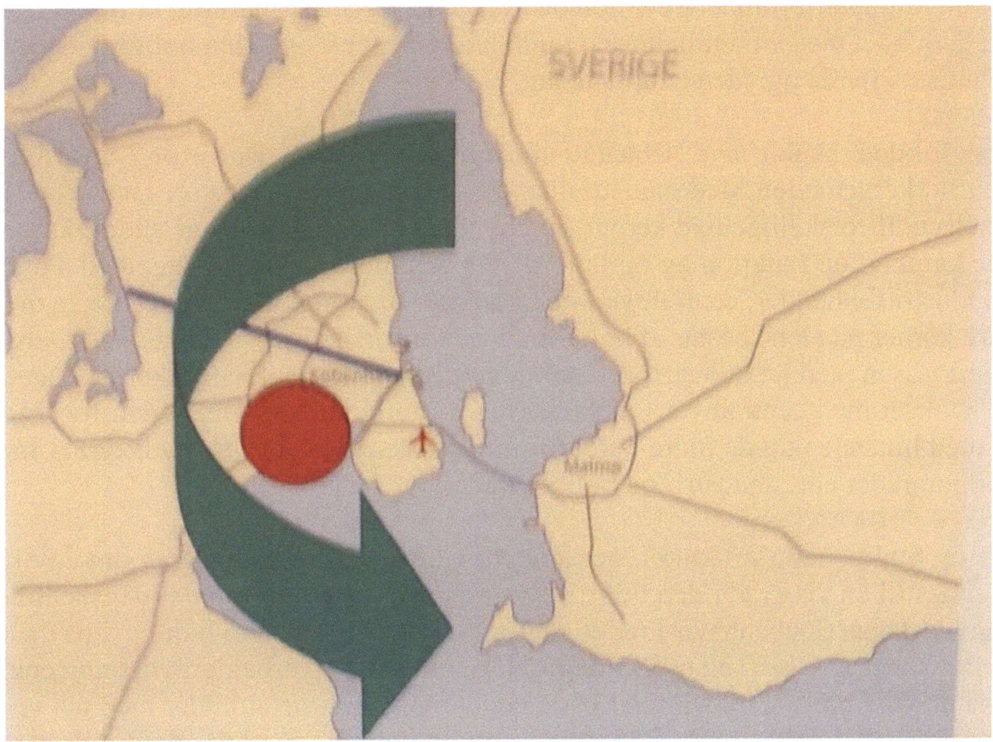

En konstatering, der rejser spørgsmål om, hvilken karakter dette statusfald havde i forstadsområdet, hvilke faktorer, som lå bag, og hvorvidt denne geografisk faldende status førte til dannelse af forskellige forstadsformer eller var et resultat heraf. Spørgsmål, der rummer potentiale til en omfattende forskningsindsats, som ganske vist falder udenfor denne bogs rammer, men som den vil opmuntre til.

Det er således denne bogs formål at operationalisere de stillede spørgsmål på en sådan måde, at der, med inddragelse af et overkommeligt kildemateriale, kan gives et foreløbigt svar. I dette øjemed skal forskningspositioner om såvel forstæders sociale og funktionelle udvikling og karakter som forskelligartet urban velfærd først afdækkes. For ikke blot at afsøge potentialer for både at definere forskellige forstadsformer og at afdække bagvedliggende drivkræfter. Men også for på dette grundlag og med et teoretisk afsæt at kunne både opstille en arbejdshypotese og en problemstilling for bogens videre analyser og fastlægge den analysemetode og det kildemateriale, der skal anvendes.

Forskningspositioner

Selv om den såkaldte Chicago-skoles teorisæt udvikledes i mellemkrigstiden og de første tiår efter den sidste verdenskrigs afslutning, udgør de fortsat et validt teoretisk udgangspunkt for historisk empirisk analyse af træk ved baggrunden for og karakteren af de funktionelt forskelligartede byenheder

---

[3] Sverrild: Vejene til Hvidovre, 2020, s. 285.

(herunder forstæder), som opstår i de urbane netværk, der kendetegner byregioner, og hvis byenheder, som i den danske hovedstadsmetropol, interagerer med hinanden.[4]

Forstadsdannelsens social karakter

Skolens ældste repræsentant, E. Burgess, påviser, med dette afsæt og industrialiseringens urbanisering, dannelsen af et city med centrale kommercielle, administrative og kulturelle funktioner og uden om liggende koncentriske zoner (bylag). Først et bylag med udlejningsbyggeri og industri, derefter et andet lag med boligområder for mindre bemidlede i etagebebyggelser, herefter et tredje lag med boligområder for mellemlaget med enfamiliehuse og udlejningsbyggeri og siden boligforstæder for overklassen, som byregionens fjerde og yderste urbane lag.[5]

Som udtryk for den såkaldt "nye" Chicago-skole har Chauncy D. Harris og Edward L. Ullmann senere lanceret en flerkernemodel. Med industrialismens videre urbanisering ser Harris og Ullmann i byregioner dannelsen af forskellige nye kerner (byenheder) og omdannelse af ældre. Disse kerner har hver sin sociale karakter og funktion og omfatter: Dels den indre sammenbyggede del af byregionen, hvor tidligere industri forsvinder, centralbykernen kommer til at omfatte et langt større område, og de ligeledes ældre kerner nu alene består af boligområder for forskellige socialklasser. Dels en forstadskerne for arbejderklassen med let industri, der sammen med overklasseforstadskerner (uden industri) fortsat er sammenvokset med centralbyens indre kerner af boligområde. Dels uden for liggende yderligere, ligeledes med hinanden og de indre kerner sammenvoksede, nyere forstadskerner med enten tung industri, boligområder eller industri- og boligområder.[6]

De sociale og funktionelle strukturer, der indgår i Chicago-skolens teorisæt om udviklingen i byregioner, genkendes til en vis grad i den tidligere begrænsede litteratur om det danske hovedstadsområde.[7] Særlig i hovedstaden (København-Frederiksberg) ses cityfunktioner i indre by, på de indre københavnske og frederiksbergske bro- og bykvarterer ældre industri- og arbejderbydele og enklaver af villaområder og på de ydre bro- og bykvarterer både noget nyere industriområder med tæt ved liggende etagebebyggelser for arbejderklassen og fjernere samtidige mindre områder med villaer og etagehuse med mondæne lejligheder. Endelig ses i hovedstadens yderdistrikter senere lokalkommunalt planlagte kvarterer med etagebyggeri overvejede for arbejderklassen og det lavere funktionærlag, villakvarterer, hvis sociale sammensætning følger husenes størrelse og standard, og industrikvarterer.[8]

---

[4] En byregion er nærmere defineret i tekstboksen på side 17. Som en teoretisk indfaldsvinkel til historisk analyse af den danske hovedstadsmetropols regionale udvikling (jf. side 20-21 og 74-77), kan denne betragtes som en byregion og geografisk afgrænses, som det fremgår af note 39, side 19.

[5] E.W Burgess: The Growth for the City i P.E. Parker (red.): The City, 5. udgave 1967.

[6] Chauncy D. Harris og Edward L. Ullmann: The Nature og Cities i The Annals of the American Academy of Political and Social Science, bd. 242, 1945, s. 7-17.

[7] Ved tidligere litteratur forstås den, der har behandlet større eller mindre dele af hovedstadsområdets historie, før forskningen i hovedstadsmetropolens samlede regionale historie indledtes omkring 2010. Dog ikke den litteratur, der fremgår af side 153 og er udgivet frem til 2009.

[8] Jens Erik Frits Hansen: Københavns forstadsbebyggelse i 1850'erne, 1977. Ulla Holm Petersen: Aspekter af byudviklingen i Københavnsområdet 1890-1906, 1981. Vesterbro: En forstadsbebyggelse i København 1-2, 1986 Fredningsstyrelsen. Caspar Jørgensen: Affolkning og citydannelse i det indre København 1855-1985, i Fabrik og Bolig nr. 2, 1987. Peter Dragsbo: Byens udformning, i P. Strømstad (red.): Mennesket og Maskinen, 1980, s. 36-54. Følgende artikler af Ole Hyldtoft: Von Festungzurmodernen Grosstadt: Kopenhagen 1840-1914, i A tale of twocities: Berlin-Kopenhagen 1650-1930, 1997, s. 81-116. København: fra fæstning til moderne storby, i Karl- Erik Frandsen (red.): Kongens og folkets København – gennem 800 år, 1996, s. 129-155. Fra fæstning til moderne storby, i særnummer af Fabrik og Bolig, 1998. From Fortified Town to Modern Metropolis. Copenhagen 1840-1914 i Ingrid Hammerström og Tomas Hall (red.) Growth and Transformation of Modern City, Stockholm, 1997, s. 49-58. Søren Bitsch Christensen og Mette Ladegaard Thøgersen: Bysystem og urbanisme ca. 1840-2000, i Den moderne by, Århus 2006, s. 41-42, 75-77. Peter Dragsbo:

Ovennævnte litteratur har ganske vist tillige påvist dannelsen af et omliggende koncentrisk forstadslag og derudfra løbende regionalt planlagte radiale forstadsbånd. Men indtil for 15 år siden har forskningen i hovedstadsmetropolens forstæder været så begrænset, at disses sociale og funktionelle forskellighed har fortonet sig, hvorved det ikke bare tilnærmelsesvist har været muligt at udskille forskellige forstadsformer, som Harris og Ullmann formår på et teoretisk grundlag.[9] Den lokalhistoriske litteratur har ganske vist behandlet de enkelte forstæder, men kommunegrænserne har udgjort den ydre ramme. Den amtskommunale grænse eller en opsplitning af amtskommunen i delområder har på tilsvarende måde vanskeliggjort en afdækning af forstædernes sociale og funktionelle diversitet i de publikationer, der er blevet udsendt af Københavns Amtskommune.[10]

En sådan afdækning er imidlertid blevet gennemført i Sverrilds ovennævnte værk, den seneste forskning i hovedstadsmetropolens udvikling og funktion som en byregion[11] og den antologi om metropolen efter 1945, som den regionale arkivorganisation, Hovedstadsområdets Kulturhistoriske Arkiver (HOKA), udgiver i 2011.[12] I sidstnævnte påviser flere artikler således dannelse af flere meget store industriområder i Gladsaxe og Brøndby og ved Avedøre Holme fra 30´erne og op gennem efterkrigstiden.[13]

I samme antologi ser en af artiklerne Lyngby-Taarbæk-forstaden, som aktør i velfærdsstaten i 30´- og 40´erne[14]. Mens en artikel om elementbyggeriet Herlevhuse anskuer dette, som udtryk for velfærdsdrømme i 50´erne[15], og en artikel om byplan- og liv på den ydre Vestegn fra slutningen af dette tiår fastslår, at velfærd er blevet kulturarv i Albertslund.[16]

Disse forstæder ses i vid udstrækning baseret på den lokalkommunale bolig- og planpolitik, som, efter førnævnte Sverrild: *"Udviklede Hvidovres endnu udisponerede arealer bebyggelsesmæssigt i overensstemmelse med den socialdemokratiske drøm om et solidarisk, spekulationsfrit boligmarked drevet af almene boligselskaber."* Og som Sverrild forsætter: *"Hvidovre udviklede sig i den periode til en forstad præget af arbejder- og lavere middelklasse, med det nye kollektive bebyggelsesmønster, som blev normen for efterkrigstidens velfærdsforstæder ved siden af de allerede eksisterede enfamiliehuskvarterer".*[17]

I stærk kontrast hertil påviser to artikler i HOKAs antologi, at kommunerne i Hørsholm og Søllerød i langt højere grad har prioriteret privat parcelhusbyggeri og i langt mindre omfang erhvervs- og

---

Forstaden – et kulturmiljøs historie i Den moderne by, 2007, s. 285-305. Samme: Hvem opfandt parcelhuset? Forstaden har en historie, 2008. Mikkel Thelle: Røræg eller spejlæg – byplaner og hverdagsliv ved Køge Bugt 1945-1990 i Den moderne by, Århus 2006, s. 329-348.

[9] Jf. note 6.

[10] Ena Hvidberg og Hannelene Toft Jensen: Vestegnen, 1986.Ena Hvidberg og Hannelene Toft Jensen: Nordvestegnen, 1987.Ena Hvidberg og Hannelene Toft Jensen: Udsigt til Amager: Udviklingen i Tårnby og Dragør kommuner i dette århundrede, 1993.Peter Sorenius, Jens Johansen og Niels Peter Stilling: Københavns Amt. Kulturhistorisk oversigt. Nyere tid 1536-1997, 1999.

[11] Henning Bro: Hovedstadsmetropolen – den danske byregion. Regionale rammebetingelser for det danske hovedstadsområdes funktion som en byregion 1850-1990, Frydenlund Academic, bd. 1-3, 2023, samt andre bidrag angivet på side 153-155.

[12] Hovedstadsmetropolen efter 1945 (red. Henning Bro m.fl.), HOKA, 2011.

[13] Hovedstadsmetropolen efter 1945, 2011, s. 87-108, 279-308 og 313-333.

[14] Hovedstadsmetropolen efter 1945, 2011, s. 109-129

[15] Hovedstadsmetropolen efter 1945, 2011, s. 199-211.

[16] Hovedstadsmetropolen efter 1945, 2011, s. 243-264.

[17] Sverrild: Vejene til Hvidovre, 2020, s. 232-233.

etagebyggeri og almene boliger.[18] Forstæder, der tidligt i perioden baseres på, som Sverrild anfører: *"Initiativer, der skulle sikre en forstads tidlige tilflyttere mod senere ankommende upassende naboer -det gælder f.eks. forstadskommunerne Gentofte og Søllerød.*[19] Senere på grundlag af en lokalkommunal bolig- og planpolitik, der i tilfældet Hørsholm, efter Hans Jørgen Winther Jensens artikel i HOKAs antologi, førte til, at *"hovedparten af de boliger, der er blevet opført i kommunen i perioden 1940-1960 har været privatejede parcelhuse, og den boligform foretrak de konservative, blandt andet fordi de mente, at det gav "den største Kærlighed til Ejendommen""* [20]

Selv om forskningen i hovedstadsmetropolens forstadsdannelse, med den særlige vægt på den sociale udvikling og karakter, fra tid til anden i flæng anvender begrebet velfærdsforstæder for nogle kategorier af forstæder, har den ikke nærmere defineret denne forstadsform eller andre, der adskiller sig fra velfærdsforstaden. Som led i arkitektur- og plananalyser, har arkitektstandens forskning derimod opereret med begrebet velfærdsby.[21] Bl.a. i den seneste fremstilling, *The Welfare city in transition. A compilation of texts and images 1923-2020*, der dog kun, på grundlag af en begrænset mængde velkendt sekundærlitteratur, giver en kortfattet og samtidig billedrig plan- og arkitekturhistorisk oversigt, som først ager udgangspunkt i Fingerplanen fra 1948, men ikke i 1923, som titlen lover.[22]

Fremstillingen giver, i forhold til sine 174 sider, en yderst summarisk definition af en velfærdsby, som er hentet fra den danske politolog Niels Albertsens og den engelske arkitekt Bülent Dikens lidt ældre artikel til *Nordic Journal af Architectural Research*.[23] Her arbejdes til gengæld med forskellige urbane velfærdsformer, hvoraf to, sammen med forskningsbidragene til den danske hovedstadsmetropols forstadsudvikling, muliggør udskillelse af to forskellige forstadsformer i denne metropol.

Velfærdsforstaden

Albertsen og arkitekt Bülent Diken opererer således med en såkaldt socialdemokratisk skandinavisk velfærdsby, som de to forfattere peger på, hidtil er blevet set som en direkte og tidsmæssig parallel udløber af den universalistiske velfærdsstat (Appendiks 1), hvor offentlige urbane velfærdsgoder, som en del af urbaniseringsprocessen, trækker arbejdskraft fra land til by. Ikke desto mindre argumenterer Albertsen og Diken mod denne parallelisering. Idet de socialdemokratiske velfærdsstater, som følge af deres universalisme, der baseres på sociale rettigheder til alle, ikke gør forskel mellem land og by. Derimod anerkender Albertsen og Diken fænomenet; en skandinavisk socialdemokratisk velfærdsby. Som et resultat af konfigurationer af nye politiske alliancer og kendetegnet ved forskellige former for velfærdsgoder, almene boliger, hospitaler, skoler, universiteter, biblioteker, sports- og fritidsfaciliteter, plejecentre for børn og ældre samt infrastruktur.[24]

Ud fra en urbanhistorisk tilgang har analyser af nordiske, herunder danske, velfærdsbyer dog været et forsømt forskningsområde indtil udgivelsen i 2024 af resultatet af et fællesnordiske forskningsprojekt

---

[18] Hovedstadsmetropolen efter 1945, 2011, s. 137-157 og note 13.

[19] Sverrild: Vejene til Hvidovre, 2020, s. 257.

[20] Hans Jørgen Winther Jensen: En konservativ succes ? Politik og bolig i Hørsholms historie 140-1960, Hovedstadsmetropolen efter 1945, 2011, s. 159-180; citat, s. 177.

[21] F.eks. Poul Bæk Pedersen: Arkitektur og plan i den danske velfærdsby 1950-1990: container og urbant raster, 2005.

[22] The Welfare city in transition. A compilation of texts and images 1923-2020 (red. Pernille Marie Bärnhaim m.fl.), 2020, s. 17-44.

[23] Niels Albertsen & Bülent Diken: Welfare and the City Welfare and the City, Nordic Journal af Architectural Research, 2023, s. 7-22.

[24] Albertsen & Diken: Welfare and the City Welfare and the City, Nordic Journal af Architectural Research, 2023, s. 14-15.

i form af antologien: *Nordic Welfare Cities. Negotiating Urban Citizenship since 1850.* [25] Mens den hidtidige forskning har set velfærdssystemer og offentlig varetagelse af almene produktionsbetingelser (bl.a. trafik- og forsyningsinfrastruktur) som et produkt af dannelse af forskellige former for velfærdsstater (særlig de nordiske) i mellemkrigstiden og særlig efterkrigstiden, og betragtet bykommuner som udmøntende af den velfærdsstatslige politik, sætter nævnte antologi et særligt fokus på disse kommuner og perioden fra slutningen af det 19. århundrede og frem til omkring 1940.

I den forbindelse opereres med begrebet velfærdsbyen, der, før staten, i stadig større grad bliver drivende ved såvel organisering og institutionalisering af velfærdssystemer med moderne sociale ydelser, hospitaler, sundhedspleje uddannelse, fritidsfaciliteter og boligprojekter som anlæg og drift af forskellige former for infrastruktur. Så som vand- og energiforsyning, offentlig kollektiv trafik, spildevandssystemer m.m.

Så meget, at Magnus Linnarsson, i antologiens indledende kapitel i Norden fra omkring århundredskiftet ser en form for *"municipal socialism; a concrete political programme where local civil servants controlled and planned urban growth and expansion".* [26] Bag dannelsen af velfærdsbyen peger Linnarsson på industrialiseringens urbanisering, der skaber sociale og miljømæssige problemer og behov for varetagelse af en række funktioner af betydning for byens funktionalitet.

Da disse problemer og behov ikke kan håndteres af det residuale skole- og fattigvæsen og den private varetagelse af trafik og forsyning, der følger af den hidtidige laissez-faire kapitalismen, konkluderer Linnarsson:

Together, these processes created tensions in urban communities as more and more people competed for jobs and sustenance. To handle both social conflict and deteriorated living conditions, local politicians were forced to take action. For example, sanitary measures had to be implemented to accommodate more inhabitants in the city, and infrastructure had to be built to regulate water and electricity, as well as to transport workers to and from the factories. Thus, the welfare city entered the picture. [27]

Kobles de ovenfor foreliggende arkitekturvidenskabelige og urbanhistoriske nordiske forskningspositioner omkring velfærdsbyer med de konkrete træk ved nogle af hovedstadsmetropolens forstæder, som Sverrild har afdækket og fremgår i nogle af artiklerne i HOKAs antologi og dennes sammenbindende synteseskabede delafsnit, gives et validt grundlag for at kunne udskille nogle af hovedstadsmetropolens forstæder i mellem- og efterkrigstiden som velfærdsforstæder.

Kendetegnet ved betydelig industri, en blanding af etage- og parcelhuse med en stor andel af små og mellemstore boliger med et til fire værelser, et mix af socialt og privat boligbyggeri samt en bred buket af velfærdsydelser– og institutioner.

Velstandsforstæder
Foreligger der således en bred forståelse af en velfærdsby, der som ovenfor kan omsættes til en definition af en velfærdsforstad, har den urbanhistoriske forskning ikke nærmere afdækket karakteren af og

---

[25] Nordic Welfare Cities. Negotiating Urban Citizenship since 1850 (ed. Magnus Linnarsson & Mats Hallenberg), Routledge, 2024.
[26] Magnus Linnarsson: The Nordic welfare city Urban community and public services since 1850, Nordic Welfare Cities, 2024, s. 9
[27] Linnarsson: The Nordic welfare city Urban community and public services since 1850, Nordic Welfare Cities, 2024, s. 1-16; citat, s. 4.

faktorer bag andre urbane velfærdsformer. Ved analyse af disses aktuelle karakter, har Albertsen og Diken imidlertid udskilt en liberal velfærdsby.

Den ses her, som særlig kendetegnende for de nordamerikanske byregioner og som et stærk segregeret bysamfund, hvor de indre dele, udenfor de inderste business-bydele, udgør "velfærds minighettoer" med vægt på offentlig bistand og boligprogrammer baseret på et eksistensniveau. Mens forstæderne, som idealer for den liberale velfærdsby, udelukker fattige modtagere af offentlig forsørgelse og for-brugere af almene boliger, og velfærdsfaciliteter gennem private eller hybrider af offentlig-private or-ganisationer eller institutioner, der har til formål at hjælpe med individuel tilpasning og velfærdsydelser til middel- og overklassens familier.[28]

På trods af at udviklingen i USA's byregioner adskiller sig voldsomt fra samme på det europæiske kontinent og tillige i Norden, synes de træk, som tillægges de nordamerikanske forstæder, at have en række fællestræk med nogle af dem, som behandles i nogle af artiklerne i HOKAs antologi og dennes sammenbindende synteseskabede delafsnit. Herved opnås et grundlag for at kunne udskille andre af hovedstadsmetropolens forstæder i mellem- og efterkrigstiden som såkaldte velstandsforstæder.

Disse kendetegnes således ved en begrænset mængde produktionsvirksomheder og sociale boligbe-byggelser, overvejende privat parcelhus- og etagebyggeri med en betydelig andel af store boliger med fem eller flere værelser samt en mere begrænset mængde velfærdstilbud, der i nogle tilfælde tilveje-bringes af private institutioner og ellers kommunalt til særlig fordel for disse forstæders dominerede befolkningsgruppe.

Andre forstadsformer

Selv om ovennævnte forskning alene opererer med to urbane velfærdsformer, må det ved analyse af hovedstadsmetropolens forstadsdannelse i mellemkrigs- og efterkrigstiden forventes, at grupper af for-stæder ikke udvikles til de ovenfor definerede velfærds- og velstandsforstæder. Særlig under den tidlige forstadsdannelse før midten af det 20. århundrede, må det således antages, at nogle forstæder endnu ikke udvikles til velfærdsforstæder, hvorved disse kan kategoriseres som udviklingsforstæder.

Idet disse forstæder, som følge af den sociale sammensætning, har så et begrænset beskatningsgrund-lag, at overgangen fra land til forstad er så udfordrende, at de knappe kommunale ressourcer i en læn-gere periode anvendes til byggemodning og etablering af et urbant skolevæsen og en basal offentlig socialforsorg. Mens den betydelige økonomiske vækst og mellemkommunale udligningsordninger i den første efterkrigstid (1945/1950-1973) derimod kommer til at udgøre en af forudsætninger for, at mellemkrigstidens og 40´erne udviklingsforstæder og nye forstadsdannelser kan udvikles til et større antal velfærdsforstæder, må det forventes at nogle forstæder ikke får denne urbane karakter.

Forskellige historiske forudsætninger eller den lokale sociale sammensætning, må således forventes at ligge til grund for, at nogle forstæder i efterkrigstiden ikke opnår den karakter, som kendetegner vel-færds- eller velstandsforstadsformen. Men derimod i større eller mindre grad udvikler sig som hybrid-former i forhold til disse.

Drivkræfter bag forstadsformerne

Kan der på grundlag af de foreliggende forskningspositioner opstilles en bæredygtig forståelse af for-skellige forstadsformer i mellem- og efterkrigstidens hovedstadsmetropol, giver denne forskning, som

---

[28] Albertsen og Diken: Welfare and the City Welfare and the City, s. 15-16.

anført, ikke desto mindre meget forskellige bud på faktorer bag forskellige urbane velfærdsformer. Ikke desto mindre må disse bud på en række områder anses som utilstrækkelige til afdækning af drivkræfter bag disse diverse byformer.

Selv om, der kan argumenteres for, at velfærdsstaten ikke direkte i afspejles en velfærdsby, men at den havde sine lokale præmisser, er der en risiko for at udelukke denne statsforms og andre eksterne faktorers indvirken på denne og andre byformer. I den forbindelse påviser den svenske byhistoriker Heiko Droste i en artikel i fornævnte antologi i *Nordic Welfare Cities,* at det bliver de svenske kommuner, der i efterkrigstiden kommer til at udmønte den universalistiske velfærdsstats (Appendiks 1) politikområder. De svenske velfærdsbyer bliver dermed mindre autonome, da de i stigende grad begrænses af den universalistiske velfærdsstats regler og finansieringsformer, der kommer til at ligge til grund for kommunernes statsligt fastlagte opgaveportefølje.[29]

Overført til danske forhold medfører Drostes konstatering, at statsformens karakter må inddrages ved kortlægningen af drivende kræfter bag diverse urbane velfærdsformer og dermed også bag forskellige forstadsformer i den danske hovedstadsmetropol. Ikke blot i efterkrigstiden, men også mellemkrigstiden og 40´erne, idet velfærdsstaten i denne periode udvikles tidligere i Danmark end i Sverige.[30]

Hertil føjer sig andre eksterne faktorer. Den franske urbangeograf Christian Lefèvre har således påvist, at byenheder (og dermed også forstæder) i periodens vesteuropæiske byregioner i stadig større grad omfattes af en regional opgavevaretagelse, planlægning og styring.

I det 20. århundrede første halvdel ved en regional centralisering af en række lokalkommunale opgaver. I form af opgaveoverførelser til de stedlige amtskommuner, kommuneforbund til varetagelse af egnsplanlægning, forsyning og drift af den nu kommunaliserede kollektive trafik eller et stadig større antal indlemmelser af omliggende landkommuner i de store stadskommuner. Et fænomen, der kulminerer med, at det socialdemokratiske bystyre i 1920 i Berlin danner en metropolkommune omfattede samtlige af byregionens kommuner, og efterfølgende ved at tilsvarende metropolkommuner dannes i Hamborg og Wien under disses nazistiske styreformer i midten af 30´erne.

Med de vesteuropæiske byregioners yderlige vækst i efterkrigstiden påviser Lefèvre, at de givne kommunegrænser ganske vist bibeholdes. Men at der til gengæld dannes regionskommunale organer, der, over primærkommuner og endog i nogle tilfælde også over sekundærkommuner, varetager byregionernes regionale opgaver og forestår deres overordnede planlægning og styring.[31]

Udgør velfærdstatsformen, dens forandringer og regional opgavevaretagelse, planlægning og styring blinde pletter i den foreliggende forsknings afdækning af faktorer bag urbane velfærdsformer, gør dette sig også gældende, når: Dels disse blot, uden nærmere baggrundsanalyse, ses som udviklet på et lokalt socialdemokratisk eller liberalistisk politisk-ideologisk grundlag i hele henholdsvis Skandinavien eller i Nordamerika. Dels forskelle mellem forstæder i den danske hovedstadsmetropol kun og uden baggrundsafdækning tages som udtryk for dispositioner truffet af socialdemokratisk eller konservativt styrede kommuner. Dels den nordiske velfærdsby reduceres til en pavlovsk automatrektion på forøget urbanitet, og andre former for urban velfærd tillige lades ude af betragtning.

---

[29] Heiko Droste: Three Types of Welfare Cities: The Case of Sweden, Nordic Welfare Cities, 2024, s. 86-208.
[30] Jf. side 33-34.
[31] Christian Lefèvre: Metropolitan Government an Governance in Western Countries: A Critical Review International Journal of Urban and Regional Research, bd. 22, 1, 1998 s. 9-25. Hans Thor Andersen, Frank Hansen og Johan Jørgensen. The fall and rise of metropolitan government in Cppenhagen, GeoJournal, 2002, nr. 58, s. 44.

Herved tager den foreliggende forskning ikke stilling til, hvorledes en given bys eller forstads funktion, erhvervsstruktur og sociale sammensætning medvirker til, at denne får en særlig urban velfærdsform eller forstadsform. Nærmest en sådan forklaring kommer ovenfor nævnte Poul Sverrild i sin forskning i den danske hovedstadsmetropols forstadsdannelse.

Samlet tegner Sverrild et billede af én forstadsform, som geografisk opstod i det, som han betegner som Københavns historieløse, landlige og skovløse områder, *"som både var ukendte, fordi der praktisk talt ikke eksisterede litteratur om dem, og fordi det var egne, man ikke havde ærinde i, hvis man ikke allerede boede der"*.[32] Og en anden forstadsform, hvor Sverrild ser en geografisk: *"Sammenhæng mellem landstedskulturens tilknytning til de øverste samfundslag og områdernes senere udvikling til forstæder præget af borgerlig villakultur [,der] gør det umiddelbart naturligt at opleve udviklingen som en i social fortand sammenhængende og naturlig udvikling"*.[33]

Teoretisk udgangspunkt, arbejdshypotese og problemstilling

Herved bliver forskellige historiske og naturgivne beliggenhedsforhold, og dermed også grundværdier, set som faktorer bag forstadsdannelsens forskelligartede sociale karakter. Understøttet af den lokal-kommunale plan- og boligpolitik, som samtidig tillægges afgørende betydning for forstædernes diversitet både af Sverrild og i artikelbidragene i HOKAs tidligere omtalte antologi,

Spørgsmålet bliver ikke desto mindre, om disse baggrundsfaktorer og den betydelige vægt, som denne forskning i en række tilfælde har lagt på sociale kendetegn ved den danske hovedstadsmetropols forstadsdannelse, alene er tilstrækkelig til at bagrundforklare mellem- og efterkrigstidens forskellige forstadsformer.

I overfor nævnte Chicago-skole opfanges således forstædernes højere grad af diversitet ved at påvise en sammenhæng mellem deres sociale og funktionelle karakter. Idet forstadsæder og de andre zoner (bylag) eller kerner, som Chicago-skolen arbejder med, ses som en del af den urbane proces, som kendetegner en byregions udvikling, hvor forskellige grundværdier og arealudnyttelsesmønstre bliver afgørende for de socialt og funktionelt forskelligartede byenheder, der opstår og forandres i den urban region.

Disse urbanregionale processer og en senere eftertids materialistisk urbanøkonomiske teori[34] indgår i den netværksteori, der udgør det teoretiske grundlag for de seneste års historiske analyser af hovedstadsmetropolens udvikling og funktion som en byregion (jf. nedenstående tekstboks). Her ses metropolen, som et netværk af urbane enheder (herunder forstæderne), hvis funktionelle diversitet netop bestemmes af de beliggenheds- og grundværdiforhold, der øver indflydelse på såvel kapitalens skiftende og forskelligartede interesser ved lokalisering af forskellige former for realkapital som en forskelligartet boliglokalisering af arbejdskraften.

Afgørende for: Dels forskelle byenheder (forstæder) imellem i henseende til erhvervsstruktur og boligmassens sammensætning og dermed også for byenhedernes (forstædernes) social struktur og den lokale politiske organisering af forskellige interesser. Dels den interaktion med arbejdskraft, kapital og

---

[32] Sverrild: Vejene til Hvidovre, 2020, s. 25-27; citat, s. 25.

[33] Sverrild: Vejene til Hvidovre, 2020, s. 60-61.

[34] Disse teorisæt omfatter: Satellitbyteorien, den organiske decentraliseringsteori og teorien om den agglomererede byøkonomi, jf. Z. Sgao: The New Urban Area Development, Springer Verlag, Berlin/Heidelberg, 2015, s. 23-30.

varer, der binder byregionens urbane enheder sammen, og som samtidig generer behov for regionale rammebetingelser.[35]

Byregion og netværksteori
Med udgangspunkt i den urbane netværksteori forstås en byregion som et funktionelt sammenhængende og integreret urbant netværk af byenheder, af forskellig størrelse, struktur og funktion, der i et regionalt, nationalt eller globalt områder interagerer på tværs af politisk-administrative og jurisdiktionelle rammer. Herudover kendetegnes en byregion ved: Dels at arbejdskraft, tjenester, varer, kapital og information indgår i interaktionen mellem de funktionelt forskelligartede byenheder i en byregion. Dels at denne interaktion binder byenheder sammen i det samlede arbejdsmarkeds-, bolig-, erhvervs- og pendlingsområde, som byregionen udgør. Dels at byregionen har en arbejdsdeling mellem dens byenheder. 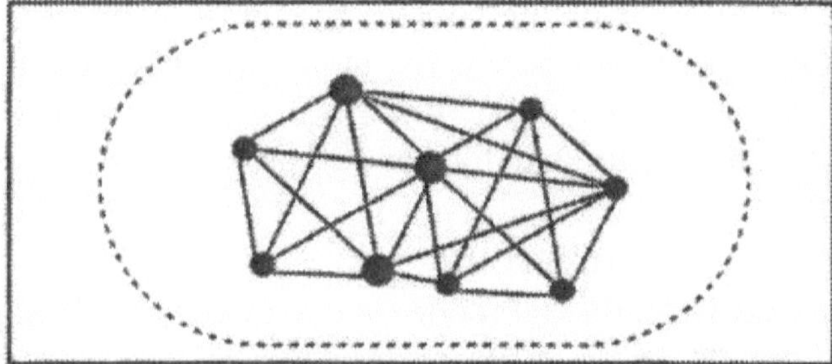 *Skematisk fremstilling af en byregion. Punkterne angiver funktionelt forskelligartede byenheder, linjerne mellem dem deres indbyrdes interaktion og den omgivende stiplede signatur: Regionale rammebetingelser, der understøtter den interurbane interaktion i netværket* Nyre forskning har desuden påvist, at interaktionen mellem en byregions funktionelt forskelligartede byenheder i større eller mindre grad understøttes af regionale rammebetingelser. Disse har til formål af understøtte realkapitalens bevægelighed, lokalisering og funktionalitet, arbejdskraftens mobilitet og boligmæssige lokalisering, pendling og produktionsevne samt varer og tjenesters mobilitet. Med dette sigte omfatter regionale rammebetingelser: Regional fysisk planlægning og regional sammenhængende og tilstrækkelig trafikal infrastruktur, vand- og energiforsyning, håndtering af spildevand, affald og andre miljømæssige udfordringer, sygehus- og videregående skoletilbud samt brand- og redningstjeneste.[36]

På dette teoretiske grundlag må det, som arbejdshypotese for denne bog således forventes, at forskellige beliggenheds- og grundværdiforhold får afgørende betydning for både graden og arten af lokalisering af realkapital og boligbyggeri i henseende til lokalisering, ejdomsform, bebyggelsesform, boligstørrelse- og udgift.

Disse faktorer forventes at blive afgørende for de overfor fastlagte forstadsformernes forskelligartede både erhvervsmæssige og dermed funktionelle struktur og boligbyggeri, som bliver bestemmende for disse forstadsformers sociale struktur. Denne struktur må samtidig, forventes at bidrage til en lokal forskelligartet politisk organisering af de stedlige klasseinteresser for så vidt det lokalkommunale velfærdssystem og den lokalkommunal plan- og boligpolitik, som, sammen med den markedsbestemte lokalisering af forskelligartet realkapital og boligbyggeri, tillige øver indflydelse på forstadsformen, dens fastholdelse eller forandring.

En forståelse af forstadsdannelsen- og formen alene ud fra de nævnte økonomiske og sociale processer og den indflydelse, som det lokalkommunale politisk-administrative niveau samtidig øver, vil, som ovenfor angivet, imidlertid overse betydningen af både forandringer af statsformen og private og offentlige regionale aktørers dispositioner i hele hovedstadsmetropolen. Som en del af denne bogs

---

[35] Bro: Hovedstadsmetropolen, bd. 1, 2023, s. 46-47.
[36] Bro: Hovedstadsmetropolen – den danske byregion, bd. 1, 2023, s. 56-60.

arbejdshypotese indgår således tillige mellem- og efterkrigstidens stadig mere intervenerende velfærdsstat og den indsnævring af eller mulighedsskabelse for det kommunale selvstyres dispositionsmuligheder, der følger heraf.[37]

Herudover indgår i arbejdshypotesen, at en række lokalkommunale opgaver overføres fra et primærkommunalt til et regionalt niveau i takt med tilvejebringelse af stadig mere vidtgående regionale rammebetingelser for hovedstadsmetropolens funktion som en byregion. Metropolens forstadsdannelse- og former må derfor over tid forventes at blive stadig mere påvirket af både velfærdsstatslig og regional styring og planlægning og offentlige regionale aktørers opgavevaretagelse.[38]

Med den anlagte arbejdshypotese har denne bog for mellem- og efterkrigstiden således til formål at analysere: 1) Hvorledes hovedstadsmetropolens forstæder bliver regionalt socialt og funktionelt struktureret 2) Hvilke faktorer, der ligger bag denne regionale sociale og funktionelle struktur 3) Hvorvidt denne struktur afspejles i forskellige forstadsformer og karakteristiske træk ved disse.

Metode, kildegrundlag og afgrænsning

Udover et afsluttende, konkluderede, diskuterende og perspektiverende kapitel, opdeles denne bog i to kapitler, der har midten af det 20. århundrede som periodeskel. I begge kapitler tages udgangspunkt i forstadsdannelsen, som en del af hovedstadsmetropolens udvikling som en byregion med særlig fokus på bagvedliggende sammenhænge så som beliggenheds- og ejendomsværdifaktorer, kapitalens lokalisering af realkapital og anden økonomisk aktivitet og boligmassens forskelligartede sammensætning og geografiske fordeling. Hertil vil analysen inddrage foreliggende forskningslitteratur, fjerde og femte udgave af Trap Danmark fra henholdsvis 1920 og 50´erne samt datasæt fra den offentlige og digitale statistik.

Da både forstadsdannelsen og udviklingen af forskellige forstadsformer i begge perioder i stigende omfang finder sted under velfærdsstatslige og regionale rammer, vil disse have en central placering i analysen, som i den forbindelse baseres på foreliggende forskningslitteratur, og for så vidt efterkrigstiden desuden på trykte egnsplanskitser, betænkninger fra byudviklingsudvalg, dispositionsplaner for Køge Bugt-området samt fredningsplaner- og planforslag.

Med dette udgangspunkt søger de to kapitler nærmere at afdække de forstadsformer, der opstår og udvikles i de angivne perioder. Analysen vil omfatte en afdækning af kendetegn ved de forskellige forstadsformer i henseende til den erhvervsmæssige struktur, boligmassens sammensætning, den sociale lagdeling, gennemsnitsindkomst- og formuer, omfanget af personer på offentlig forsorg og den lokalkommunale politiske både organisering af de befolkningsmæssigt dominerende klasser og den interessefremførelse, der udspringer heraf.

Disse faktorer vil udgøre afsættet for analyse af, hvorvidt der fra det lokalkommunale politiske niveau i de to perioder, indenfor de nævnte velfærdsstatslige og regionale rammer, træffer dispositioner, der bidrager til, udvider eller forandrer forstadsformernes karakter og kendetegn. Analysen heraf falder i to dele:

Dels en afdækning den lokalkommunale plan- og boligpolitik for så vidt bebyggelsens struktur samt boligmassens sammensætning og det sociale boligbyggeris andel heraf. Dels en afdækning af såkaldte

---

[37] Bro: Hovedstadsmetropolen, bd. 1, 2023, s. 47-56.
[38] Bro: Hovedstadsmetropolen, bd. 1, 2023, s. 56-73.

velfærdsindikatorer, der omfatter både velfærdsudgifternes andel af de samlede kommunale udgifter, og hvorledes vægtningen af disse udgifter i perioden frem til midten af det 20. århundrede afspejles i forskellige datasæt om institutionstilbud på det sociale område og indenfor skole- og kulturområderne. Disse datasæt omfatter antal pladser på alderdomshjem og daginstitutioner, børn under sundhedsplejerskers tilsyn, folkeskolelærere, elever i mellemskolen og folkebiblioteksbind samt procentandel af kommunale skoler og børneinstitutioner.

Til analysen af begge perioders forstadsformer inddrages lokalhistorisk litteratur, de nævnte udgaver af Trap Danmark, en mindre mængde journalsager og byggesagsarkivalier fra enkelte kommunale arkiver, digitale matrikulæroplysninger samt et omfattende statistisk bearbejdet materiale. Med de begrænsede rammer, der ligger til grund for en bog af den foreliggendes størrelse, har et sådant materiale i et betydeligt omfang ligget til grund for de fleste af bogens analyser. Idet ikke blot Statistisk Departements/Danmarks Statistiks, men i særlig grad Københavns statistiske Kontors omfattende trykte og senere digitale serier, giver mulighed for en statistisk efterbehandling, der afdækker en lang række af de aspekter, der indgår i bogens analyser.

Det være sig: Regionale forskelle i grundværdier og salgspriser for parcelhuse, erhvervssammensætning, omfanget af produktionsvirksomheder, befolkningstal- og sammensætning, boligmassens fordeling på bebyggelsesformer, boligstørrelse og ejendomsformer, sociale lagdeling og andre sociale indikatorer (så som omfanget af offentlig forsørgelse og indkomst- og formuefordeling), lokalkommunal politisk sammensætning, fordelingen af kommunale velfærdsudgifter og institutionstilbud på det sociale område og skole- og kulturområderne.

Selv om de første forstæder vokser frem i årtierne omkring århundredskiftet, og forstadsdannelsen langt senere breder sig til den omliggende ring af købstæder[39], afgrænses bogen periodisk til det 20. århundrede og geografisk til forstæder i tidligere Københavns Amtskommune og dem i tidligere Frederiksborg Amtskommune, der i starten af 50´erne også opnår den såkaldte Gentofte-status.[40] Dette område omfatter således de ældste forstæder og dem, der dannes i mellem- og efterkrigstiden først som et koncentriske lag uden om hovedstaden og siden tager form af radiale forstadsbånd.

---

[39] Fra midten af det 19. århundrede og frem til midten af det det følgende omfattes hele hovedstadsmetropolen som en byregion af hovedstaden (København-Frederiksberg) og uden for liggende forstæder i tidligere Københavns Amtskommune og den sydøstlige del af tidligere Frederiksborg Amtskommune (jf. note 40). Efter 1950 indgår i metropolen samme område samt andre byenheder i den resterende del af sidstnævnte amtskommune samt i tidligere Roskilde Amtskommune. Jf. Bro: Hovedstadsmetropolen – den danske byregion, 2023, bd. 1, s. 97-99.

[40] Ordningen gennemførtes i første omgang i Gentofte Sognekommune i 1920 og bevirkede, at denne fik samme kommunalbeføjelser som købstadskommunerne, men i modsætning til disse ikke de amtskommunale. Da de øvrige af hovedstadsmetropolens forstadskommuner fik behov for samme beføjelser, og det ikke lykkedes at ændre metropolens kommunalstruktur på den både, som blev foreslået i betænkningen fra 1948 fra den i 1939 nedsatte Hovedstadskommission (se nedenfor), overførtes Gentoftes særlige kommunalstatus til disse. D.v.s. samtlige kommuner i Københavns Amtskommune samt Birkerød, Hørsholm og Farum kommuner i Frederiksborg Amtskommune.

Kapitel 2

Forstadsformer i støbeskeen

Forstadsdannelse og udvikling af forskellige forstadsformer blev en del af den urbane proces, der fulgte af det førindustrielle Københavns transformation til en fremvoksende hovedstadsmetropol i de 100 år mellem 1850 og 1950.

Fra førindustriel hovedstad til hovedstadsmetropol

Siden midten af 1500-tallet havde København som hovedstad i stadig større omfang distanceret sig størrelsesmæssigt fra samtlige af Danmarks øvrige købstæder og var på 9 km^2 300 år efter blevet landets suverænt største by med 130.000 indbyggere. Det svarede til en ottendedel af hele landets folketal og ikke mindre end 43 procent af dets bybefolkning.

Med denne voldsomme urbane fortætning, der var fulgt med den begyndende industrialisering, sprængte København sig i 1852 ud af enevældens fæstningsværker, og hovedstaden bredte sig i de følgende årtier ind over dens umiddelbare opland. Helt som det, ganske vist i et langt mindre omfang, blev tilfældet i provinskøbstæderne. På samme tid som, der opstod stations- og landevejsbyer i oplandene mellem de eksisterende købstæder.

Frem til første verdenskrig

Med periodens accelererende industrialisering og urbanisering skød de københavnske broer skød op og udbyggedes, Frederiksberg forvandledes med bykvarterer fra en landsby til en storby, samtidig med at der begyndte at opstå urbane bebyggelser i de i København i 1901-1902 indlemmede distrikter og på de frederiksbergske vestlige yderdistrikter. Ved afslutningen af verdenskrigen i 1918 havde København og Frederiksberg udviklet sig til en integreret hovedstad med et folketal på over en halv million indbyggere og havde samme med samtidig omliggende boligforstæder længere ude, i Hellerup, Charlottenlund, Klampenborg, Søborg og Tårnby, fået karakter af en tidlig hovedstadsmetropol.

Tabel 1. Hovedstadsmetropolens befolkningstal, 1850-1950, Index. 1850=100.[41]

	1850	1870	1890	1910	1930	1950
Hovedstaden*	100	149	271	421	554	670
Forstæderne	100	132	178	209	419	910
Hovedstadsmetropolen	100	145	252	376	518	721

* København og Frederiksberg.

Et resultat af den urbane transformationsproces, der op gennem den sidste halvdel af 1800-tallet og i de første årtier af det efterfølgende århundrede fulgte af kapitalkræfternes lokalisering af forskelligartet realkapital. Således, at finansiel, administrativ og service- og forretningsmæssig virksomhed koncentreredes til en centralby (Københavns indre førindustrielle bydel), som samme med nationale og regionale offentlige funktioner og institutioner blev landets og hovedstadsmetropolens beslutningscentrum. Mens lands- og regionsdækkende og eksportorienteret industri udlagdes til tre omliggende bylag på de københavnske og frederiksbergske bro- og bykvarter og udenom liggende yderdistrikter.

Tre bylag med industri- og boligområder, der mod nord omkransedes af et fremvoksende lag af boligforstæder i hovedstadens opland. Selv om dette opland i perioden havde fået de nævnt forstæder og en række betydelige stationsbyer, blev dets befolkningstilvækst dog langt mindre end hovedstadens (tabel 1). Ikke desto mindre havde hovedstadsmetropolen fået byeneder, der, som følge af deres

---

[41] Statistisk Årbog for København, m.m. 1970, s. 262.

forskelligartede funktionalitet, indbyrdes interagerede med realkapital og arbejdskraft som mobile pro-
duktionsfaktorer, arbejdskraftspendling og udveksling af varer og tjenesteydelser [42]

Hovedstadens bebyggelse. Til venstre: 1880. Til højre: 1900. (Holm og Johansen: København 1840-1940, 1940)

Mellemkrigstid og 40´erne

Trods mellemkrigstidens og 40´ernes tilbagevendende økonomiske kriser forsatte industrialiseringens
urbanisering både i provinskøbstæderne, stations- og landevejsbyerne og hovedstadsmetropolen, der i
midten af det 20. århundrede opnåede et folketal på 1,2 mio. indbyggere.

Med kapitalkræfternes forandrede lokalisering af realkapital tog hovedstadsmetropolens urbane trans-
formationsproces i perioden samtidig en ny drejning, der ændrede metropolens udvikling som en by-
region. Centralbyen med dens bestemmende administrativ- og servicemæssige virksomhed bredte sig
fra Københavns indre by og ud til de nærmeste liggende dele i det første bylag (de indre dele af de
københavnske og frederiksbergske bro- og bykvarterer), samtidig med at hovedstadens yderste tredje
bylag (dens yderdistrikter) blev udbygget med nye bolig- og industriområder.

Hovedstaden opnåede dermed i midten af århundredet et folketal på 900.000 indbyggere. Samtidig
med, at et omliggende koncentrisk forstadsbælte kunne notere et samlet befolkningsvolumen på
300.000 indbyggere og opnåede en udstrækning og en form som et 5-15 km bredt og sammenbygget
område fra Øresundskysten i nordøst til Køge Bugt i sydvest. En følge af en i perioden langt kraftigere
befolkningstilvækst i forstæderne end i selve hovedstaden (tabel 1). [43]

Hovedstadsmetropolens havde således udviklet sig til en byregion med fire funktionelt forskelligartede
byenheder: Centralbyen, de omliggende bylag med industri- og boligområder, boligforstæder og indu-
stri- og boligforstæder. Byenheder, der blev sammenbundet af interaktion mellem disse i henseende til
produktionsfaktorernes bevægelighed og lokalisering, arbejdskraftspendling og vare- og tjenestemobi-
litet inden for samme byregion.

Forstadsdannelsen

Med en manglende regional planlægning og styring ikke blot af hovedstadens, men også af forstads-
dannelsens spredningen og fordeling af bebyggelsesarter med forskellig funktion og en dermed koblet
manglende regional trafikplanlægning, blev denne urbane proces dermed regionalt styret af andre

---

[42] Bro: Hovedstadsmetropolen, bd. 1, 2023, s. 138-154. Henning Bro: Oplandet, METROPOL, 2024, nr. 1., s. 48-83.
[43] Bro: Hovedstadsmetropolen, bd. 1, 2023, s. 314-348. Henning Bro: Oplandet, METROPOL, 2024, nr. 1., s. 48-83.

forskellige faktorer. Både ejendoms- og grundværdier, der bestemtes af særlige beliggenhedsfaktorer og blev afgørende for både kapitalens lokalisering af forskelligartet realkapital og boligmassens art og geografiske fordeling. Hertil kom hidtidig urban bebyggelse, eksisterende forbindelseslinjer og den udbygning af disse, der blev gennemført ikke forud for, men i takt med eller efter forstædernes dannelse. Disse faktorer blev afgørende for forstandsdannelsens regionalt forskelligartede erhvervsstruktur, boligmasse, sociale sammensætning og kommunalpolitiske flertalskonstellationer og dermed for, at der i perioden udvikledes konturer af forskellige forstadsformer.

De første forstadsdannelser
Den tidlige hovedstadsmetropols første forstadsdannelse havde rødder tilbage det betydelige antal landsteder, som det førindustrielle Københavns storborgerskab havde opført langs Øresundskysten og i dens naturskønne bagland. Beliggenhedsfaktorer, der førte til, at industrikapitalismens nye hovedstadsoverklasse efter midten af det 19. århundrede kom til at stå bag en sammenhængende stribe af sommervillaer langs Strandvejen fra det københavnske Østerbro i retning mod Helsingør. Mens villaer og mondæne lejligheder på dele af Østerbro og Frederiksberg hidtil havde været helårsbolig for dette lag, blev det i tiden omkring århundredeskiftet almindeligt, at hidtidige sommervillaer omdannedes til boligformål, på samme tid, som der også her nyopførtes et stadig større antal store villaer.

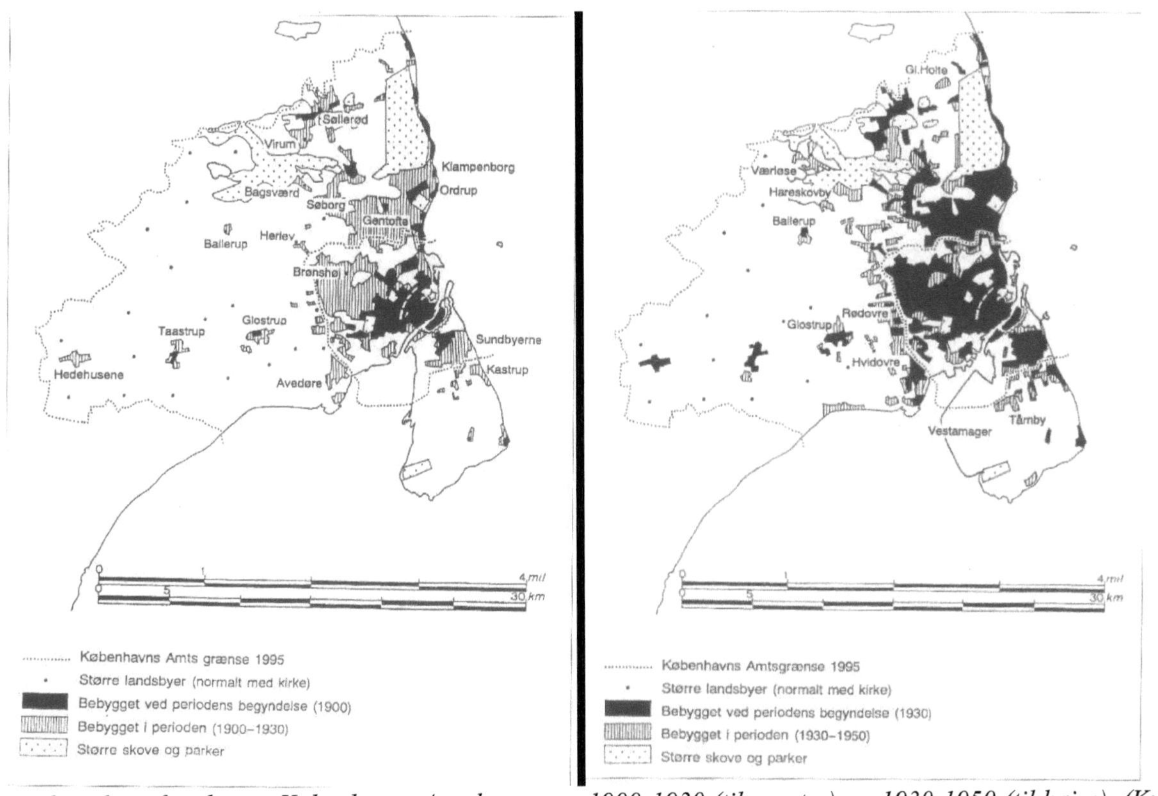

Bebyggelse i hovedstaden og Københavns Amtskommune 1900-1930 (til venstre) og 1930-1950 (til højre). (Kulturhistorisk oversigt, Københavns Amtskommune, 1999)

Denne urbane transformation omfattede et stadig bredere bælte, der i Gentofte Sognekommune, med et stadig mere udbredt net af sidevej, bredte sig såvel fra Øresund og foreløbig frem mod Bernstorffsvej som fra Østerbro til Klampenborg, hvorfra bæltet forsatte som en smal stribe af villabebyggelser til Nivå Bugt. Bag denne første forstadsdannelse lå ikke blot de hidtidige beliggenhedsfaktorer, de i begyndelsen lavere ejendoms- og grundværdier i dette nære hovedstadsopland og hovedstadens stadig mindre restareal til villabebyggelser.

Men også at hverken den københavnske eller frederiksbergske bygningslov forhindrede, at villagrunde her kunne bebygges med de femetagers beboelsesejendomme med to til tre opgange, der gav en betydelige lejeindtægt, når ejerne tilflyttede villaer i forstæderne i Gentofte Sognekommune. Hertil førtes desuden gode trafikale forbindelser. Ikke blot Strandvejen, der fra Københavns indre by til Klampenborg allerede fra 1868 trafikeredes af sporvogne fra en af tidens private sporvejsselskaber, men også Bernstorffsvej, som umiddelbart efter århundredeskiftet ligeledes betjentes af en privat sporvej mellem indre by og Ordrup.[44]

Tabel 2. Befolkningstal, hovedstadsmetropolens forstæder, 1901-1950.[45]

Kommune	1901	1925	1950
Gentofte	14.470/-/36,1	39.585/7,2/36,6	87.803/4,8/29,4
Lyngby-Taarbæk	7.734/-/19,3	13.889/3,3/13,0	45.964/9,2/15,4
Søllerød	3.833/-/9,6	10.078/6,6/9,3	16.645/2,6/5,8
Birkerød	4.378/-/10,9	7.057/2,4/6,5	9.021/1,1/3,0
Hørsholm	1.656/-/4,1	3.591/4,8/3,3	8.750/5,8/2,9
Gladsaxe	1.754/-/4,4	10.537/20,8/9,7	40.303/11,3/13,5
Herlev	693/-/2,4	1.717/6,1/1,6	7.674/15,8/2,7
Hvidovre	559/-/1,4	3.977/25,4/3,8	23.163/19,2/7,7
Rødovre	716/-/1,9	3.197/14,4/3,0	18.704/19,8/6,3
Brøndbyerne	1.354/-/3,8	1.960/1,8/1,8	5.051/16,3/1,7
Glostrup	2.057/-/5,1	4.480/4,9/4,1	13.025/7,6/4,4
Tårnby	3.622/-/9,0	8.106/5,1/7,3	22.900/7,6/7,2

Anm.: Første decimaltal angiver den procentvise befolkningstilvækst pr. år i perioderne 1901-1925 og 1925-1950. Andet decimaltal angiver de enkelte forstadskommuners procentvise befolkningsandele af samtlige forstæder.

På dette tidspunkt havde forstadsdannelsen i Gentofte Sognekommune dermed været så kraftig, at dennes folketal udgjorde mere end en tredjedel af befolkningen i det indre hovedstadsopland Her var der på samme tid indledt forstdannelser, som, sammen med Gentofte-forstæderne, frem til midten af århundredet kom til at udgøre hele den fremvoksende hovedstadsmetropols samlede forstadsområde (tabel 2).

Med villabebyggelser både i striben langs Øresundskysten og i Holte, Søllerød og landevejsbyen Hørsholm, var Søllerød og Hørsholm sognekommuner, med samme bagvedliggende faktorer og de dertil førende Nord- og Kystbaner, samtidig begyndt at få samme forstadskarakter, som kentegnede Gentofte-forstæderne, og kunne dermed tegne sig for henholdsvis ti og fire procent af det indre hovedstadsoplands folketal.[46]

Uden kollektive trafikforbindelser, men som følge af langt lavere grund - og ejendomspriser end på Nordegnen var der med langt mindre villaer opstået forstadsbebyggelser langs og på sidevejene til den nederste del af Søborg Hovedgade og i Tårnby (tabel 3). Gladsaxe og Tårnby sognekommer opnåede dermed lige efter århundredeskiftet en andel af det indre hovedstadsoplands folkemængde på ni og fire procent. Men det blev først efter åbningen af Slangerup- og Amagerbanerne i henholdsvis 1906 og 1907, at forstadsdannelsen for alvor satte ind i de to kommuner med både et større villabyggeri og illegalt helårsbeboede lysthuse. På samme tid, som store villaer bredte sig videre såvel omkring Holte,

---

[44] Strandvejen – før og nu, bd. 1, 1998, s. 10-19 og 217-343.

[45] Statistisk Årbog for København, Frederiksberg m.m., 1953, s. 1-3 og 235-236. Statistisk Årbog, 1951, s. 5 og 11.

[46] Henning Bro: Fra hovedstads til hovedstadsmetropol – tiden før 1945, Hovedstadsmetropolen efter 1945, 2011, s. 29-30. Henning Bro: Sommerhusbyen. Sommerhusbyer i mellem-og efterkrigstidens hovedstadsmetropol METROPOL, 2021, nr. 1, s. 53-53.

Søllerød og Hørsholm som i Gentofte Sognekommune omkring Gentofte landsby og yderligere i vestlige retning fra Strandvejsområdet og frem til Bernstorffsvej.[47]

På nær et tidligt begrænset lysthushusbyggeri, en af samtidens små kooperative byggeforeninger og meget spredte bebyggelser af grundmurede småhuse i Rødovre og Hvidovre sognekommuner, havde disse kommuner og det øvrige indre hovedstadsopland frem til tiden omkring første verdenskrig samme karakter som oplandene til de fleste provinskøbstæder. Dog med den undtagelse, at dette blev stærkt præget af nærheden til den fremvoksende hovedstadsmetropol. I form af udtalt agrar produktion af grøntsager og mælk, gårdmejerier og mælkeforpagtere, der med henblik på videresalg skilte sødmælk fra fløde, stadig større gartnerivirksomhed baseret på mistbænke og drivhuse samt et stort antal grusgrave, tegl- og savværker.[48]

Hertil kom tre stationsbyer, der lige efterårhundredskiftet tegnede sig for samlet mere end en tredjedel af folketallet i det indre hovedstadsopland. Udover den oplandsfunktion, som stationsbyerne havde i lighed med tilsvarende i den danske provins blev Lyngby, Glostrup og Kastrup kendetegnet af en betydelig hovedstadsindustri[49], der udvidedes i et vidt omfang op til og efter første verdenskrig.[50]

Tabel 3. Fordelingen af ejendomsvurderingssum, hovedstadsmetropolens forstæder, 1920-1945. Index: 100= Samtlige forstæder.[51]

	Pr. ejendom		Pr. beboelsesejendom	
	1920	1927	1936	1945
Gentofte	168	200	186	218
Gladsaxe	62	71	85	92
Lyngby-Taarbæk	105	108	112	124
Søllerød	129	146	141	157
Birkerød	100	109	101	98
Hørsholm	145	165	146	133
Farum				70
Værløse				68
Herlev	84	81	71	96
Ballerup				76
Rødovre	90	88	78	81
Hvidovre	85	87	75	80
Brøndbyerne	89	88	76	69
Glostrup	97	93	89	101
Herstederne				65
Høje Taastrup				81
Vallensbæk				60
Tårnby	101	99	95	88
Dragør				98
Samtlige forstæder:	100	100	100	100

---

[47] Bro: Fra hovedstads til hovedstadsmetropol – tiden før 1945, 2011 s. 30-31, 34-35. Bro: Sommerhusbyen, 2021, s. 86-87.

[48] Bro: Fra hovedstads til hovedstadsmetropol – tiden før 1945, s. 34-36. Henning Bro: Oplandet. Københavnsegn og metropolopland før 1950, METROPOL, 2024, nr., s. 51-60. Bro: Sommerhusbyen, 2021, s. 81-85 og 88-89.

[49] Ved hovedstadsindustri forstås før midten af det 20. århundrede industri i den fremvoksende hovedstadsmetropols forstæder og øvrige opland. Idet den enten var udflyttet hertil eller var baseret på et kapitalgrundlag fra hovedstaden og/eller producerede til hovedstadens og/eller det øvrige indenlandske og/eller udenlandske marked.

[50] Bro: Oplandet, 2024, s. 73-75.

[51] Statistiske årbog for København m.m, 1929, s. 58-59, 1940, s. 78-80 og 234-235. Statistiske Månedsskrift, 1951, s. 150-151.

Det koncentriske forstadsbælte

På grundlag af de første forstadsdannelser udvikledes i mellemkrigstiden og 40´erne det ovenfor nævnte koncentriske forstadsbælte, der i befolkningsvolumen og geografisk udbredelse oversteg landet næststørste by; Århus. Bag lå en kombination af udbygningen af hovedstadens yderdistrikter og her kraftigere stigninger i grund- og ejendomsværdierne end i det meste af hovedstadsoplandet, inddragelse af dettes stationsbyer i forstadsdannelsen, kritisk boligmangel op til, under og i længere perioder efter de to verdenskrige, en udbygning af den vej- og kollektivtrafikale infrastruktur samt yderligere industrilokalisering.

I perioden forsatte således den forstadsdannelse, der havde fundet stedet på Nordegnen før første verdenskrig. Yderligere bebyggelse lagde sig uden om Holte, Søllerød og Øverød, der voksede sammen på samme måde og tid, som det blev tilfældet for Hørsholm og Rungsted. Fra en linje, der fulgt Bernstorffsvej, bredte Gentofte-forstæderne sig samtidig videre mod kommunens grænser, hvor de mod nord og vest smeltede sammen med bebyggelser i henholdsvis den sydlige del af Lyngby-Taarbæk Sognekommune og den østlige del af Gladsaxe Sognekommune.

I førstnævnte kommune havde bebyggelser mod vest, syd og øst lagt sig uden om den ældre Lyngby stationsby, som dermed integreredes i den stedlige forstadsdannelse samtidig med, at der opstod forstadsbebyggelser i Virum. Sideløbende bidrog de stedlige lavere grund- og ejendomsværdier i Gladsaxe-forstæderne til, at disse kom til at danne en langstrakt bred bebyggelse på begge sider af Søborg Hovedgade frem til Buddinge, hvorfra forstadsbebyggelsen bredte sig mod nordvest langs Slangerupbanen (tabel 3).[52]

Prøvetog på København H i 1934. Dette år åbnede S-banedriften fra Frederiksberg til Vanløse med et videre forløb på dele af ringgodsbanen (fra 1930) til Hellerup samt på strækningen Valby-København H- Hellerup-Klampenborg. To år efter fulgte S-banen mellem Hellerup og Holte, hvorved forstæderne på hele Nordegnen meget tidligt var S-togsdækket. I 1941 åbnedes for S-banedrift på strækningen mellem Valby og Vanløse, men det blev først fra 1949, at S-banen forlængedes herfra til Ballerup; mellem Herlev og Ballerup endog kun som en enkeltsporet strækning (Københavns Museum)

---

[52] Bro: Hovedstadsmetropolen, 2023, bd. 1, s. 322-328.

Denne bane og en senere udlagt sporvej fra det indre København til Søborg Torv ydede et særligt bidrag til, at Gladsaxe-forstæderne fik en betydelig udbredelse og en befolkningstilvækst, der blev langt større end i forstæderne på Nordegnen (tabel 2). Lige på nær i Lyngby-Taarbæk Sognekommune, der i navnlig 30´og 40´erne tillige opnåede en betydelig vækst i folketallet. En følge af de nærbanetog og senere S-tog, der i perioden indsattes på Nord- og Kysbanerne frem til henholdsvis Holte og Klampenborg. Baneanlæg, der, sammen med sporvejene fra Københavns indre by til Klampenborg og Ordrup og indsættelse af trolleybusser fra Nørreport til henholdsvis Jægersborg og Sorgenfri fra slutningen af 30´erne, medvirkende til, at stort set alle forstæder på Nordegnen kollektivt dobbelttrafikeredes med nær- og S-banetog, sporvogne og trolleybusser. Samtidig med at dertil førende Bernstorffsvej og Lyngbyvej udvidedes betragteligt.[53]

Disse trafikale forbindelseslinjer kom til at stå i skærende kontrast til dem, der etableredes i den fremvoksende hovedstadsmetropols øvrige forstæder, som tilmed fik en langt kraftigere befolkningstilvækst end på Nordegnen, og gennem mellemkrigstiden og 40´erne kom til at omfatte tæt ved halvdelen af den samlede forstadsbefolkning. Selv om Gladsaxe-forstæderne blev både sporvejs- og banebetjent, førtes sporvognslinjen således kun to km op ad Søborg Hovedgade. Samtidig med, at Slangerupbanen endte blindt på grænsen mellem ydre Nørrebro og Lygtekvarteret i det Brønshøj-distrikt, hvis sporvejslinjer herfra alene gav forbindelse til de indre dele af hovedstaden.

En af KSs og NESAs[54] fælles trolleybusser er nået til Lyngby kirke for at returnere til Nørreport en sommerdag i 1938. Sammen med sporvognslinjerne i Gentofte-forstæderne og S-banerne var forstæderne på Nordegnen i et meget betydeligt omfang dobbelttrafikeret (Lyngby-Taarbæk Stadsarkiv).

---

[53] Bro: Hovedstadsmetropolen, 2023, bd. 1, s. 379-386 og 482-486.
[54] KS: se s. 27. NESA: Nordsjællands Elektricitets- og Sporvejs Aktieselskab.

Mens forstæderne på Nordegnen tidligt blev dobbelttrafikeret af nær- og senere S-baner, sporvogne og senere trolleybybusser, måtte den fremvoksende hovedstadsmetropols forstæder tage sig til takke med langsomt kørende lokaltog på Slangerup- og Frederikssundsbanerne. På Vestbanen for fjerntogene gennem Vestegnen uden at optage eller afsætte passagerer. En meget stor del af metropolens forstæder blev derved henvist til DSBs eller privates rutebiler, hvis vogne kun måtte føres ind over grænsen til hovedstaden, hvor Københavns Sporveje havde monopol på sporvejs- og omnibustrafikken. Et af de steder, hvor forstædernes rutebiler fik endestation, var Toftegårds Plads i Valby, som ses her i 1940. Rutebilen først i billedet er fra private Hvidovre Ruterne, mens de to bagved stående DSB-rutebiler, med tilkoblede bivogn, venter på at køre ned til Køge. DSBs rutebiler til Vestegnen udgik derimod fra Valby Langgade S-banestation og Ålholm Plads (Københavns Museum).

Gennem distriktet førtes ganske vist to brede udfaldsveje (Tagensvej og Frederiksborgvej), men de blev snart tæt trafikeret i takt med, at den omliggende bebyggelse skred frem. Ved kommunegrænsen forsatte den bredere Frederiksborgvej desuden videre i den smallere og tæt bebyggede Søborg Hovedgade, der tillige fik en betydelig trafik til resten af Gladsaxe-forstæderne og til egnene nord for.[55]

Blev private rutebilslinjer fra Gladsaxe-forstæderne til nær- og senere S-togene på Nordbanen i løbet af 20´erne dermed et alternativ til sporvejen fra Søborg Torv og Slangerupbanen, bød disse muligheder sig ikke i metropolens øvrige forstadsområde. Frederikssundbanen betjentes ganske vist af nærbanetog, men disse var langsomtgående, og da Herlev længe satte sig imod de kommunale udgifter, der ville følge af transformationen fra land til forstad, initieredes forstadsdannelsen her og længere ude i Ballerup og Skovlunde, trods de langt lavere stedlige grund- og ejendomsværdier, først for alvor i 40´erne.[56] Netop da S-banen forlængedes fra Valby til Vanløse i 1942, og private aktører så en fortjeneste ved en hyppigere rutebiltrafik hertil og til Københavns Sporvejes (KS) endestation i Husum, hvor KSs

---

[55] Bro: Hovedstadsmetropolen, 2023, bd. 1, s. 396-397.
[56] Se side 60-61.

monopol på sporvogns- og bustrafikken i hovedstaden begyndte. Først i 1949 forlængedes S-banen til Ballerup.[57]

Med udlæggelsen af den første danske jernbane mellem København og Roskilde havde Vestegnen siden 1847 været gennemskåret landets absolutte hovstrækning, men da området henlå som et åbent og skovløst agerland, der ikke indbød til udflugts- eller landliggerliv og sommervillabebyggelser som ved Nord- og Kystbanerne, blev der kun etableret stationer i Glostrup og Hedehusene. Grundlaget for at Glostrup, som anført ovenfor, blev en betydelig stationsby, og at en tilsvarende urban udvikling tillige kom til at kendetegne Hedehusene, der også fik nogen hovedstadsindustri, og nød godt af det gigantiske grusgravområde, som i 1917 udlagdes syd for stationsbyen.[58]

Den udvidede Lyngbyvej en gang i midten af 40'erne. Også i vejtrafikal henseende fik Nordforstæderne gode forbindelser. I midten af vejen sporvognsspor i eget trace, hvilket gav sporvogne en højre fremførselshastighed på ruten ud ad Lyngbyvej og videre ad Bernstorffsvej til Ordrup (Københavns Stadsarkiv).

En egentlig forstadsdannelse på Vestegnen tog dermed i første omgang udgangspunkt i den, der var indledt i tiden op til første verdenskrig i Rødovre og Hvidovre. Medvirkende til, at der i mellemkrigs- tiden og 40'erne dannedes et sammenbygget forstadsområde, der som et to til tre km bredt sammen- bygget bælte vest for Harrestrup år, som i det væsentligste dannede grænse til København, strakte sig fra grænsen til Herlev Sognekommune i nord og ned til Køge Bugt mod syd. Da folketallet i Hvidovres og Rødovres sognekommuner i udgangspositionen var beskedent, førte denne forstadsdannelse til, at

---

[57] Bro: Hovedstadsmetropolen, 2023, bd. 1, s. 387-388.
[58] Bro: Hovedstadsmetropolen, 2023, bd. 1, s. 393-396.

de to kommuner i perioden opnåede nogle af de kraftigste stigninger i folketallet blandt den fremvoksende hovedstadsmetropols forstæder (tabel 2).[59]

Selv om Roskildevej og Gammel Køge Landevej udvidedes i løbet af 30´erne, kom de kollektive trafikforbindelser til periodens forstæder på Vestegnen til at stå i skyggen af metropolens øvrige forstæder, og begrænsede, trods de stedlig lavere grund- og ejendomsværdier, her en større forstadsdannelse. Da toggangen fra det øvrige Danmark var tæt på Vestbanen, afholdte DSB sig, af hensyn til denne, fra at indsætte langsomtgående og standsende lokaltog på strækningen mellem Roskilde og København. Samtidig med at statsbanerne af samme hensyn undlod at etablere nye standsningssteder på Vestegnen, som både kunne optage passagerer fra forstæderne i Rødovre og Hvidovre og længe mod vest kunne skabe grundlag for nye forstadsdannelser. Med statsbanernes store anlægsarbejder i 30´erne nedprioriteredes samtidig udlæg af blot en enkeltsporet S-bane langs Vestbanen. Men i erkendelse af de utilstrækkelige private ruteforbindelser til og fra Vestegnen etablerede DSB i stedet her og ned langs Køge Bugt et efterhånden hyppigt betjent rutebilsnet.[60]

På trods af at DSBs rutebiler, som følge af KSs nævnte monopol på sporsvejs- og bustrafikken i hovedstaden, kun førtes frem til S-banestationerne Valby og Valby Langgade og sporvejsendestationen på Ålholm Plads, ydede de et bidrag til den videre forstadsdannelse i Hvidovre og Rødovre. Og en begyndende tilsvarende urban proces i Brøndbyerne, der frem mod midten af århundredet opnåede en ikke ubetydelig tilvækst i folketallet og en samtidig mere udbredt helårsbebyggelse langs den indre del af Køge Bugt.

Længere ned af bugtens kystlinje skabte DSB-rutebilerne samtidig bedre forbindelse til sommerhusbyerne og de folke- og strandsparker, der var udlagt efter den første fredningsplan fra 1940, som på samme tid satte en stopper for en videre udbredelse af sommerhuse. Til gengæld fik statsbanernes rutebiler ikke direkte betydning for forstadsdannelsen i Glostrup på Vestegnen. Med de her ganske hyppigt standsende Vestbanetog og destedlige lavere grund- og ejendomsværdier skabtes derimod her grundlaget for en omliggende boligbebyggelse, der medvirkede til, at den hidtidige Glostrup stationsby, ligesom Lyngby, transformeredes til forstad, og at sognekommunen i slutningen af perioden opnåede en ikke ubetydelig befolkningstilvækst. En proces, som til gengæld kun i begrænset omfang slog igennem i Birkerød stationsby, men derimod i stationsbyen Kastrup, der med en samtidig videre forstadsbebyggelse i Tårnby smeltede sammen med denne, hvorved Tårnby Sognekommunes folketal øgedes ganske meget.[61]

Forstadsformer

I løbet af den forstadsdannelse, som kendetegnede den fremvoksende hovedstadsmetropol fra slutningen af det 19. århundredes og frem til midten af det følgende, udkrystalliseredes forskelligartede erhvervs- og bebyggelsesmæssige, sociale og lokalkommunale politiske strukturelle kendetegn, som pegede i retning af forskellige forstadsformer. Udviklingen af disse var dog nøje forbundet med periodens statsformer og de for metropolen særlige regionale rammebetingelser.

Under kommunesocialismen

I årtierne omkring århundredeskiftet af afløstes den liberalistiske natvægterstats (Appendiks 1) rudimentære fattigforsorg og elementære skolevæsen og det private initiativs varetagelse af samtlige øvrige samfundsopgaver af den såkaldt socialkonservative socialhjælpsstat (Appendiks 1). Bag lå den

---

[59] Bro: Hovedstadsmetropolen, 2023, bd. 1, s. 328-331.
[60] Bro: Hovedstadsmetropolen, 2023, bd. 1, s. 559-565.
[61] Bro: Hovedstadsmetropolen, 2023, bd. 1, s. 333.

offentlige opgavevaretagelse, som den stadig mere udviklede industrikapitalismen fordrede og den socialkonservative orientering, der lå bag periodens regeringer, som baseredes på første en konservativt organiseret klassealliance mellem byernes overklasse og godsejerkredse og siden på en bondeliberale klasseorganisering. Hertil kom de nye politiske strømninger og magtfaktorer, der udsprang af en alliance mellem en stadig mere organiseret faglig, korporativ og politisk socialdemokratisk arbejderbevægelse og et socialliberalt baseret fællesskab mellem dele af byernes funktionærlag og den rurale husmandsklasse.

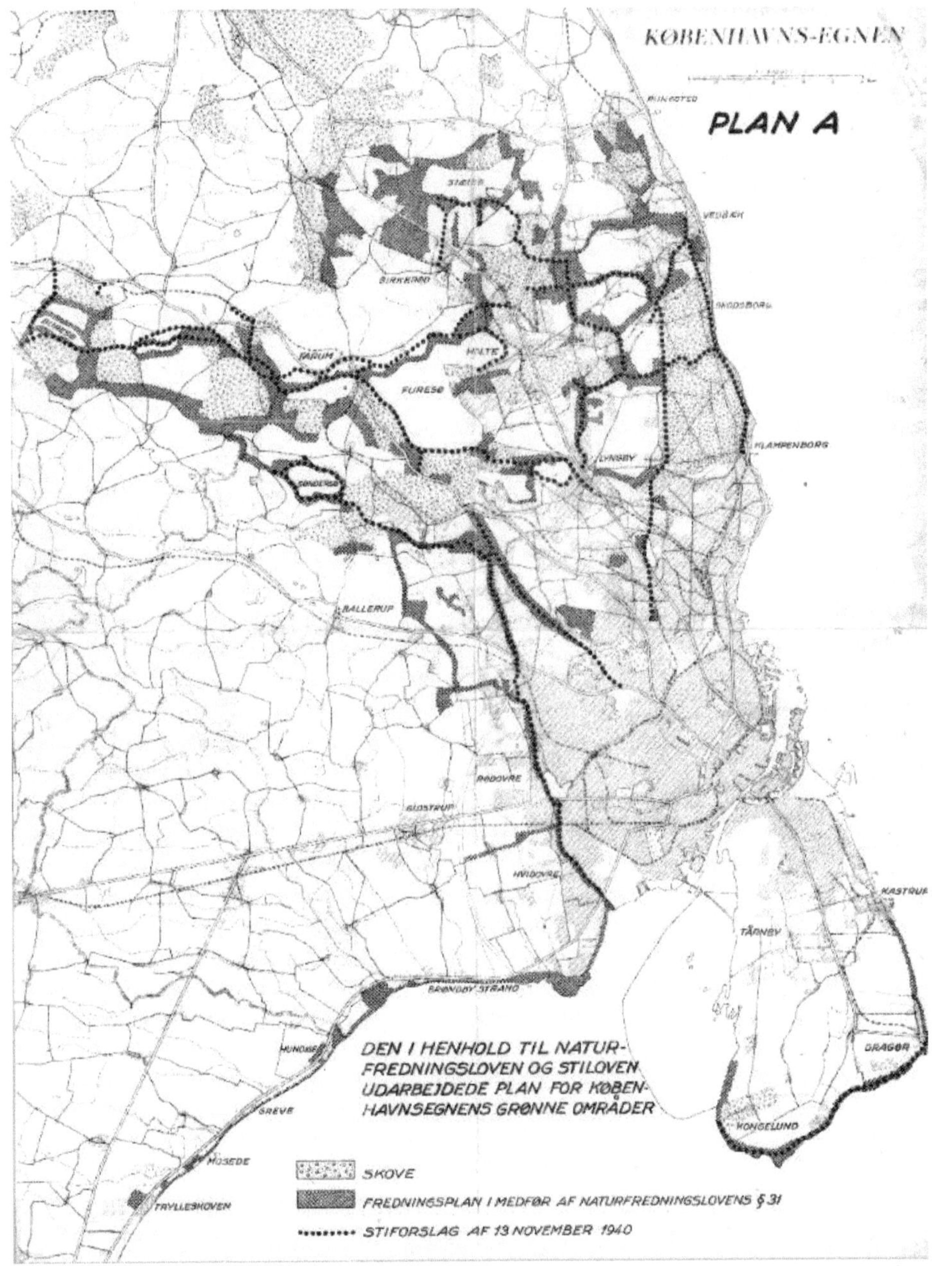

Først i 1948 fremlagde Egnsplansudvalget sin første plan for regional fysisk planlægning, idet regeringen havde dirigeret udvalgsarbejdet i retning af arealreservationer til regionale rekreative områder i hovedstadsoplandet. Resultatet af dette arbejde udmøntedes i den fredningsplan fra 1940, som ses ovenfor på billedet. Udover denne fredningsplan var forstadskommunerne i deres bebyggelsesplanlægning ikke begrænset af regionale rammebetingelser (Tremandsudvalgets frednings- og stiplan, 1940).

*Kyndbyværket i 1940 opførtes af I/S Isefjordværket (Frederiksberg Stadsarkiv).
Udover regional planlægning af det åbne lands rekreative anvendelse og vej-
og kollektivtrafikal infrastruktur blev hele forsyningsområdet nogle af de områder,
der omfattedes af regionale rammebetingelser, som tilvejebragtes af forskellige regio-
nale aktører. Selv om nogle forstæder i starten påtog sig vand- og gasproduktion- og
forsyning og andre helt afstod fra det, blev denne og elektricitetsproduktion- og for-
syning overtaget af regionale forsyningsaktører. I modsætning til provinsens
købstæder og stationsbyer, hvor forsyningssektoren blev en betydelig lokalkommunal
opgave.*

Selv om der med den socialkonservative socialhjælpsstat etableredes et tidligt velfærdssystem og en
begyndende offentlig varetagelse af almene produktionsbetingelser, blev det hovedstadskommunerne
og nogle af de store eller mest industrialiserede provinskøbstæder, der gik videre i den retning. Med
her store arbejderbefolkninger og en stærkere politisk organisering af disse sigtedes, under parolen
"kommunesocialisme, mod en, i forhold til det landspolitiske niveau, hurtigere og mere videregående
frembringelse velfærdsgoder og offentlig samfundsmæssig opgavevaretagelse.[62]

---

[62] Tænkningen bag kommunesocialismen udvikledes af socialdemokratierne i de europæiske storbyer omkring århund-
redeskiftet og vandt hurtigt indpas i tilsvarende byer i Danmark. Naturligvis i København, men bl.a. også i

Elementer, der indgik i det, som en senere eftertid betegnede som en velfærdsstat. Men som i en samtidig socialdemokratisk optik blev set som bærende i en demokratisk, social og statslig samfundsform, der førte frem til et demokratisk-socialistisk samfund baseret på økonomisk demokrati med forskellige former for fællesejendomsret, lønmodtagerkontrol over kapital og investeringer og total social og økonomisk lighed.

Politisk blev kommunesocialismen i et ganske betydeligt og stadig videre omfang fra slutningen 1890´erne drevet frem af en alliance mellem arbejder- og lavfunktionærklassens Socialdemokrati og dele af det mellem- og højtuddannede funktionærlags socialliberale byradikale parti. Indtil, der opnåedes et socialdemokratisk flertal i København i 1917, og de konservative på Frederiksberg med et spinkelt og usikkert flertal efter 1909 var tvunget til samarbejde med Socialdemokratiet.

Som velfærdsby blev hovedstaden gennem kommunesocialismen kendetegnet både ved sociale ydelser og institutioner, der rakte videre end lovgivningens krav, og omfattende hospitalsbyggeri med tilknyttede institutioner, kommunale mellem-, real- og gymnasieskoler, et meget omfattende kommunalt og offentligt støttet socialt boligbyggeri. Hertil kom kommunalt drevne almene produktionsbetingelser så som udbyggede sporveje, forsyningsværker- og systemer og spildevandsafledningsordninger samt kommunal erhvervsstøtte og gennemgribende bebyggelsesplanlægning.[63]

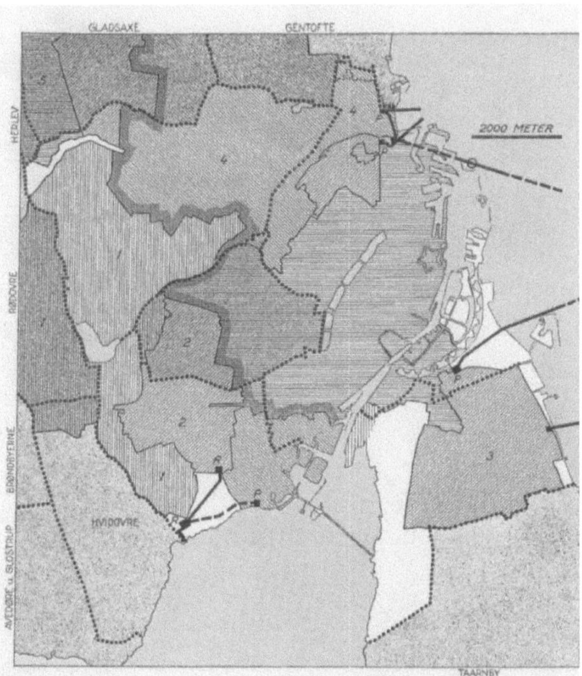

Den af Københavns Kommune initierede fælleskommunale spilde-
vandsafledningsordning i den indre del af hovedstadsmetropolen,
blev også en af periodens regionale rammebetingelser, der fritog
de fleste af forstadskommunerne for denne opgave, som også i
provinsens købstæder og stationsbyer blev lokalkommunal (De
indlemmede distrikter, Stadsingeniørens Direktorat, Københavns
Kommune, 1941).

arbejderbyen Nakskov, hvor Socialdemokratiet fik byrådsflertallet og besatte borgmesterposten året efter med Sofus Bresemann. Både i artikler i Socialdemokraten og i bøger om Nakskovs bystyre gjorde Bresemann sig nærmere ideologisk overvejsler om kommunesocialismen. Sofus Bresemann – Nakskovs visionære borgmester – Historiens Hus Nakskov.
[63] Bro: Hovedstadsmetropolen, 2023, bd. 1, s. 159-160.

Tidlig velfærdsstat og regionale rammebetingelser

Selv om kommunesocialismen i hovedstaden og enkelte af landets andre storbyer var med til at bane vejen for velfærdsstaten, blev den i en tidlig form allerede en realitet under første verdenskrig og udbygget gennem mellemkrigstiden og 40´erne. Som et resultat af periodens tilbagevendende, men forskelligartede kriser og den landsomfattende klassealliance mellem by- og landarbejdere, forskellige funktionærlag og husmænd, der politisk organiseredes af henholdsvis Socialdemokratiet og Det socialliberale Radikale Venstre og førte til et meget nært landspolitisk samarbejde mellem disse klassepartier.

Det udgjorde forudsætningen for, at Socialdemokratiet udgjorde det parlamentariske basis bag radikale regeringer i nogle år før verdenskrig og i perioden 1913-1920, hvor i en socialdemokrat endda indgik som minister. Og at Socialdemokratiet i perioderne 1924-1926, 1929-1943 og 1947-1950 havde regeringsmagten, mens de radikale indgik som enten støtteparti eller medregeringsparti.

Den første del af Københavns Amtssygehus i Gentofte fra 1927 (Gentofte Lokalhistoriske Arkiv). I forstæderne blev sygehusvæsenet en regional rammebetingelse, der tilvejebragtes af Københavns Amtskommune, der tillige indgik i indlæggelsesaftalesystemet med hovedstadens kommunehospitaler og privat-selvejende hospitaler samt Rigshospitalet. I provinsen var sygehusopgaven overladt købstadskommunale hospitaler, amts- og bysygehuse tillige i købstæder og amtssygehuse i reglen udenfor købstæderne.

Med den tidligere velfærdsstat (Appendiks 1) udbyggedes det socialt sikrende og efterhånden også omfordelende velfærdssystem samtidig med, at staten selv eller gennem andre offentlige aktører kom til at stå bag varetagelse af stadig flere samfundsopgaver. På samme tid, som den langt mere intervenerende statsform i stadig højere grad kom til at sætte rammer for kommunernes virksomhed. Disse blev opnået gennem lovgivningen og dens ledsagende bekendtgørelser og cirkulærer, refusioner og tilskud til kommuner og en nøje og konkret centralstatslig sektoradministration inden for de enkelte lovområder.[64]

En københavnsk metropolkommune

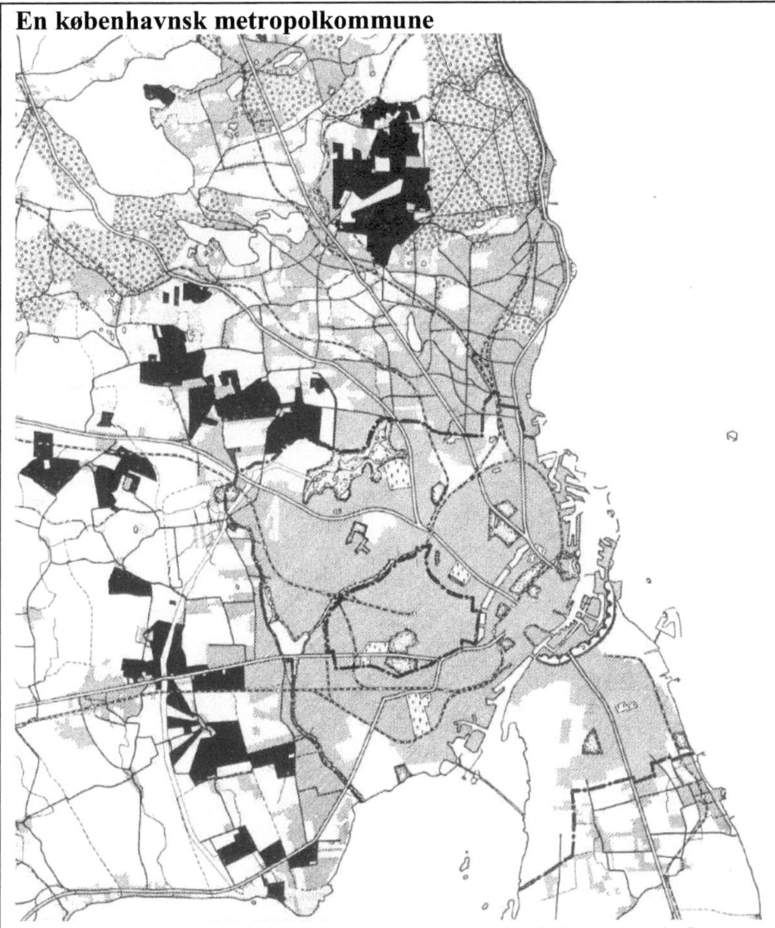

Københavns Kommunes jordbesiddelser i Københavns Amtskommune i 1940 (De indlemmede distrikter, Stadsingeniørens Direktorat, Københavns Kommune, 1941). I gennem mellemkrigstiden gennemførte Københavns Kommune meget store jordopkøb i den fremvoksende hovedstadsmetropols forstæder. Herved lagdes begrænsninger på de stedlige sognekommuners byplanmæssige dispositioner og deres mulighed for at opkøbe tilsvarende ubebyggede arealer. På samme tid vanskeliggjorde mange af forstædernes svagere kommunaløkonomi opbygning af de byplanmæssige kompetencer, som Københavns Kommune rådede over gennem sin store og højtkvalificerede byplanafdeling. Med det resultat, at Københavns Kommune i disse forstæder i vidt omfang påvirkede den lokale kommunale bebyggelsesplanlægning. Ud ad til begrundede Københavns Kommune denne magtposition ved dens legitime behov for at have indflydelse på udviklingen udenfor kommunegrænsen. Idet den endelige udbygning af de københavnske yderdistrikter nærsig sin afslutning. Reelt lå der dog en slet skjult interesse i, for gennem kontrol over store dele af forstædernes ubebyggede områder, at kunne indlemme disse i en københavnsk ledet storkommune. Bestræbelser i den retning mislykkedes dog i slutningen af 30´erne, som følge af Frederiksberg Kommunes og forstadskommunernes modstand Anledning til, at der nedsattes en statslig hovedstadskommission i 1939 med henblik på at ændre den kommunale struktur i hovedstadsmetropolen og at oprette et regionskommunalt organ, der kunne tilvejebringe de regionale rammebetingelser for metropolens funktion som en byregion. Men da det under den langvarige kommissionsbehandling sivede ud, at dens senere flertalsindstilling fra 1948 (udover det kommunale regionsorgan og andre kommunalstrukturelle forandringer) lagde op til en indlemmelse af samtlige af de København omgivne forstadskommuner i en københavnsk storkommune, skærpedes Københavns Kommunes appetit på yderligere at dominere en væsentlig del af forstadsområdet.[66]

For byerne med den konsekvens, at de måtte agere indenfor disse rammer, og for den fremvoksende hovedstadsmetropol (herunder dens forstæder) desuden inden for regionale rammebetingelser for metropolens urbanregionale funktion og udvikling. Disse regionale rammebetingelser, som også lettede kommunerne for en række opgaver, blev ikke blot tilvejebragt af dette funktionshensyn, men også ud fra forskellige interesser. For den tidlige velfærdsstat og de offentlige aktører, der agerer på dennes vegne, ud fra hensynet til udrulningen af velfærdssystemet også på et regionalt niveau og

---

[64] Bro: Hovedstadsmetropolen, 2023, bd. 1, s. 348-355.
[65] Bro: Hovedstadsmetropolen, 2023, bd. 1, s. 440-478.
[66] Bro: Hovedstadsmetropolen, 2023, bd. 1, s. 575-593.

tilvejebringelse af almene produktionsbetingelser. For Københavns Kommune for yderligere at befæste sin position som metropolens alt dominerede kommune og for andre kommunale og private aktører ud fra forskellige økonomiske motiver.[67]

Tabel 4. De ni største forstadskommuners byerhverv, 1925.[68]

Kommuner	Stamdata	Gentofte	Lyngby-Taarbæk	Søllerød
Industri/håndværk	Antal virksomheder	670	244	144
	Personaleantal*	6,1	12,5	3,7
	Maskinkraft i HK*	7,4	19,7	2,9
Engroshandel	Antal virksomheder	20	77	19
	Personale*	3,2	1,7	6,7
	Omsætning i 1.000 kr.*	296,86	36,2	66,15
Detailhandel	Antal virksomheder	733	188	74
	Personaleantal*	2,1	2,9	2,6
	Omsætning i 1.000 kr.*	58,97	42,97	65,52
Kommuner		Hørsholm	Gladsaxe	Rødovre
Industri/håndværk	Antal virksomheder	84	169	18
	Personaleantal*	5,5	4,7	0,3
	Maskinkraft i HK*	4,6	3,6	-
Engroshandel	Antal virksomheder	15	10	4
	Personaleantal*	4,9	4,2	1
	Omsætning i 1.000 kr.	59,43	33,50	12,82
Detailhandel	Antal virksomheder	35	135	22
	Personaleantal*	2,1	1,7	1,8
	Omsætning i 1.000 kr.*	55,37	41,94	35,59
Kommuner		Hvidovre	Glostrup	Tårnby
Industri/håndværk	Antal virksomheder	10	126	125
	Personaleantal*	1,7	7,5	10,3
	Maskinkraft i HK*	-	9,5	21,3
Engroshandel	Antal virksomheder	7	13	17
	Personale*	0,3	1,4	5,1
	Omsætning i 1.000 kr.*	1,82	42,5	39,5
Detailhandel	Antal virksomheder	20	87	81
	Personaleantal*	1,5	1,6	1,6
	Omsætning i 1.000 kr.*	30,25	39,25	36,65

* Pr. Virksomhed

Hovedstadsmetropolens regionale rammebetingelser kom ud fra disse interesser til at omfatte regional planlægning og drift af trafikal infrastruktur, der for de gennemgående veje blev overladt til amtskommunerne. Den kollektive trafik blev derimod, uden regional sammenhæng og koordinering af drift og linjeudlæg og med hver sine takst-, billet- og køreplansordninger, planlagt og driftet af et stort antal aktører. Først private sporvejsselskaber, der senere blev overtaget af kommunale KS og af Gentofte Sognekommune ejede NESA, DSBs nær- og senere S-baner, kommunale såkaldte privatbaner og private rutebilsvognmænd- og selskaber.[69]

Mens sygehusområdet allerede var en amts- og købstadskommunal opgave, overgik de tidligere helt overvejende private gymnasier til staten og hovedstadskommunerne. På forsyningsområdet blev Gentofte Sognekommune en betydelig regional aktør, idet den overtog Strandsvejsgasværket, der kom til at gasforsyne Gentofte, Gladsaxe, Lyngby-Taarbæk, Søllerød og Herlev sognekommuner. Mens NESA, med import af billig elektricitet fra vandkraftværkerne i Halland, både kom til at strømforsyne

---

[67] Bro: Hovedstadsmetropolen, 2023, bd. 1, s. 359-362.
[68] Statistisk Månedsskrift, 1930, s. 74. Statistisk Årbog for København m.m.,1928, s. 70-71.
[69] Bro: Hovedstadsmetropolen, 2023, bd. 1, s. 603-606.

hele Nordøstsjælland uden for hovedstaden og store dele af Midtsjælland, og sammen med Frederiksberg Kommune og Nordvestsjælland Elektricitetsaktieselskab oprettede I/S Isefjordsværket (IFV), der opførte kraftværket Knydbyværket.

Gentofte Sognekommune blev desuden drivende bag den fælleskommunale vandindvinding på Nordegnen. Mens Københavns Kommune med sit grundvandsmonopol i Nordøst- og Midtsjælland kom til at vandforsyne de øvrige forstæder samtidig med, at kommunen gasforsynede Rødovre og Hvidovre sognekommuner og både gas- og elektricitetsforsynede Tårnby.

Tabel 5. De ni største forstadskommuners byerhverv, 1948.[70]

Kommuner	Stamdata	Gentofte	Lyngby-Taarbæk	Søllerød
	Antal virksomheder	1.702	754	342
Industri/håndværk	Personaleantal*	4,6	15,8	4,9
	Omsætning i 1.000 kr.*	102,21	286,20	88,43
	Antal virksomheder	284	74	13
Engroshandel	Personale*	2,8	2,7	3,5
	Omsætning i 1.000 kr.*	1853,52	238,44	418,52
	Antal virksomheder	1.311	528	231
Detailhandel	Personaleantal*	3,1	2,9	2,6
	Omsætning i 1.000 kr.*	125,40	120,67	122,67
Kommuner		Hørsholm	Gladsaxe	Rødovre
	Antal virksomheder	182	591	391
Industri/håndværk	Personaleantal*	4,4	14,7	5,7
	Omsætning i 1.000 kr.*	109,86	272,85	104,50
	Antal virksomheder	7	20	35
Engroshandel	Personaleantal*	2,7	3,9	2,3
	Omsætning i 1.000 kr.*	384,67	324,65	272,44
	Antal virksomheder	141	393	211
Detailhandel	Personaleantal*	2,8	2,3	2,1
	Omsætning i 1.000 kr.*	131,63	94,82	79.45
Kommuner		Hvidovre	Glostrup	Tårnby
	Antal virksomheder	347	301	305
Industri/håndværk	Personaleantal*	4,9	10,9	10,4
	Omsætning i 1.000 kr.*	88,62	225,72	194,03
	Antal virksomheder	19	27	26
Engroshandel	Personale*	3,1	5,5	5,5
	Omsætning i 1.000 kr.*	142,56	303,22	398,56
	Antal virksomheder	221	170	185
Detailhandel	Personaleantal*	2,2	2,5	2,4
	Omsætning i 1.000 kr.*	85,28	119,34	101,46

* Pr. Virksomhed

Københavns Kommune blev desuden den drivende aktør ved gennemførelse af en fælleskommunal spildevandsafledningsordning i den indre del af metropolen. Gentofte-forstædernes sydlige kloaksystem afledte samtidig til denne ordning, mens der i den nordlige del gennemførtes en samling af det der stedlige kloaksystem med udpumpning tre km ude i Øresund fra en pumpestation ved Skovshoved.[71]

Trods den tidlige velfærdsstats større kommunale rammesætning og de rammebetingelser, der tilvejebragtes på regionalt plan, blev det i forstæderne et lokalkommunalt ansvar at udmønte betydelige del af det velfærdssystem, der fulgte med tidens fremvoksende velfærdsstat, og varetage urbane tekniske

---

[70] Statistisk Månedsskrift 1950, s. 127. Statistisk Årbog for København m.m., 1952, s. 78.
[71] Bro: Hovedstadsmetropolen, 2023, bd. 1, s. 606-610.

opgaver så som vejanlæg-, vedligeholdelse- og belysning, kloakering, trykvandsforsyning m.m. Da de regionale rammebetingelser i perioden ikke omfattede regional fysisk planlægning, blev det desuden op til forstadskommunerne uden bindinger at gennemføre byplanlægning, hvis rækkevidde udvidedes af den tidlige velfærdsstat gennem statslåneordningerne til boligbyggeri og byplanloven fra 1938.[72]

Kig ind i sporvognsremissen på Strandvejen ca. 1905 (Gentofte Lokalhistoriske Arkiv). Selv om Gentofte-forstæderne blev gennemskåret af Nord- og Kystbanerne, etablerede privatkapital tidligt her hestetrukne sporvognslinjer fra den centrale del af København. Da sporvejene senere blev elektrificeret i hovedstaden, skulle velhaverne i Gentofte-forstæderne også havde denne moderne trafikform til hovedstadsmetropolens indre del. Opgaven blev i 1902 overladt til det privatkapitalistiske Tuborg-Klampenborg Elektriske Sporvejsselskab, der overtog det gamle sporvejsselskab og opførte elværket Skovshovedværket til både sporvognsdriften og forsyning af de store villaer og lejligheder med tidens nye og revolutionærende energiform. Selskabet blev senere omdannet til NESA, der i 1915 blev overtaget af Gentofte Kommune.

Velstandsforstæder

Ud fra de overordnede vilkår, som kom til at kendetegne den lokalkommunale opgavevaretagelse og den sociale og erhvervs- og bebyggelsesmæssige struktur i forstæderne i mellemkrigstidens og 40´ernes fremvoksende hovedstadsmetropol, videreudvikledes de hidtidige velhaverforstæder i Gentofte, Søllerød og Hørsholm sognekommuner til velstandsforstæder.

Kendetegn

Her blev antallet af ansatte og maskinkraft/omsætning pr. virksomhed indenfor industri og håndværk væsentlig lavere end i andre af metropolens forstæder, men indikerede, at håndværk til servicering af velstandsforstadens beboere blev langt mere udtalt end industriel virksomhed (tabel 4-5). Det på trods af, at Hørsholm omfattede en tidligere førindustriel og dermed tidligere merkantilistisk klædefabrik, dele af Mølleådalens tilsvarende industrimanufakturer lå i Søllerød Sognekommune, og Gentofte

---

[72] Bro: Hovedstadsmetropolen, 2023, bd. 1, s. 543-559.

Sognekommune i sit yderste sydøstlige hjørne rummede virksomheder i Tuborg Havn. Med sin beliggenhed blev havnen dog mest af alt et københavnsk industrikvarter, som svarede til dem, der var lokaliseret til andre af Københavns havne.

Tabel 6. Procentvis fordeling af boliger efter størrelse, hovedstadsmetropolen, 1930-1950.[73]

1930						
Kommune	1 værelse	2 værelser	3 værelser	4 værelser	5 eller flere værelser	Total
Hovedstaden	7,2	38,8	23,2	17,1	13,7	100
Samtlige forstæder	5,1	32,2	30,0	14,8	17,9	100
Gentofte	2,6	15,9	18,8	19,5	43,2	100
Lyngby-Taarbæk	5,4	26,6	29,3	15,2	23,5	100
Søllerød	2,1	22,5	23,6	15,1	36,7	100
Hørsholm	4,2	20,5	21,0	13,8	40,5	100
Birkerød	3,2	30,2	29,5	11,7	25,4	100
Gladsaxe	4,5	34,2	32,8	15,8	12,7	100
Herlev	4,2	37,8	41,3	11,9	4,8	100
Glostrup	4,0	27,1	32,2	15,5	21,2	100
Rødovre	6,6	39,2	25,8	17,7	10,7	100
Hvidovre	6,8	38,2	34,2	14,6	6,2	100
Tårnby	5,8	38,8	31,3	13,5	10,6	100
1950						
Kommune	1 værelse	2 værelser	3 værelser	4 værelser	5 eller flere værelser	Total
Hovedstaden	8,5	40,2	24,4	13,4	13,5	100
Samtlige forstæder	4,2	27,3	34,8	20,6	13,1	100
Gentofte	4,0	19,6	22,2	21,2	33,0	100
Lyngby-Taarbæk	5,4	33,3	29,0	18,5	13,8	100
Søllerød	4,7	19,3	28,9	18,6	28,5	100
Hørsholm	4,7	24,6	29,0	16,2	25,5	100
Birkerød	3,0	21,5	31,0	22,6	21,9	100
Gladsaxe	3,8	24,2	37,3	25,0	9,7	100
Herlev	3,8	30,7	35,5	25,8	4,2	100
Glostrup	2,7	34,1	37,8	16,2	9,2	100
Rødovre	3,4	26,2	38,9	23,6	7,9	100
Hvidovre	4,7	28,9	41,2	20,1	5,1	100
Tårnby	4,2	29,1	38,7	18,6	9,4	100

Til gengæld havde de tre forstadskommuner en betydelig større omsætning indenfor engroshandel. Idet grossistvirksomheders kontorer kunne indgå i de store boliger på fem eller flere værelser, som udgjorde en signifikant større andel af disse forstæders boligmasse, hvor parcel- og rækkehuse indgik med en betydelig andel (tabel 6-7). Et udtryk for at særlig laget af både selvstændige, direktører og funktionærer udgjorde en markant større befolkningsandel og arbejderklassen dermed en tilsvarende mindre end i andre af hovedstadsmetropolens forstæder. En social sammensætning, der afspejledes i en omsætning i detailhandelen i forstæderne Gentofte, Søllerød og Hørsholm, som var markant højere, men også manifesterede sig ved en række andre indikatorer (tabel 4-5 og 8).[74]

---

[73] Statistisk Månedsskrift 1930, s. 108. Statistisk Årbog for København m.m., 1953, s. 52 og 193.
[74] Ved indlemmelsen af Usserød landsby fra Birkerød Sognekommune i 1938 og dermed også den her noget større industri (herunder klædefabrikken), øgedes arbejderklassens andel af den erhvervsbeskæftigede del af Hørsholms befolkning til knapt halvdelen i 1940.

Tabel 7. Boligers procentvise fordeling på bebyggelsesformer, hovedstadsmetropolen, 1930- 1950[75]

1930				
Kommuner	Etagehuse	Parcel- og rækkehuse	Barakker m.m.	Total
Hovedstaden	65.7	27,8	6,5	100
Samtlige forstæder	24,9	69,4	5,7	100
Gentofte	18,2	80,9	0,9	100
Lyngby-Taarbæk	46,1	52,8	1,1	100
Søllerød	25,8	73,7	0,5	100
Hørsholm	26,9	72,5	0,6	100
Birkerød	27,1	71,8	1,1	100
Gladsaxe	11,0	82,1	6,9	100
Herlev	17,5	82,5	-	100
Glostrup	25,5	72,0	2,5	100
Rødovre	6,8	79,2	14,0	100
Hvidovre	2,4	78,1	19,5	100
Tårnby	30,9	64,2	4,9	100
1950				
Kommuner	Etagehuse	Parcel- og rækkehuse	Barakker m.m.	Total
Hovedstaden	90,9	8,4	0,7	100
Samtlige forstæder	51,8	47,1	1,1	100
Gentofte	51,9	47,8	0,3	100
Lyngby-Taarbæk	61,4	38,3	0,3	100
Søllerød	51,0	48,4	0,6	100
Hørsholm	50,6	49,3	0,1	100
Birkerød	55,0	44,9	0,1	100
Gladsaxe	39,4	59,8	0,8	100
Herlev	54,4	45,4	0,2	100
Glostrup	60,4	39,3	0,3	100
Rødovre	38,2	59,7	2,1	100
Hvidovre	51,5	45,0	3,5	100
Tårnby	50,5	46,2	3,3	100

Den gennemsnitlige indkomst og særlig gennemsnitformuen lå således her markant højere end i metropolens øvrige forstæder (tabel 9). Disse sæt af sociale markører medvirkende til, at borgerlige partilister opnåede et uafbrudt flertal i sognerådene i de tre velstandsforstæder på Nordegnen fra gennemførelsen af lige og almindelig valgret til sogne-, amts- og byråd i 1909 og frem til midten af århundredet (tabel 10).[76]

Bag denne udtalte karakter af velstandsforstæder i Gentofte, Søllerød og Hørsholm sognekommuner lå ikke blot de kultur- og naturhistoriske værdier, der udgjorde en afgørende beliggenhedsfaktor for tilflytning til Nordegnen, de dermed markant højere grund- og ejendomsværdierne end i andre dele af hovedstadsmetropolens forstæder[77] samt egnens kollektive dobbelttrafikering og gode vejforbindelser.

---

[75] Statistiske Månedsskrift, 1930, s. 107. Statistisk Årbog for København m.m., 1953, s. 52 og 199.

[76] Som følge af den større andel arbejderklassen opnåede af Hørsholm Sognekommunes erhvervsaktive befolkning efter indlemmelsen af Usserød landsby, var der i sognerådet efter kommunalvalget i 1943 mandatmæssigt dødt løb mellem socialdemokraterne og de konservative. Ved en dermed nødvendig lodtrækning lykkedes det førstnævnte at besætte sognerådsformandsposten. Indtil de konservative i 1946 knebent genbesatte posten. Med forsættelse af den hidtil liberal-borgerlige bolig- og planpolitik (jf. nedenstående) lykkedes det gennem tilflytning at reducere arbejderklassens andel af den erhvervsaktive befolkning, således at den allerede i 1950 var banket ned til 46 procent (tabel 8). Den marginale mulighed Hørsholm i den første del af 40´erne havde haft for at udvikle sig til en velfærdsforstad, var dermed fortabt for al evighed.

[77] De høje grund- og ejendomsværdier var ikke blot udtryk for Nordegnens særlige kultur- og naturhistoriske attraktioner, men også, at der ikke, som i andre dele af hovedstadsmetropolens forstadsområde, gennemførtes spekulative masseudstykninger til byggeri af småhuse. En følge af at udstykninger på Nordegnen, som helhed kendetegnedes af store

Men også at de borgerlig-liberale værdier og interesser, som de kommunalpolitiske flertal i de stedlige sogneråd repræsenterede, satte sig igennem mellemkrigstiden og 40'erne og understøttede denne forstadsform. [78]

På nær småhuse og rækkehuse på "den forkerte side af Lyngbyvej" i Vangede og Dyssegårdskvarteret, kom Gentofteforstæder til at rumme nogle af landets største og mest ekstravante villaer. Trods sin kulturradikale funktionalistiske udtryksform kunne denne typiske Gentofte-villa på Niels Andersens Vej fra 1935 ikke skjule sin tydelige overklassekarakter (Gentofte Lokalhistoriske Arkiv).

Bebyggelseskarakter

I de fleste af de fremvoksende villakvarterer pålagde grundejerne således fra starten af forstadsdannelsen de enkelte ejendomme særlige villaservitutter for at fastholde denne bebyggelsesform og dermed hindre generede fabriksanlæg og etagebyggeri med et andet socialt klientel. En praksis, der forsattes af sognekommunerne, når de godkendte planer for private veje eller selv stod for vejanlæggene. Frem til omkring første verdenskrig med det resultat i Gentofte Sognekommune, at industri henvistes til

---

parceller til ekstravagant villabyggeri. Men af også at de særledes velstående ejere af gamle landsteder, der havde rødder tilbage til slutningen af 1700-tallet og omfattede en meget betydelig arealandel på Nordegnen, holdt sig tilbage fra sådanne masseudstykninger. I egeninteresse for at bevare så meget af velhaveregnens attraktion og gennem mindre deludstykninger til store parceller alene at reservere området for metropolens absolutte overklasse. Et effektivt markedsbaseret værn mod, at arbejdere og lavfunktionærer med deres usle småhuse og beklædning og vulgære sprog og livsform, kom for tæt på overklasseidyllen på Nordegnen. At det gik helt galt på "den forkerte side af Lyngbyvej", var et resultat af, at jorden her tilhørte simple bønder, der i deres nidkære begærlighed, gennemførte de masseudstykning for den pøbel, som her for altid kom til brandmærke Gentofte-forstæderne (se nedenfor).

[78] Gentofte Kommune. Billeder fra den tekniske udvikling siden århundredskiftet, Gentofte Kommunes tekniske forvaltning, 1947, 108-110 og 128-133. Caspar Christiansen: Naturfredning og byplanlægning: Bevaring og udvikling i Søllerød, Hovedstadsmetropolen efter 1945, 2011, s. 137-138. Hans Jørgen Winther Jensen: En konservativ succes?. Politik og boliger i Hørsholms historie 1940-1960, Hovedstadsmetropolen efter 1945, 2011, s. 159-170.Trap: Danmark, bd. III, 1953, s. 139-142. Trap: Danmark, bd. II, 1920, s. 87.

områderne ved Tuborg Havn, og at området nordfor og i vestlig retning mod Bernstorffsvej blev kendetegnet af sammenhængende villabebyggelser med meget store huse og kulissebyggeri med etagehuse med for det meste store lejligheder og forretninger i stueetagen langs de gennemgående gader.

For at få yderlige kontrol over den fremtidige bebyggelsesudvikling og samtidig hindre, at Københavns Kommune via jordopkøb sikrede sig en indflydelse, der kunne true den kommunale selvstændighed og dispositionsfrihed, erhvervede Gentofte sognekommune i mellemkrigstiden en række betydelige ejendomme i de endnu ikke bebyggede dele af forstaden. Allerede i 1914 var kommunen desuden i Skovshoved kommet igennem med en bebyggelsesplan, og i de følgende årtier udarbejdedes en række tilsvarende planer for et større antal af forstadens bydele.'

Selv om en i 1925 udarbejdet samlet byplan for hele Gentofte Kommune, med angivelse af zoner for villa- og etagebyggeri og offentlige institutioner, ikke blev endeligt godkendt af sognerådet, kom den alligevel til at tjene som rettesnor for kommunens byplanarbejde, der i 1933 fik et yderligere fastere grundlag. Idet et tillæg til bygningsreglementet inddelte hele Gentofte-forstaden i zoner efter bygningshøjde og funktion og de trufne plandispositioner indarbejdedes i den byplan, som kommunen udarbejdede efter byplanloven fra 1938.

Ud over strandparkerne ved Øresundskysten, som blev den fremvoksende velfærdsstats første regionalt tilvejebragte rekreative områder for hovedstadens brede befolkning, udlagde Gentofte Sognekommune selv et større antal parker i forstaden for yderligere at forstærke dens åbne og grønne karakter. Dette byrumselement og de ihærdige kommunale anstrengelser for at fastholde Gentofte-forstæderne som villabyer havde det klare sigte fortsat at sikre, at Gentofte ville udgøre et attraktivt bosted for metropolens mest velbjergede befolkningslag, og blev det bærende princip i den nævnte kommunale bebyggelsesplanlægning.

I form af udlæg af meget store og sammenhængende villaområder med enfamilieshuse, der bredte sig frem til Lyngbyvej og havde en sådan størrelse, at arbejdere og størsteparten af funktionærlaget her var udelukket som ejere. Som lejere var samme sociale lag også reelt udelukket i de for det meste store lejligheder, der indrettedes både i mindre enklaver med private boligblokbebyggelser i villakvartererne og i det eksisterende etagebyggeri i forretningsgaderne og på tilstødende sideveje i Hellerup, Charlottenlund, Gentofte og Ordrup.

Det blev således først i løbet af 40´ene, at private aktører i Jægersborgs nordvestlige udkant op mod grænsen til Lyngby-Taarbæk Sognekommune, nærmest som en udtagelse, opførte boligblokbebyggelser og rækkehuslænger med små og mellemstore lejligheder. Det samme blev tilfældet på "på den forkerte side af Lyngbyvej", hvor der opstod enklaver af etagebyggeri med små lejligheder i bunden af Vangedevej og Søborg Hovedgade, lige nord for Vangede Station og efterhånden også langs Vangede Bygade.

I Vangede udlagde kommunen desuden i dens yderste nordvestlige hjørne, som en kile mellem Gladsaxe og Lyngby-Taarbæk sognekommuner, et mindre nyt industrikvarter. Mens den allerede i Dyssegårdskvarteret og Vangede havde lagt rammer for, at størstedelen af de to deklasserede bydele skulle omfatte langt mindre prætentiøse villakvarterer. Her havde lavere funktionærer og de mest stræbsomme og sparsommelige faglærte arbejdere allerede i mellemkrigstiden opført bungalows og andre småvillaer, efter i en årrække først at have boet på de udstykkede parceller i primitive lysthuse opført af forhåndenværende genbrugsmateriale. Lige før århundredes midten opførtes desuden en klynge rækkehuse, der nærmest klinede sig op af grænsen til Gladsaxe Sognekommune, hvorved overgangen fra den næsten udbyggede overklasse- og velstadsforstad til arbejder- og velfærdsforstaden blev mindre udtalt. [79]

Tabel 8. Hovedstadsmetropolens procentvise sociale sammensætning, 1930-1950[80]

1930			
Områder/kommuner	Selvstændige og direktører	Funktionærer	Arbejdere	Total
Hovedstaden	13,9	30,2	55,9	100
Samtlige forstæder	19,9	21,1	60,0	100
Gentofte	27,3	48,1	24,6	100
Lyngby-Taarbæk	25,3	33,1	41,6	100
Søllerød	43,9	30,1	25,0	100
Hørsholm	39,2	18,8	42,0	100
Gladsaxe	17,0	18,2	64,8	100
Rødovre	8,2	18,1	73,7	100
Hvidovre	8,1	13,4	78,5	100
Tårnby	12,8	16,2	71,0	100
1950			
Områder/kommuner	Selvstændige og direktører	Funktionærer	Arbejdere	Total
Hovedstaden	11,7	33,0	55,3	100
Samtlige forstæder	17,4	24,2	58,4	100
Gentofte	26,7	43,6	29,7	100
Lyngby-Taarbæk	25,6	25,5	48,9	100
Søllerød	33,3	30,3	36,4	100
Hørsholm	23,7	30,2	46,1	100
Gladsaxe	17,8	18,3	63,9	100
Rødovre	17,9	18,7	63,4	100
Hvidovre	16,9	18,1	65,0	100
Tårnby	15,6	21,2	63,2	100

Den udtalte socialt segrerede bebyggelsesplanlægning, som Gentofte Sognekommune lagde til grund for dens udvikling som en velstandsforstad, medvirkede til, at andelen af store boliger fastholdtes igennem perioden selve om fordelingen mellem etagebyggeri og enfamilieshuse efterhånden blev mere ligelig. En udvikling, der tillige slog i gennem i Søllerød og Hørsholm sognekommuner, hvor Gentofteforstædernes bebyggelsesplanlægningen og boligpolitik dannede skole.

Her havde private og senere kommunale servitutter allerede både sikret udstrakte kvarterer med store villaer og en koncentration af etagebyggeri udelukkende omkring den centrale del af Holte og det ældre Hørsholm og udstukket rammer, der stort set ikke muliggjorde industrielt byggeri. Bebyggelsesmæssige karaktertræk som velstandsforstæder, som sognerådene i 40´erne fastholdt i byplanlægningen for de to sognekommuners videre udvikling.

I Søllerød Sognekommune endog raffineret i en dispositionsplan fra 1943. Idet denne indarbejdede den første fredningsplan, som ellers var tiltænkt den brede hovedstadsbefolknings muligheder for rekreativ adgang til og ophold i de fredede og på anden måde offentligt erhvervede arealer, der lå op til og forbandt den ydre Nord- og Nordvestegns skov-, sø- og moseområder. Fredninger og arealerhvervelser, der vi vidt omfang blev betalt af staten, hovedstadskommunerne og amtskommunen, og som beboerne

---

[79] Betænkning om byplanmæssige forhold i Gentofte Kommune, Teknisk Forvaltning, 1944, s. 14-29, Emneordnede sager: Gentofte Kommune. Byplan 1944, Bygningsinspektoratet [Frederiksberg Stadsarkiv, A 1200].
[80] Statistisk Månedsskrift, 1930, nr. 6-8., s. 92 og 98. Statistisk Årbog for København, Frederiksberg m.m., 1953, s. 22 og 196.

i velstandsforstæderne i Søllerød Sognekommune, uden økonomisk belastning af dennes økonomi, i dagligdagen kunne nyde godt af sammen med de omgivne i forvejen eksisterende naturherligheder.

Herlighedsværdier, som kommunen ville styrke ved i dispositionsplanen at lægge op til yderligere fredninger, som den selv ville finansiere. Med det resultat, at disse fredninger sammen med frednings-planens allerede reserverede område ville opdele kommunen i enklaver, der omfattede allerede eksi-sterende bebyggelser og de nye, der indgik dispositionsplanen. Da denne samtidig lagde op til udlæg af små arealer til boligblokbebyggelser og industri, og dermed udstak rammer for et kommende helt overvejende og fortsat villabyggeri på grunde på over 1.000 m², var målet at fastholde Søllerød Sog-nekommune som et grønt småbysmiljø med gode pendlingsmuligheder til hovedstaden. En beliggen-hedsfaktor, som tiltrak den del af hovedstadsoverklassen, som ville bort fra storbyens hverdag, og fandt de endog grønne Gentofte-forstæder for overbebyggede.[81]

Lignende motiver og virkemidler lå til grund for den dispositionsplan, som på samme tidspunkt gen-nemførtes i Hørsholm Sognekommune på basis af dennes betydelige jorderhvervelser. Her betonedes samtidig den enkeltes værdi ved at besidde sin egen bolig. Og i et vellykket forsøg på fra konservativ side at fastholde flertallet i sognerådet, blev der, som følge af det relativt store antal arbejdere, der var beskæftiget på den gamle klædefabrik, lagt op til udstykninger af ikke blot store villagrunde, men også i et vist omfang af mindre parceller til småhuse.

Ikke desto mindre satte Hørsholm Sognekommune grundpriserne så tilpas højt, at mindrebemidlede i realiteten blev udelukket, som kommende husejere. Med helt samme sigte blev det kommunal praksis at garantere for statslån til byggeri for kommende parcelhusejere, hvis indkomster lå over den indkomstmæssige sygeklassegrænse.[82] Med denne særegne bolig- og planstrategi lykkedes det for det konservative sognerådsflertal at give rådets ganske store socialdemokratiske oppositions-gruppe, i realiteten, værdiløse indrømmelser, og dermed at sikre sognekommunens helt entydige karakter af velstandsforstad.[83]

Trods det udbredte byggeri af villaer i velstandsforstæderne øgedes ikke desto mindre her andelen af etagebyggeri i slutningen af perioden. I Gentofte forstæderne, som følge af enklaverne af etagehuse med store lejligheder mod øst og det ganske udbredte private etagebyggeri med smålejligheder på den forkerte side af Lyngbyvej. Desuden et, efter forholdene, ganske betydeligt etagebyggeri med store lejligheder omkring Kongevejskrydset i Holte og i Hørsholm og Rungsted.

---

[81] Christiansen: Naturfredning og byplanlægning, Hovedstadsmetropolen efter 1945, 2011, s. 138-146.

[82] Ved opbygningen af den socialkonservative socialhjælpsstats tidligste velfærdssystem og i den første fase af den tid-lige velfærdsstat (Appendiks 1) udbygning af dette system, blev dettes målgruppe fastlagt til arbejderklassen og det, som betegnedes *"dermed ligestillede"*. Omfattende lavfunktionærer, små selvstændige og husmænd m.m. I byerne blev de *"dermed ligestillede"* efterhånden indsnævret til gruppen af lavt placerede og gagerede funktionærer: Kontorbude-og assistenter, ekspedienter, lavtlønnede etatsansatte og andre funktionærer, der ikke havde forladt folkeskolen med en mellemskole- eller realeksamen og dermed ikke havde opnået en længevarende funktionæruddannelse i en finansiel pri-vat virksomhed eller i etaten. Efterhånden blev lønarbejderklassen af arbejdere og lavfunktionærer sammen med andre samfundslag henregnet til den indkomstgruppe, der var berettiget til at blive nydende medlem af en statsanerkendt- og støttet sygekasse. Denne sygekassegrænse, der fastsattes ud fra en fuldt beskæftiget faglært arbejders gennemsnitlige årsindkomst, blev samtidig rammesættende for en lang række velfærdsydelser – og institutionstilbud og tildeling af statslån til boligbyggeri. Med denne udvidelse af velfærdssystemets målgruppe og en i stigende omfang gennemførelse af retsprincippet ved tildeling ydelser og institutionstilbud, fik den tidlige velfærdsstats i løbet af 30´og 40´erne efter-hånden en universalistiske karakter. Jf. Henning Bro: "og dermed ligestillede". Hovedstadslønarbejderklassen i det 20. århundredes første halvdel, Arbejderhistorie, 2025, nr. 1 [Udkommer medio 2025].

[83] Jensen: En konservativ succes ?, Hovedstadsmetropolen efter 1945, 2011, s. 170-175.

Selv om 30´erne repræsenterede funktionalismens gennembrud, blev Gentofte Rådhus fra dette årtis midte holdt i en monumental neoklassicistisk stil, der signalerede velstand, magt og arrogance; foto 1940 (Gentofte Lokalhistoriske Arkiv).

Velfærdsindikatorer

Selv om Gentofte Sognekommune som regional forsyningsaktør i Hørsholm, Søllerød og Gentofte sognekommuner leverede de såkaldte velfærdsgoder, som i noget af den urbane velfærdshistorie er blevet tillagt forsyningsområdet, udeblev til gengæld velfærdskarakteren i det kommunale velfærdssystem. På trods af at de tre sognekommuner havde det suverænt stærkeste skattegrundlag, og ikke som de fleste øvrige forstæder skulle tumle med de samme betydelige kommunaløkonomiske udfordringer, der fulgte med overgangen fra land til forstad og et dermed samtidigt meget kraftigt stigende folketal (tabel 2). Udover Gentofte-forstædernes særdeles velkonsoliderede kommunaløkonomi, blev de samtidig begunstiget af sognekommunens meget betydelige fortjenester ved sine regionale forsyningsvirksomheder.[84]

Ikke desto mindre blev det sociale områdes andel af de kommunale udgifter i mellemkrigstiden og 40´erne betydelig mindre i to af velstadsforstæder og signifikant mindre i Gentofte- forstæderne (tabel 11). Nok havde velstandsforstæderne et begrænset volumen af personer på offentlig forsorg, men lovbestemmelser herfor gav i mange tilfælde mulighed for skøn, som de stedlige sognekommuner sandsynligvis udnyttede til at ansætte de mindst mulige ydelser.

På institutionsområdet havde Gentofte Sognekommune ganske vist et betydeligt antal pladser på alderdomshjem ved midten af århundredet, men dette opnåedes først efter Solhjem i 40´erne supplerede det ældre og lille alderdomshjem i Ordrup. I Søllerød Sognekommune oprettedes et alderdomshjem med

---

[84] Bro: Hovedstadsmetropolen, 2023, bd. 1, s. 220-221 og 264-265.

egentlig plejehjemskarakter ikke i perioden, mens alderdomshjemmet i Hørsholm var af en mindre størrelsesorden. Herudover var såvel daginstitutionsdækning og kommunernes andel af disse som antallet af sundhedsplejersker og børn under disses tilsyn mindre i velstandsforstæderne end i mange af de øvrige forstæder, og det blev først i løbet af 40´erne, at der oprettedes et mindre antal kommunale børneinstitutioner (tabel 12).

Tabel. 9. Gennemsnitsindkomst- og formue i kr., 930-1950.[85]

1930		
Kommune	Indkomst.	Formue
Hovedstaden	2.977	8.440
Samtlige forstæder	2.560	8.957
Gentofte	4.795	27.887
Lyngby-Taarbæk	2.655	8.892
Søllerød	3.269	16.858
Hørsholm	4.947	32.903
Gladsaxe	2.428	5.475
Rødovre	2.475	3.909
Hvidovre	2.186	2.400
Tårnby	2.196	4.481
1950		
Kommune	Indkomst.	Formue.
Hovedstaden	8.863	12.942
Samtlige forstæder	7.533	13.352
Gentofte	14.192	44.558
Lyngby-Taarbæk	8.404	15.196
Søllerød	9.909	30.241
Hørsholm	8.582	35.100
Gladsaxe	7.878	9.133
Rødovre	7.135	9.613
Hvidovre	7.210	6.501
Tårnby	7.155	8.674

Det samme gjaldt andelen af kommunale folkeskoler og i nogen grad antallet af lærere (tabel 13). Udover forældregruppens høje indkomster var den højere andel af private folkeskoler her betinget af, at disse i velstandsforstæderne ofte modtog kommunale tilskud, og da privatskolerne i reglen havde mellemskoleafdelinger, blev antallet af mellemskoleelever langt højere her. Stærkt understøttet af, at Gentofte Sognekommune på eksamensskoleområdet gik videre end lovgivnings minimumskrav og etablerede mellem- og realskoleafdelinger på de kommunale skoler for den i forvejen velstående og veluddannede befolknings børn og unge.

Det samme blev tilfældet i Hørsholm, hvor sognekommunen i 20´erne overtog en privat realskole, mens Søllerød Sognekommune gav tilskud til private Holte Gymnasium. Hertil kom, at det offentliges overtagelse af et stort antal private gymnasier i årene 1918-1920 medførte, at Hørsholm, Birkerød og Lyngby hver fik et statsgymnasium og Gentofte-forstæderne flere af sådanne og endog et kommunalt gymnasium, mens resten af hovedstadsmetropolens forstæder forblev gymnasietomme.

Som følge af boligmanglen blandt velstandsforstæders minoritet af lavindkomstgrupper havde disses sognekommuner under og efter første verdenskrig været tvunget til at opføre et mindre antal kommunale boliger (tabel 14). Selv om de gunstige statslåneordninger fra krigsårene fortsatte i mellemkrigstiden og blev kraftigt udvidet i 40´erne, blev det samlede sociale boligbyggeri, i form af kommunale og almene boliger, signifikant lavere i velstandsforstæderne.

---

[85] Statistisk Månedsskrift, 1930, s. 82 og 1950, s. 185 og 189. A

I dette årti blev det kun til en smule almennyttigt byggeri på "den forkerte side af Lyngbyvej" i Gentofte forstæderne og i Gl. Holte i Søllerød Sognekommune samt tre blokke og 61 rækkehuse i Hørsholm opført af to almene boligselskaber, bag hvilke lokale henholdsvis socialdemokratiske og borgerlige kræfter stod. Størstedelen af tiårets begrænsede byggeri af boligblokke og parcelhuse med små boliger blev i velstandsforstæderne dermed opført af private aktører, som i vidt omfang optog statslånene, som kommunerne blot skulle indstille til og stille garanti for.[86]

Tabel 10. Flertalskonstellationer i sogneråd i hovedstads-metropolens forstæder, 1909-1950[87]

Gentofte	B: 1909-1950
Gladsaxe	B: 1909-1913. S: 1913-1950
Lyngby-Taarbæ|	B: 1909-1913. S: 1913-1950
Søllerød	B: 1909-1950
Birkerød	B: 1909-1946. S: 1946-1950
Hørsholm	B: 1909-1950
Herlev	B: 1909-1937. S: 1937-1950
Rødovre	B: 1909-1929. S: 1929-1950
Hvidovre	B: 1909-1925. S: 1925-1950
Brøndbyerne	B: 1909-1937. S: 1937-1950
Glostrup	B: 1909-1929. S: 1929-1950
Tårnby	B: 1909-1917. S: 1917-1950

Anm.: S: Socialdemokratiet. B: Borgerlige flertals konstellationer af repræsentanter for: Høje/Det konservative Folkeparti, Venstre, antisocialistiske og borgerlige fælleslister.

Velfærdsforstaden
Udvikledes velstandsforstadsformen ganske entydigt før midten af det 20. århundrede i Gentofte, Søllerød og Hørsholm sognekommune, blev det kun i Lyngby-Taarbæk Sognekommune, at velfærdsforstaden fik sin tidligst og mest entydige form. Selv om denne sognekommune rummede samme kultur- og naturmæssige herlighedsværdier og førindustrielle landsteder for det københavnske storborgerskab som velstadsforstæder, havde Lyngby-Taarbæk Sognekommune haft en forskelligartet udvikling.

Kendetegn
Mod sydvest henlå sognet som et åbent skovløst agerland, mens der mod nordøst siden en gang i 1600-tallet var opstået en stribe af industrimanufakturer langs Mølleåen, som dermed omfattede en betydelig del af den type virksomheder, som fulgte med enevældens merkantilistiske erhvervspolitik. Virksomheder, der havde karakter af hovedstadsindustri, og ekspanderede efter industrikapitalismens gennembrud i den sidste halvdel af det 19. århundrede, og op til og på den anden side af den første verdenskrig suppleredes med tilsvarende nye, der blev lokaliseret i Lyngby. På samme, som denne landsby også transformeredes til en stationsby, der fik et opland, som ikke blot omfattede Lyngby-Taarbæk Sognekommune, men også det mest af Gentofte, Gladsaxe, Værløse og Søllerød sognekommuner. Med det resultat, at Lyngby tillige fik et stort tilskud af håndværks- og detailhandelsvirksomheder.

---

[86] Gentofte Kommune. Billeder fra den tekniske udvikling siden århundredskiftet, Gentofte Kommunes tekniske forvaltning, 1947, s. 108-110 og 128-133. Hans Jørgen Winther Jensen: Folkeskolen mellem land og by i Nordsjælland 1920-1925, GRANSK, 2019 [Online tidsskrift for Rudersdal Museer, Museum Nordsjælland, Museerne Helsingør og Furesø Museer], s. 49-58. J.P. Trap: Danmark, bd., II,1, 1959, s. 191-192, 193, 415-416, 467-468 og 470.
[87] Statistiske Meddelelser, 4. rk., 31. bd. 4 hf., 1909, s. 10-14, 4. rk. 22. bd., 2. hf., 1913, s. 10-13, 4. rk., 54. bd., 3. hf., 1917, s. 12-16, 4. rk., 62. bd. 5. hf., 1921, s. 12-17, 4. rk. 72. bd., 5 hf., 1925, s. 60-65, 4. rk. 83. bd., 1 hf., 1929, s. 60-65.   Statistisk årbog for København, 1932, s. 214, 1939, s. 225, 1945, s. 249 og 1947-1948, s. 266.

Den høje ranblokbebyggelse omkring Ulrikkenborg Plads fra starten 30´erne vest for den gamle Lyngby stationsby blev det første stationscenter i hovedstadsmetropolen. Bygningen ud til sporterrænet havde således dagligdagsbutikker i stue-etagen, læge- tandlægeklinikker i de øvre etager og en åbning, der førte hen til en billetekspedition og nedgangen til en tunnel, der løb frem til trapperne til stationens perroner (Lyngby-Taarbæk Stadsarkiv).

Da denne urbane erhvervsproces forsatte op gennem mellemkrigstiden og 40´erne, fik hele Lyngby-Taarbæk Sognekommune den mest udtalte industrielle karakter blandt den fremvoksende hovedstads-metropols forstæder målt i antal ansatte og maskinkraft/omsætning, det største antal detailhandelsfor-retninger og tillige en betydning omsætning indenfor grossistvirksomhed (tabel 4-5). Med denne brede erhvervsmæssige sammensætning, de gode kollektive trafikforbindelser og de laveste grund- og ejen-domsværdier på hele Nordegnen, førte det forstadsboligbyggeri, der først lagde sig uden om Lyngby og siden igangsattes i Virum til, at Lyngby-Taarbæk Sognekommune fik både en langt større andel af små og mellemstore lejligheder på 1-4 værelser end i den øvrige Nordegn og den største andel af lej-ligheder i etagebebyggelser end i samtlige af metropolens forstæder (tabel 6-7).

Et udtryk for arbejderklassen og det lavere funktionærlag fik en signifikant større andel af Lyngby-Taarbæk Sognekommunens befolkning end på den øvrige Nordegen (tabel 8). Det manifesteredes sig bl.a. ved, at både detailhandelens omsætning, trods Lyngby position som oplandshandelscenter, og de gennemsnitlige indkomster og formuer i kommunen blev mindst på Nordegnen (tabel 9).

Med den betydelige befolkningsandel, som arbejderklassen allerede tidligt udgjorde i Lyngby-Taarbæk Sognekommune, opnåede Socialdemokratiet allerede flertallet i sognerådet i 1913 (tabel 10). Denne position fastholdtes i takt med den erhvervs- og bebyggelsesmæssige udvikling, der under den første verdenskrig og op gennem mellemkrigstiden og 40´erne førte til den nævnte differentierede erhvervs-struktur med et industrielt tyngdepunkt og en blandet boligbebyggelse med såvel etage- og enfamilies-huse som helt overvejende små og mellemstore boliger.

Tabel 11. Velfærdsudgifters procentvise andel af kommunale udgifter, hovedstadsmetropolens forstæder, 1930-1950.[88]

	1930		1950	
	Social forsorg	Skolevæsen	Social forsorg	Skolevæsen
Gentofte	6,1	18,0	18,6	17,1
Gladsaxe	21,5	21,8	28,8	25,6
Lyngby-Taarbæk	26,2	15,3	32,9	19,2
Søllerød	15,5	16,0	16,6	13,6
Birkerød	18,0	15, 8	20,9	13,8
Hørsholm	16,5	17,1	15,8	15,8
Herlev	10,8	25,6	14,7	14,4
Rødovre	20,3	21,2	23,3	21,3
Hvidovre	23,2	16,9	26,1	23,3
Brøndbyerne	24,2	14,9	13,3	12,9
Glostrup	21,6	18,5	28,9	19,4
Tårnby	19,8	15,9	29,9	22,7
Indre forstæder: Total	21,7	17,0	25,9	18,5

Udtalte kendetegn, som karakteriserede en velfærdsforstad, der for første gang i hovedstadsmetropolens forstadsområde blev en realitet i Lyngby-Taarbæk Sognekommune. Ikke blot som følge af et socialdemokratiske sognerådsflertal, som efterhånden også slog igennem i samtlige forstadskommuner udenfor den øvrige Nordegen. Men også sognekommunens noget større gennemsnitindkomst, der fulgte med dens særlige erhvervssammensætning, stigende og betydelige folketal og stadig større tilflytning af særlig faglærte arbejdere og lavere og efterhånden også højere placerede funktionærer.

Forudsætningen for et stadig mere solidt skattegrundlag, som ikke blot gjorde det muligt for det socialdemokratiske sogneråd at gennemføre en bebyggelsesplanlægning, der både bidrog til Lyngby-Taarbæk Sognekommune erhvervs- og bebyggelsesmæssige kendetegn og udviklingen af en moderne forstadsbebyggelsesform, der pegede frem til perioden efter midten af århundredet. Men også til sognekommunens, i forhold til de øvrige forstæder, høje velfærdsniveau.[89]

Bebyggelseskarakter
Allerede mens Lyndby stadig var at ligne med en stor dansk stationsby, traf sognerådet en række bebyggelsesmæssige velfærdsdispositioner. Ikke blot for at afværge den boligmangel, der fulgte af første verdenskrigs og de efterfølgende konjunkturomslag op gennem 20´erne, men også for at bedre den brede befolknings boligforhold gennemførte sognekommunen de mest vidtgående boligpolitiske initiativer blandt metropolens forstæder. Gennem opførelse af kommunalt boligbyggeri og statslån- og tilskud og supplerende kommunale lån til tidligt almennyttigt og ordinært privat boligbyggeri, kom sognekommunen dermed til at stå bag 71 procent af produktionen af 1-3 værelseslejligheder i årene 1917-1930, hvilket svarende til 28 procent af den samle mængde af denne lejlighedskategori.

En imponerende indsat sammenlignet med, at tidens boligpolitiske velfærdsforgangskommune, København, ganske vist stod bag 81 procent af samme type lejligheder, men at disse kun udgjorde entiendedel af den samlede københavnske mængde af 1- 3 værelseslejligheder i 1930. Ligesom Københavns Kommune udnyttede Lyngby-Taarbæk desuden fuldt ud huslejereguleringsloven så længe, som det foreløbig var muligt. Og som nogle af de øvrige forstadskommuner forsøgte sognekommunen

---

[88] Statistiske Meddelelser, 1930, s. 113 og 1950, s. 204-205. Statistisk Årbog for København m.m., 1931, s. 145 og 1951, s. 138. 1953.
[89] Jeppe Tønsberg: Industrialiseringen af Lyngby. Træk af byens udvikling 1840-1916, Lyngbybogen, 1984, s. 7-169. Jeppe Tønsberg: Handlen i Kongens Lyngby 1887-1987, Lyngbybogen, 1987, s. 5-120. Jeppe Tønsberg: Industrisamfundets afvikling 1950-1980, Hovedstadsmetropolen efter 1945, 2011, s. 71-86.

endelig at påvirke den kommende bebyggelses art gennem servitutpålæg ved godkendelse af private vejplaner og betydelige jordopkøb. [90]

Forudsætningen for at de bebyggelsesplanlæggende greb i fuldt omfang foldedes ud, da forstadsdannelsen i Lyngby Taarbæk Sognekommune for alvor slog i gennem i 30'og 40'ere, og i denne periode førte til en betydelig befolkningstilvækst (tabel 2). Med kontrol over store ubebyggede arealer og kommunernes godkendelse af bebyggelsesplaner for de boligbyggerier, der modtog statslån og som krævede kommunal garanti, kunne sognekommunen i perioden gennemføre en bebyggelsesplanlægning, der blev den mest gennemgribende blandt samtidens forstadskommuner og tilmed rummede særdeles moderne og i Danmark helt ukendte planelementer for forstadsdannelser.

I form af en helt ny bydel vest for Lyngby Station med lokalcenter med dagligvarebutikker i stueetagen i to af de boligblokke, der omkransede Ulrikkenborg Plads, hvorfra der var adgang til en billetsalgsekspedition og en tunnel, der skabte forbindelse til perronerne til de S-tog, som indsattes fra 1936. Vest for dette stationscenter opdeltes bydelen i zoner, hvor der opførtes vidtstrakte lave storgårdskarréer og randbebyggelser, u-formede etagehuse i international funktionalisme, dobbelthuse og længst ude kvarterer med villaer, rækkehuse og små enklaver med boligblokke.

Forstadsbydelen vest for Lyngby stationsby. Til venstre den etagebebyggelse, der med aftrappende bygningshøje i vestlig retning fulgte efter stationscentret ved Ulrikkenborg Plads. Til højre det vidstrakte villakvarter, som, opblandet med enklaver med boligblokke, omsluttede denne etagebebyggelse; fotos fra slutningen af 30'erne (Lyngby-Taarbæk Stadsarkiv).

På samme tid udlagdes et stationscenter med butikker i de boligblokke, som lige op af Virum S-banestation omkransede Virum Torv. Samtidig med at der med de beføjelser, som byplanloven fra 1938 gav, gennemførtes bebyggelsesplaner for udbygningen af det øvrige Virum helt overvejende med villaer og rækkehuse. Øst for Lyngby station lagde den kommunale planlægning desuden rammer for boligblokke med butikstorv, men her måtte der dog forhandles med den stedlige jordbesidder; Københavns Kommune.

Med denne lokalkommunale bebyggelsesplanlægning påbegyndtes byggeriet i disse nye bydele frem mod midten af århundredet. Således at der ydedes kommunalt garanterede statslån til små villaer og rækkehuse samt etagebyggeri, der vid udstrækning blev almennyttigt. [91]

Velfærdsindikatorer
Med Lyngby-Taarbæk Sognekommunes meget betydelige engagement i byggeri med mindre lejligheder fik kommunalt, almennyttigt og andet stats- og kommunalt støttet boligbyggeri, sammenlignet med

---

[90] Henning Bro: Kommunal boligpolitik og boligbyggeri 1890-1930, Lyngbybogen, 1990, s. 103-154.
[91] Bro: kommunal boligpolitik og boligbyggeri i Lyngby-Taarbæk Konmune1890-1930, 1990, s. 154-157. Lise Skjøt-Pedersen: Forstadsbyen som aktør i velfærdsstaten, Hovedstadsmetropolen efter 1945, 20011, s. 109-115.

hovedstadsmetropolens øvrige forstæder, den største andel af den samlede boligmasse før 1930 og i 30´erne og den næststørste i 40´erne (tabel 6 og 14). Dette boligbyggeri omfattede såvel almindelige familielejligheder som tre blokke med boliger for børnerige familier. Sognekommunen udnyttede samtidig fuldt ud 30´og 40´ernes lovgivning om huslejeregulering- og tilskud.

Tabel 12. Sociale institutioner, hovedstadsmetropolens forstæder, 1950.[92]

Antal pr. 1.000 indbygger				
	Pladser på		Sundhedsplejersker	Børn under sundhedsplejerskers tilsyn
	Alderdomshjem	Børneinstitutioner		
Gentofte	0,88	12,98/55,3	0,09	19,89
Gladsaxe	1,22	15,28/88,1	0, 12	24,89
Lyngby-Taarbæk	1,01	24,11/78,2	0,08	21,47
Søllerød	0,00	10,67/49,8	0,8	14,65
Birkerød	0,00	11,85/100	0,5	20,38
Hørsholm	0,54	12,14/0,00	0,00	0,00
Herlev	0,00	10,5/100	0,6	0,00
Rødovre	0,00	11,24/100	0,19	16,25
Hvidovre	0,00	10,21/78,9	0,13	17,70
Brøndbyerne	0,00	9,23/0,00	0,42	0,00
Glostrup	1,11	15,3/100	0,11	20,65
Tårnby	1,72	14,9/75,2	0,12	21,13
Indre forstæder: Total	0,64	14,76/51,6	0,11	19,13

Anm.: Talstørrelsen efter skråstregen angiver procentandelen af kommunale børneinstitutioner.

Udover den bolig- og bebyggelsesmæssige karakter blev en række andre velfærdsindikatorer tillige kentegnede for velfærdsforstadsformen i Lyngby-Taarbæk i perioden. Indenfor de øvrige områder, der indgik i den fremvoksende velfærdsstats velfærdssystem, udgjorde de sociale udgifter således den suverænt største kommunale udgiftspost i forhold til metropolens andre forstæder (tabel 11).

Et udtryk for en klar prioritering af den betydning for økonomisk sikring og omfordeling, som de sociale udgifters også havde, og straks efter den såkaldte socialreform i 1933 manifesterede sig ved oprettelse af en selvstændig socialforvaltning, som endda blev sat under ledelse af en socialdirektør, hvilket Lyngby-Taarbæk Sognekommune ikke de jura var forpligtet til i forhold til bestemmelserne om oprettelse af socialkontorer i landkommuner med mere end 3.000 indbyggere. Givet medvirkede, at fortolkningen af den sociale lovgivning i højere grad tog hensyn til de ydelsesmodtagende.

Herudover fik sognekommunen i forhold til de øvrige forstadskommuner nogle af de højeste antal både pladser på alderdomshjem, sundhedsplejersker og børn under disses tilsyn og på børneinstitutioner, som samtidig i helt overvejende grad var kommunale (tabel 12). Lyngby-Taarbæk Sognekommune havde således tidligt ydet tilskud til et privat asyl, og i 30´erne udvidedes tilskudsordningen til at omfatte et yderlige privat asyl og en privat børnehave, på samme tid som kommunen i dette årti og det følgende selv kom til at stå bage flere nye daginstitutioner. Så som tre store børnegårde (1941 og 1951-1952; foruden spredte mindre daginstitutioner nær nye almene boligbebyggelser.

Allerede i 1916 havde Lyngby-Taarbæk Sognekommune stået bag et alderdomshjem, og som den første kommune i landet desuden nogle moderne længer med ældreboliger, der siden fulgtes op af byggeri af pensionistboliger og plejehjem. Så som en lang række små lejlighedskomplekser til pensionister, udbygning af alderdomshjemmet, opkøb af et privat alderdomshjem og etablering af et plejehjem på steder.

---

[92] Statistisk Månedsskrift, 1950, s. 219.

På uddannelses- og kulturområdet fik Lyngby-Taarbæk Sognekommune desuden en betydelig andel af kommunale folkeskoler, et stort antal lærere i disse, det næststørste antal mellemskoleelever uden for velstadsforstæderne og det næststørste antal bind på de kommunale biblioteker (tabel 13). En følge af at sognekommune allerede i 1916 fik den første egentlige kommuneskole endda med eksamensafdeling og nogle år efter opførte Lyngby Statsskole, der omfattede en mellemskole, en realklasse og et gymnasium, og hvis undervisningen blev varetaget af statsansat personale.

Stationscentret ved Virum Torv blev efterfølgende omkranset af boligblokbebyggelser, der enten var almennyttigt eller offentligt understøttet. Uden om dette kvarter med etagebyggeri strakte sig store kvarterer med villaer og rækkehuse (Lyngby-Taarbæk Stadsarkiv).

Trods Lyngby-Taarbæk Kommunes formelle stilling som landkommune overgik dens skolevæsen i 20´erne til de bestemmelser, som købstadskommunernes skolevæsen var underlagt. Med det resultat, at der indførtes en syvklasset skole og en overbygningsafdeling på den første af de nye forstadsskoler, der førte frem til den præliminæreksamen, som svarede til realeksamen. I 30´- og 40´erne fulgte herudover skoletandpleje, to yderligere kommuneskoler, mellemskoler på samtlige nye skoler og en specialskole.[93]

Af de velfærdsgoder, som den urbane velfærdshistorie har tillagt vand- og energiforsyningsområdet, fik Lyngby-Taarbæk Sognekommune tidligt elektricitetsforsyning fra NESA og egn trykvandsforsyning og gasproduktion. Men begge sidstnævnte to forsyningsområder overgik senere til henholdsvis Nordegnens førnævnt fælleskommunale vandsamvirke omkring Sjælsøvandværket og Strandvejsgasværket.[94]

---

[93] Skjøt-Pedersen: Forstadsbyen, 2011, s. 118-125.
[94] Bro: Hovedstadsmetropolen, 2023, bd. 1, s. 606-608.

Velfærdsforstæder vinder frem

Ud over de overordnede velfærdsstatslige rammer og regionale rammebetingelser, som i mellemkrigs-tidens og 40´ernes hovedstadsmetropol ledsagede forstadsdannelsen, førte de træk, som kom til at ken-detegne både den lokalkommunale opgavevaretagelse og den sociale og erhvervs- og bebyggelsesmæs-sige struktur i forstæderne i Gladsaxe, Glostrup og Tårnby sognekommuner, til at disse også efterhån-den fik karakter af velfærdsforstæder.

Kendetegn

Med grund- og ejendomsværdier, der lå lavere end på Nordegnen, fik forstadsdannelsen, målt i antal ansatte og maskinkraft/omsætning pr. virksomhed, tidligt en udtalt industriel karakter i Glostrup og Tårnby sognekommuner og senere også i Gladsaxe-forstæderne (tabel 4-5). I sidstnævnte forstæder tillige en udløber af lokale plandispositioner i 30´erne og i de to førstnævnte sognekommuner en følge af, af disse omfattede oprindelige stationsbyer med både lokale oplande og en betydelig hovedstadsin-dustri.

Glostrup Station i 1906. Lyngby, Glostrup og Kastrup stationsbyer opstod efter åbningen af de stedlige gennemgående jernbaner og fik udover funktionen som oplandsby, som andre af landets øvrige stationsbyer, en betydelig hovedstadsindu-stri. Med forstadsdannelsen lagde kvarterer med boligblokke og enfamiliehuse sig rundt om stationsbyerne, der, på nær Kastrup, transformeredes til en form for stationscentre (Glostrup Lokalhistoriske Arkiv).

I Glostrup, som et resultat af et stort ruralt opland på Vestegnen og lokalisering af industri på stations-byens billigere byggegrunde, der lå klods op af den Vestbane, som udgjorde den inderste del af landets suverænt vigtigste stambane. I Kastrup en følge af samme industrilokaliseringsfaktorer, der efter åb-ningen af Amagerbanen i 1907 førte til noget, der lignede en forlængelse af de københavnske industri-kvarter, der allerede var etableret og senere etableredes lang Strandlodsvej.

Mens omsætningen indenfor grossistvirksomhed i de tre sognekommuner lagde de sig nogenlunde på sammen niveau som i velfærdsforstæderne i Lyngby-Taarbæk Sognekommune, fik sidstnævnte en no-get større omsætning i detailhandelen i forhold til forstæderne i Glostrup, Tårnby og Gladsaxe sognekommuner.[95] Bl.a. et udtryk for de tre sognekommuners sociale sammensætning, der samtidig afspejledes i en større andel af mindre lejligheder på 1-3 værelser, som, særlig i periodens første del, var indrettet i småhuse (tabel 6-7). [96]

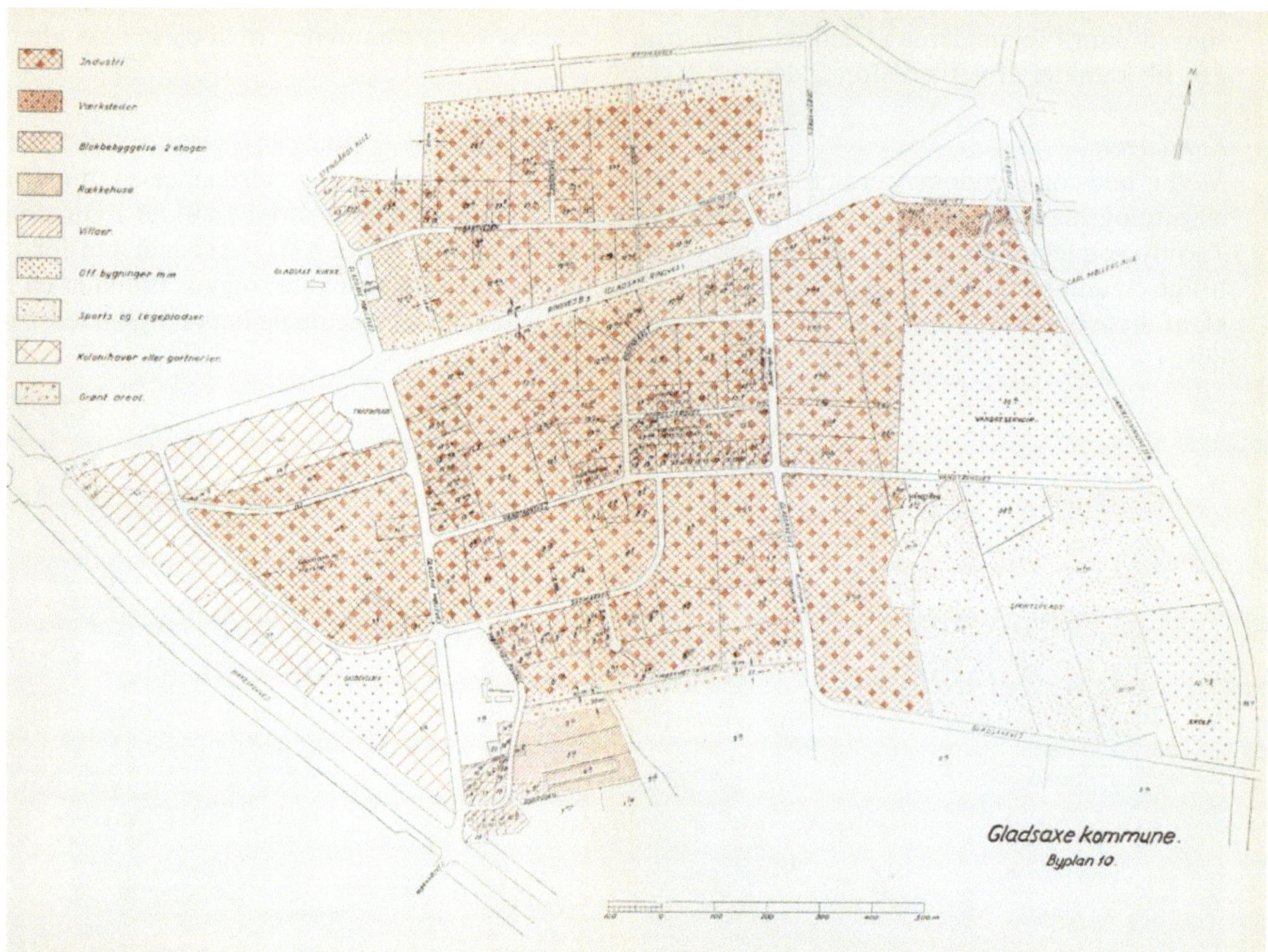

Gladsaxe Industrikvarter med angivelse af fordelingen af industri, værksteder, boligblokbebyggelser, grønne arealer m.m (Gladsaxe Byarkiv).

I de tre sognekommuner og den fremvoksende hovedstadsmetropols øvrige forstadsområde uden for Nordegnen, var det ikke blot en følge af de stedlige lave grund- og ejendomsværdier, de elendige boligforhold i hovedstadens bro- og bykvarterer og en tiltagende boligmangel op til, under og i årtiet efter første verdenskrig. Men også at spekulanter på den baggrund opkøbte landejendomme og hastigt udstykkede disse ofte uden nogen form for trykvandsforsyning og ordentlige vejanlæg. Med det resultat, at arbejdere og lavfunktionærer kunne erhverve en byggegrund til billige penge og herpå opførte både

---

[95] Tages den relativt lavere omsætning per indbygger i forstæderne udenfor Nordegnen som udtryk for det stedlige lavere indkomstniveau, der fulgte af den sociale sammensætning, skal opmærksomheden være henledt på, at vareudbuddet antagelig var lavere her. Ikke desto mindre viser variationer i forbrugssammensætningen, at andelen af udgifter til bolig, fødevarer, beklædning, skatter og kontingenter øges med indkomsten fald. Et argument for, at de dominerende lavindkomstgrupper i de nævnte forstæder med stor sandsynlighed kun i begrænset omfang søgte til hovedstadens brokvarterer og yderdistrikter eller endog til hovedstadsmetropolens centraby for at erhverve produkter, der ikke omfattede de mest elementære livsfornødenheder, som kunne erhvervs gennem de lokale detailforretninger.

[96] Københavns Amt, 1999, s. 76-77 og 79. Hvidberg og Toft Jensen: Vestegnen- fra gartneriland til forstad, 1986, s. 70-72 og 81-82. Trap: Danmark, II. Bd., 1920, s.306-307. Trap: Danmark, bd. II,3, 1960, s. 987 og 989. 1920-1970 i Glostrup Kommune | lex.dk – Trap Danmark

grundmurede småhuse og ulovligt helårsbeboede lysthuse af genbrudsmateriale. En byggevirksomhed, der f.eks. i Gladsaxe Sognekommune bevirkede, at 78,1 og 15,8 procent af lysthusene i perioden 1900-1930 beboedes af henholdsvis arbejdere og funktionærer, mens disse lag i samme periode fordelte sig med 47,1 og 21,6 procent som beboere i de grundmurede småhuse. [97]

Arbejderklassen fik dermed i 1930 en meget betydelig befolkningsandel i Gladsaxe Sognekommune. Men da lysthusene efterhånden erstattedes af de nævnte grundmurede småhuse, og de i meget vid udtrækning kom til at præge nybyggeriet, bevarede arbejderklassen sin store andel af befolkningen (tabel 8). Da samme urbane tendens slog igennem i Tårnby og udkanten af Glostrup sognekommuner, og tilsvarende grundmurerede småhuse også blev udtalt omkring selve Glostrup stationsby, fastholdt arbejderklassen også her den suverænt største befolkningsandel.

Periodens gennemsnitsindkomst og navnlig gennemsnitformue blev dermed også lavere i de tre sognekommuners forstæder end i Lyngby-Taarbæks (tabel 9). Disse sociale sæt af faktorer førte da også til, at Socialdemokratiet allerede i 1913 og 1917 opnåede flertallet i Gladsaxe og Tårnby sogneråd, mens det først lykkedes i Glostrups i 1929 (tabel 10). Trods denne styrkeposition i de stedlige sogneråd kom disse senere end i Lyngby-Taarbæk til både at påvirke den erhvervs- og bebyggelsesmæssige struktur gennem bebyggelsesplanlægning og at skabe det velfærdssystem, der kendetegnede en velfærdsforstad.[98]

Som følge af de i starten af perioden lavere gennemsnitsindkomster. Men også samtidige udgifter til såvel den byggemodning, der ikke var gennemført ved de spekulative udstykninger, som den etablering af øvrige basale byfunktioner, der fulgte af overgangen fra land til forstad. Forhold, der belastede kommuneløkonomien i den første tid, samtidig med at de tre sognekommuner fik en betydelig befolkningstilvækst (tabel 2).

Tabel 13. Skole- og kulturtilbud, hovedstadsmetropolens forstæder 1950[99]

	Procentandel kommuneskoler	Antal lærere pr. 1.000 indbygger	Antal elever i mellemskolen pr. 1000 ind-.bygger	Antal biblioteksbind pr. indbygger
Gentofte	64,7	4,09	41,55	0, 81
Gladsaxe	85,7	4,89	37,21	0,97
Lyngby-Taarbæk	80,0	5,33	36,96	1,61
Søllerød	62,5	6,01	44,35	0,99
Birkerød	66,0	5,66	38,89	0,95
Hørsholm	80,0	5,79	39,55	1,62
Herlev	100	4,05	23,06	0,71
Rødovre	100	4,33	33,49	1,49
Hvidovre	100	3,11	27,84	0,85
Brøndbyerne	100	3,16	0,00	0,55
Glostrup	100	4,24	24,59	0,95
Tårnby	100	4,22	32,75	0,55
Indre forstæder: Total	81,2	5,35	36,24	1,11

[97] Matrikulæroplysninger for Gladsaxe Kommuner; https://mingrund.gst.dk/. Gladsaxe Kommunes digitale byggesager: https://www.weblager.dk/app samt Bro: Sommerhusbyen, 2021, s. 85-88.
[98] Mogens Lebech: Gladsaxe-bogen II. Gladsaxe Kommunes historie fra 1900 til 1941, 1971, s. 11-106. Charlotte Voss: Gladsaxe industrikvarter 1930-1950. Fabrikker, boliger og byplaner i forstaden, Hovedstadsmetropolen efter 1945, 2011, s. 87-91. Hans-Henrik Rasmussen: Glostrups Historie, 2009, s. 85-152, 164-167, 187-191 og 345-375.Inger Kjær Jansen: Fra landsogn til moderne forstadskommune, Stads & havneingeniøren: fagblad for teknik og miljø / Kommunalteknisk Chefforening, 2000, Årg. 91, nr. 8, s. 24-30. Poul Feldvoss: Skolen for folket. Tårnby Kommunes skolehistorie fra århundredskiftet til 2. verdenskrig, 2009, s. 11-14 og 32-34.
[99] Statistisk Månedsskrift, 1950, s. 220-221.

Bebyggelseskarakter
Sognekommunerne fik dermed ikke de samme ressourcer, som forstadskommunerne på Nordegnen, til at gennemføre de aftaler med grundejerne, som, mod kommunale anlæg af veje, muliggjorde pålæg af særlige bebyggelsesservitutter. Og havde heller ikke økonomi til de store jordopkøb, der udgjorde forudsætningen for at stå stærkt, når der med private, men langt mindre grundejere, skulle forhandles om bebyggelsesplaner for store områder. Samtidig begrænsede de meget store jordopkøb, som Københavns Kommune gennemførte i forstadsområderne, og inddragelse af stadig større arealer til udvidelse af landingsfaciliteterne i Kastrup, mulighederne for at Gladsaxe og Tårnby sognekommuner kunne foretage sådanne jorderhvervelser.

Da Gladsaxe, Tårnby og Glostrup sognekommuner heller ikke i samme grad som Lyngby-Taarbæk i mellemkrigstiden øvede indflydelse på boligbyggeriet gennem kommunalt opførte eller understøttede beboelsesejendomme, blev bebyggelsen spredning og funktionelle fordeling her længe bestemt af markedskræfterne, ejernes byggepræferencer og pålæg af servitutter om bebyggelsens art. Kun ved kommunale forsøg på at lirke servitutter igennem ved forhandling med grundejerne i forbindelse med godkendelse af disses vejplaner, at fastholde de i forvejen pålagte servitutter og at ændre lokale bygningsreglementer og vej- og sundhedsvedtægter, blev der i et mindstemål mulighed for ikke at planlægge, men at regulere bebyggelsen.

Nærmest selvgroede kvarterer med småhuse lagde sig således i det meste af mellemkrigstiden uden om Kastrup, Tårnby og Glostrup Stationsby. I Gladsaxe-forstæderne opstod langs Søborg Hovedgade samtidig en uhensigtsmæssig langstrakt og meget forskelligartet og dermed uharmonisk randetagebebyggelse med dagligvarebutikker i stueetagen. Hovedgaden blev dermed en bymæssig kulisse til bagvedliggende stadig større villakvarter, der på det inderste vestlige stykke bredte sig helt ned til Utterslev Mose og mod øst fulgte grænsen til den billige ende af Gentofte-forstæder. I det smallere bælte langs Slangerupbanen nordfor Buddinge blev det i første omgang, udover lidt industri omkring Buddinge Station, til vidtstrakte villakvarterer og begyndende randetage-bebyggelse langs særlig Buddinge Hovedgade af samme uharmoniske karakter som ved Søborg Hovedgade.

Efter Gladsaxe Sogneråds årelange kamp for opretholdelse af villaservitutterne i det indre Søborg, for at undgå en videre spredning af mindre industri (bl.a. ved Gladsaxevej) i denne boligbydel, skred rådet i starten af 30´erne til etablering af et egentligt og planlagt industrikvarter. Med den snarlige bebyggelsesudfyldning af hovedstadens yderdistrikter var der fra de stedlige industrier netop interesse for at udlægge produktionen til nogle af de mere udviklede forstæder. På den baggrund og for at undgå en fortsat opblanding af industri- og boligbyggeri, fik Gladsaxe Sognekommune gennem forhandlinger med andre grundejere og gennemgribende forandringer af bygningsreglementet udlagt Gladsaxe Industrikvarter, der blev afgrænset af Søborgs villakvarterer mod øst og nuværende Hillerødmotorvej og Ring 3 mod henholdsvis vest og nord.[100]

Dette blev det første og største samlede kommunalt planlagte forstadsindustrikvarter, der i Tårnby og Glostrup sognekommuner fulgtes op af udlæg af nye industrikvarter. I form af udvidelse af det eksisterende i Kastrup og arealer til Metalværket Poul Bergsøe og Søn, der blev den første virksomhed i et senere meget stort industrikvarter i Glostrup. At de tre sognekommuner dermed kunne gå ind i en egentlig storskala bebyggelsesplanlægning, var udtryk for, at kommunaløkonomien var blevet gradvis forbedret gennem det stærkere beskattegrundlag, der fulgte med en større tilflytning af faglærte arbejdere, lavere funktionærer og små selvstændige indenfor detailhandel og håndværk.

---

[100] Voss: Gladsaxe industrikvarter 1930-1950, 2011, s.91-102. Lebech: Gladsaxe-bogen II, 1971, s. 78-105, 232-250 og 293-297. Hans-Rasmussen: Glostrups Historie, 2009, s. 381-384 og 401-404.

Helårsbeboet lysthus i 1929 på Klintemarken i Buddinge, Gladsaxe Sognekommune. Talrige af sådanne huse skød op på de spekulative udstykninger for enfamiliehuse, der i større eller mindre grad kendetegnede samtlige forstæder uden for Nordegnen op til, under og efter første verdenskrig (Gladsaxe Byarkiv).

Hertil kom, at den absoluttet lavindkomstgruppe ikke fik samme størrelse i Gladsaxe, Tårnby og Glostrup sognekommuner, da byggeriet af helsårsbeboede lysthuse trods alt havde været mindre her end i de øvrige forstæder udenfor Nordegnen. De tre sognekommuner havde derved haft ressourcer til at byggemodne områder med småhuse, der både tidligt var opstået gennem spekulative udstykninger, og som samtidig voksede frem.

Godt hjulpet af de tekniske anlæg, der var etableret både som følge af meget tidlige bebyggelser og gennem de forsyningsmæssige regionale rammebetingelser, som større kommuner stod bag. I Gladsaxe-forstæderne var trykvandsforsyning således påbegyndt allerede i 1910 i forbindelse med opførelsen af de noget større grundmurede huse i bunden af Søborg fra tiden omkring århundredskiftet. Hertil kom, at NESA, som i de øvrige forstæder, i tiden omkring første verdenskrig sikrede elektricitetsforsyningen, og at Gladsaxe Sognekommune lå så tæt på Strandvejsgasværkets forsyningsområde, at sognekommunen tilsluttedes dette i 1924.

Mens Tårnby samtidig tidligt kom til at modtage gas og vand fra nabokommunen København, havde Glostrup Sognekommune egen gas- og vandforsyning og en lokalkommunal primitiv spildevandsafledning, der også tidligt var etableret, som følge af Glostrups udvikling til en stor stationsby.[101] Gladsaxe-forstæderne og Tårnby sognekommune tilsluttedes desuden i 30´erne den fælleskommunale

---

[101] Som følge af det grundvandsmonopol, som Københavns Kommune opbyggede i perioden i store del af Nordøstsjælland og på Midtsjælland, måtte den store kommunen ved en landvæsenskommissions mellemkomst senere overtage en betydeligelig del af vandforsyningen i Gladsaxe-forstæderne og i Glostrup Sognekommune.

spildevandsafledning, som Københavns Kommune stod bag i den indre del af hovedstadsmetropolen, og kom dermed ud af de problemer, der knyttede sig til håndtering af kloakvand.[102]

Ved planlagte udlæg af industriområder, håndteringen af byggemodning og vand- og energiforsyning og den konsoliderede kommunaløkonomi, fik Gladsaxe, Tårnby og Glostrup sognekommuner forudsætninger for at gennemføre en videre bebyggelsesplanlægning, der omfattede kommunernes samlede område. Dispositioner, som samtidig understøttedes af både 1938-byplanlovens mulighed for at udarbejde dispositionsplaner og 40´ernes kraftigt udvidede statslåneordninger til boligbyggeri.

Med det resultat, at boligblokbebyggelser inden midten af århundredet begyndte at lægge sig tæt op ad de lidt ældre villakvarterer i Glostrup stationsby, hvorved denne fik potentiale til i fremtiden at udvikle sig til et stort stationscenter i lighed med Lyngby stationsby. I Gladsaxe-forstæderne og i Tårnby og Kastrup lokaliseredes boligblokbebyggelserne til gengæld til større ledige arealer og blev dermed en del af nye kvarterer med enfamilieshuse.[103]

Størsteparten af dette byggeri, der helt overvejende omfattede mindre boliger, blev understøttet af kommunalt garanterede statslån, som blev særlig gunstige for det almene byggeri, der udover blokbebyggelser med lokale butikstorve også kom til at omfatte rækkehuslænger, der blev særlig udbredte i Gladsaxe-forstæderne. Da det almene boligbyggeri blev udbredt i disse forstæder og dem i Tårnby og Glostrup sognekommuner, øgedes etagebyggeriets andel af boligmassen. På samme tid, som det almene byggeri på blot ti år kom til at udgøre 11-16 procent af denne boligmasse. Herved ydedes et afgørende bidrag til, at de tre sognekommuner, med deres samtidig differentierede erhvervs- og boligbebyggelsesstruktur og konsekvente byplanlægning, fik karakter af velfærdsforstæder (tabel 6 og 14).

Tabel 14. Almennyttigt og kommunalt boligbyggeris procentvise andel af den samlede boligmasse, hovedstadsmetropolens forstæder, 1930-1950.[104]

	1930	1940	1950
Gentofte	2,3	1,7	3,0
Gladsaxe	5,8	7,5	15, 9
Lyngby-Taarbæk	10,5	11,9	20,8
Søllerød	1,7	0,9	5,9
Hørsholm	1,0	1,9	5,5
Herlev	0,0	0,0	15,2
Rødovre	0,5	0,3	15,7
Hvidovre	0,0	0,0	8,9
Brøndbyerne	0,0	0,0	52,9
Glostrup	0,9	1,4	10,8
Tårnby	1,0	1,5	12,9

Velfærdsindikatorer
Udover de bolig- og bebyggelsesmæssige kendetegn, blev en række andre velfærdsindikatorer tillige kentegnede for den karakter af velfærdsforstad, som Gladsaxe, Glostrup og Tårnby sognekommuner opnåede op til midten af århundredet. Idet den kommunaløkonomiske konsolidering, der her satte sig igennem i løbet af 30´erne, gav de tre kommuner mulighed for efterhånden at fremdrive et ganske højt velfærdsniveau. Indenfor de områder, der indgik i den fremvoksende velfærdsstats velfærdssystem,

---

[102] Lebech: Gladsaxe-bogen II. Gladsaxe Kommunes historie fra 1900 til 1941, 1971, s. 148-163 og 182-187. Rasmussen: Glostrups Historie, 2009, s. 153-158. Bro: Hovedstadsmetropolen, 2023, bd. 1, s. 606-608.
[103] Voss: Gladsaxe industrikvarter 1930-1950, 2011, s.91-102. Lebech: Gladsaxe-bogen II, 1971, s. 78-105, 232-250 og 293-297. Hans-Rasmussen: Glostrups Historie, 2009, s. 381-384 og 401-404.
[104] Statistisk Årbog for København m.m. 1933, s. 50 og 214, 1942, s. 49 og 220 samt 1952, s. 55 og 198. www.statistikbanken.dk

kom de sociale udgifters andel af de samlede kommunale udgifter i de tre sognekommuner i 1950 således i højere grad til at nærme sig samme udgiftsandel som i Lyngby-Taarbæk end, det var tilfældet i 1930 (tabel 11). Sandsynligvis udtryk for, at sognerådene i de tre sognekommuner tolkede den sociale lovgivning på samme måde, som sognerådet i velfærdsforstaden mod nord.

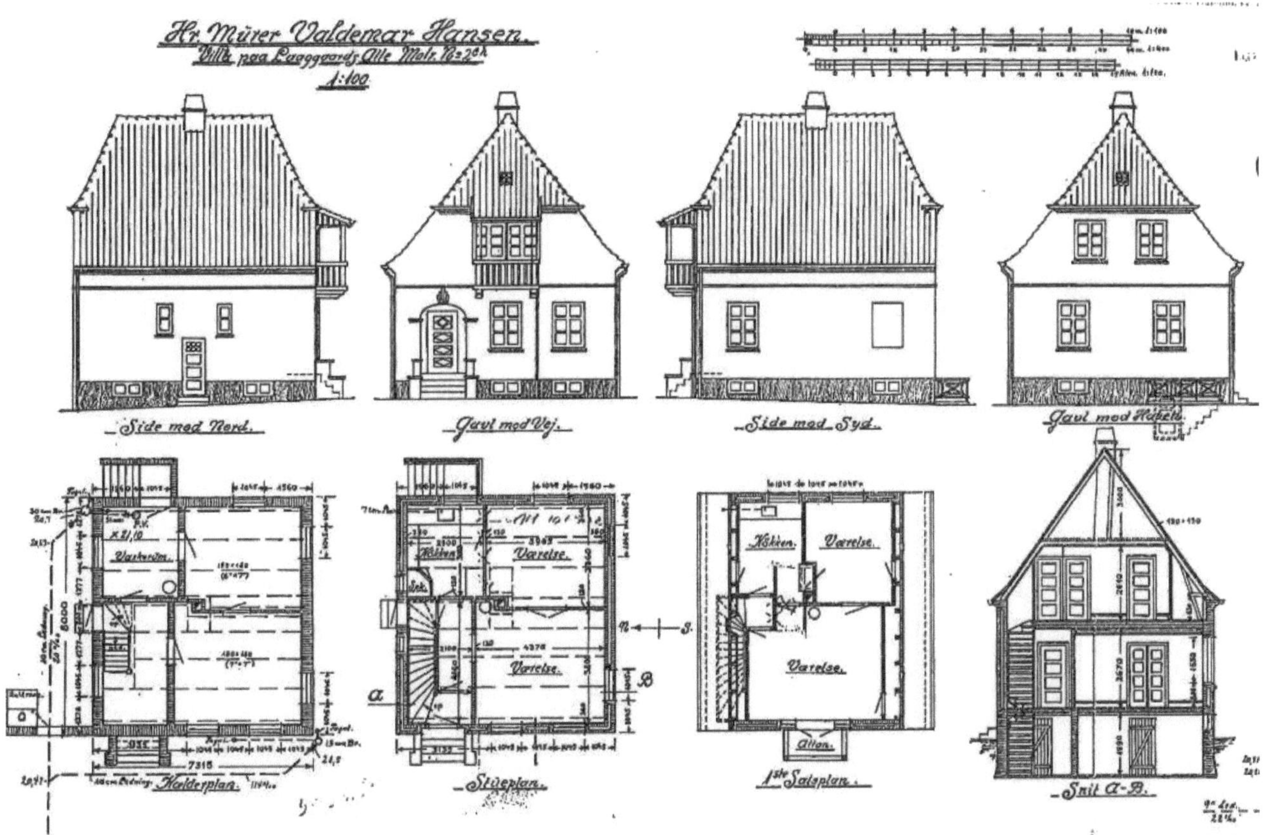

Side om side med de helårsbeboede lysthuse rejstes grundmurede huse, som murer Valdemar Hansens i Søborg, Gladsaxe Sognekommune. Huset opførtes i 1920 og blev typisk for dette årtis småhuse, idet de indrettedes med to selvstændige lejligheder. En med en større to værelseslejlighed i stueetagen med dispositionsret over hovedparten af kælderen til ejeren og en mindre toværelseslejlighed på førstesalen til udlejning. Husformen blev desuden stærkt udbredt i hovedstadens og provinskøbstædernes yderdistrikter og i stationsbyer, da lejeindtægten fra førstesalen gjorde det muligt for faglærte arbejdere og lavfunktionærer at blive husejere (Gladsaxe Kommunes digitale byggesagsarkiv, https://www.weblager.dk/).

Under alle omstændigheder havde de tre sognekommuner det største antal alderdomshjemspladser på de snarere plejehjem, som opførtes i Tårnby, Glostrup og Gladsaxe i årene 1929-1932. Uden at komme på niveau med velfærdsforstæderne i Lyngby-Taarbæk Sognekommune, rummede de tre sognekommuner et betydeligt antal både børneinstitutioner, hvoraf de første i Gladsaxe, Glostrup og Tårnby var fra perioden 1927-1939. Endelig var antallet af børn under sundhedsplejerskers tilsyn det største i Gladsaxe-forstæderne, og lå i Tårnby og Glostrup sognekommune tæt på niveauet i Lyngby-Taarbæk (tabel 12).

For at sikre boligforsyningen og bedre boligforholdene for de mindst bemidlede, havde Gladsaxe Sognekommune fra 1918 og op gennem 20´erne opførte et betydeligt boligbyggeri, der ganske vist ikke var så omfattende som i Lyngby-Taarbæk, men alligevel udgjorde seks procent af boligmassen i 1930 og en betydelig del af periodens boligproduktion (tabel 14). Senere i 30´erne ydede kommunen lån og lånegarantier til dette tiårs nye statslåneordninger til byggeri med små lejligheder og aldersrenteboliger.[105]

Gladsaxe Rådhus

Den første fløj af Gladsaxe Rådhus, fra 1937, udtrykte med sin kulturradikale funktionalistiske stil velfærdsforstadens sociale og demokratiske karakter.[106] Samme karakter fik selvsagt også Lyngby Rådhus fra 1939-1942, men ejendommeligt nok blev det også tilfældet for rådhuset i velstandsforstæderne i Søllerød Sognekommune. Her valgte en bredt sammensat dommerkomité i 1939 det forslag, der viste sig at have Arne Jacobsen som ophavsmand. Nok så meget af den grund, men også som følge af en intern splittelse i den konservative flertalsgruppe blev dette udsøgte funktionalistiske rådhuse politisk en realitet ved det flertal, som nogle af de konservative i sagen dannede samme med den lille socialdemokratiske gruppe. Lokalt mødte Jacobsens projekt selvsagt stærk kritik, da der efterlystes et mere monumentalt murstenbygningsværk, og byggeriet fordyredes indtil, det stod færdig i 1942. Medvirkende til, at den konservative gruppe yderlige fragmenteres, uden at det borgerlige flertal forsvandt af den grund (Foto: Gladsaxe Byarkiv)

Samtidig var stort set alle folkeskoler kommunale, mens antallet lærere i disse og antal bind på folkebibliotekerne i de tre sognekommuner blot var en smule mindre end i Lyngby-Taarbæk Sognekommune (tabel 13). Til gengæld var antallet af elever i mellemskolen højre i Gladsaxe-forstæderne og noget mindre i Tårnby og Glostrup sognekommuner end i Lyngby-Taarbæk. Selv om den sociale arv var afgørende herfor, var det tillige af betydning, at afstandene og de daglige rejseomkostninger fra Tårnby, Kastrup og Glostrup til gymnasierne i hovedstaden var store, mens Lyngby Statsskole lå i gå- eller cykelafstand fra Gladsaxe-forstæderne.

---

[105] Lebech: Gladsaxe-bogen II. Gladsaxe Kommunes historie fra 1900 til 1941, 1971, s. 258-262. Rasmussen: Glostrups Historie, 2009, s. 318-324. J.P. Trap: Danmark, bd., II,1, 1959, s. 475-476.
[106] Kulturradikalisme, ca. 1870-

På trods af indikatorerne for det kommunale skole- og biblioteksvæsen i Gladsaxe-forstæderne og Tårnby og Glostrup sognekommuner ikke kom helt på niveau med Lyngby-Taarbæk, var de tre sogne-kommuner tidligt overgået til det købstadsordnede skolevæsen, og havde i resten af mellemkrigstiden og 40´erne opført en et stort antal folkeskoler. Herudover var der første gang etableret mellem- og realskoleafdelinger i Gladsaxe-forstæderne og i Glostrup og Tårnby i henholdsvis 1907, 1917 og 1931. Sognekommunerne oprettede desuden senere skolelæge- og bespisningsordninger, kommunaliserede tidligt folkebogsamlingerne, og tilvejebragt nye og større lokaler til bibliotekerne, hvoraf det store og meget moderne i Gladsaxe fra 1940 udmærkede sig i særlig grad.[107]

I 30´erne tog små bungalows over og erstattede i hovedstadsmetropolens forstæder ofte de helårsbeboede tidligere lysthuse. Foto fra Kamstrupvej i Rødovre i midten af 30´erne (Rødovre Kommunes Lokalhistoriske Samling).

Udviklingsforstæder

Mens Lyngby-Taarbæk allerede i løbet af mellemkrigstiden fik velfærdsforstæder, og sådanne i videre udstrækning udvikledes i slutningen af 30´erne og særlig i 40´erne i Gladsaxe, Tårnby og Glostrup sognekommuner, fik Nordvest- og Vestegnen mere karakter af udviklingsforstæder, hvor konturer af velfærdsforstadstræk først blev mere udtalte i den absolut sidste del af perioden.

Kendetegn

Trods grund- og ejendomsværdier, der lå blandt de laveste i den fremvoksende hovedstadsmetropols forstæder, undergik forstæderne på Vest- og Nordvestegnen i perioden, målt i antal ansatte og

---

[107] Lebech: Gladsaxe-bogen II. Gladsaxe Kommunes historie fra 1900 til 1941, 1971, s. 192-214. Rasmussen: Glostrups Historie, 2009, s. 167-174, 321-331 og 435-438. Feldvoss: Skolen for folket, 2009, s. 21-70 195-199.

maskinkraft/omsætning pr. virksomhed, en begrænset industriel udvikling (tabel 4-5). På samme tid, som grossistvirksomhed og omsætning i detailhandlen blev mindst i disse forstadsegne. Sidstnævnte et udtryk for den sociale sammensætning, som afspejledes ved, at 1-3 værelsesboliger på Vest- og Nordvestegnen, i forhold til de øvrige forstæder, fik nogle af de største andele af den stedlige boligmasse, hvoraf enfamiliehuse og lignende bebyggelser samtidig udgjorde den suverænt største andel i begyndelsen af perioden. (tabel 6-7).

Netop den betydelige andel af småhuse i begyndelsen af perioden var en følge af de lave grund- og ejendomsværdier. Men også at forstadsdannelsen igangsattes tidligere og i videre omfang i Hvidovre og Rødovre sognekommuner end i både Brøndbyernes Sognekommune og på Nordvestegnen, hvor den rurale struktur, med få gårde og mange husmandssteder og jordløse huse, fastholdes længe.

Mens Ballerup og Skovlunde lå så langt ude, at forstadsdannelsen først her initieredes i takt med 40'ernes S-baneomdannelse af Frederikssundsbanen nordvest for Vanløse, havde Herlevs konservative medlemmer i Gladsaxe-Herlev Sogneråd tidligt slået sig i tøjret i forhold til de stigende kommunale udgifter, der var fulgt med den tidlige forstadsdannelse i bunden af Søborg. Med det resultat, at den hidtidige fælles sognekommune i 1908 opdeltes i to: En Gladsaxe og Herlev sognekommune.[108]

"Vi er – og vi vil vedblive at være en agrarisk by", var det standpunkt, som Gladsaxe første og siden nærmest kanoniserede læge, dr. Schlanbusch, ofte hørte Herlevfolkene fremføre på dette tidspunkt.[109] Et standpunkt, som det borgerlige sogneråd i Herlev fastholdt i de følgende årtier med det resultat, at det afholdt sig fra at træffe de dispositioner, der her i videre omfang ville fremme forstadsdannelsen.

Hvidovre Almennytte Boligselskabs Bredalsparken påbegyndtes i 1949 og blev et af de klassiske eksempler på parkudlagte blokbebyggelser, der kom til at kendetegne etageboligbyggeriet i efterkrigstiden. Bebyggelsesmåden introducerede allerede i slutningen af 20'erne i det sociale boligbyggeri i hovedstadens yderdistrikter med blokbebyggelser med mellemliggende grønne bælter og i forstæderne i starten af det næste årti med Rødovres Damparken (Forstadsmuseet).

Som i andre fremvoksende forstæder udenfor Noregnen omfattede disse dispositioner positive indstillinger til Matrikeldirektoratet om spekulative masseudstykninger til parcelbyggeri og ændringer af bygningsreglementet og vej- og sundhedsvedtægten, der samlet åbnede for småhusbyggeri for tilflytning af mindre bemidlede fra hovedstaden. Drevet af de samme faktorer, som ved tilflytningen til

---

[108] Lebech: Gladsaxe-bogen II. Gladsaxe Kommunes historie fra 1900 til 1941, 1971, s. 264-266. Herlev Kommune 1909-1949, 1949, s. 11-18.
[109] Lebech: Gladsaxe-bogen II. Gladsaxe Kommunes historie fra 1900 til 1941, 1971, s. 266.

Gladsaxe-forstæderne og dem i Tårnby og Glostrup sognekommuner og med samme konsekvenser for kommunaløkonomien i henseende til et svagt beskatningsgrundlag, manglende byggemodning og behov for urbane institutioner. [110]

Et skrækscenarie, som sognerådene i Brøndby og Herlev i særlig grad kunne se udspille sig i Hvidovre og Rødovre sognekommuner. Idet de på dette tidspunkt, i forhold til de øvrige forstæder, var kendetegnet ved et langt større antal ulovligt helårsbeboede lysthuse, der opførtes side om side med grundmurede småhuse. Med det resultat, at ulovlig helårsbeboelse af lysthuse i 1923 kunne opgøres til 45 procent af Hvidovres husstande, mens sådanne huse så sent som i 1930 fortsat udgjorde en fjerdedel af enfamiliehusene i Rødovre. Samme år svarede det til henholdsvis 20 og 14 procent af den samlede boligmasse i de to sognekommuner.

Bredalsparkens butikstorv ud mod Hvidovrevej omkring 1950. Som i Damparkens butikstorv ved Damhus Torv integreredes butikshandel og visse former for liberale erhverv som en del af de enklaver af etagebebyggelser, der indgik i de vidstrakte villakvarterer i hovedstadens og provinskøbstæderne både yderdistrikter og forstæder. Butikstorvet afløste dermed de nærmest endeløse rækker af småbutikker langs de gennemgående gader i hovedstadens og de største provinskøbstæders brokvarterer og ældre yderdistrikter. Dermed blev butikstorvet en overgangsform til efterkrigstidens senere centre og i hovedstadsmetropolens forstæder til de centre, der tidligt udlagdes i tilknytning til S-banestationerne, og som i sin tidligste form var udviklet i velfærdsforstæderne i Lyngby-Taarbæk Sognekommune (Forstadsmuseet).

Medvirkende til, at arbejdere i 1930, i forhold til andre forstæder, med 74 og 79 procent i de to sognekommuner udgjorde den suverænt største befolkningsandel og i f.eks. Rødovre blev genereret af, at

---

[110] Darius Monfared: Velfærdsdømme i Herlev. Elementbyggeriet i Herlevhuse i 1950´erne, Hovedstadsmetropolen efter 1945, 2011, s. 203. Edith Winterberg: Nybyggere i 1920'ernes Herlev, Tubberup tidende : medlemsblad for Historisk Forening for Herlev-Hjortespring. Nr. 23, 1993, s. 19-22. Henning Sørensen: Brøndbyvester – historien om en landsby, der voksede, 2002, s. 8-71. Herlev Kommune 1909-1949, 1949, s. 11-18.

arbejderklassen omfattede næsten 90 procent af beboerne i de ulovligt helårsbeboede lysthuse, mens den "kun" havde en andel på to tredjedel i de øvrige småhuse (tabel 8).[111] Selv om andelen af små selvstændige indenfor handel og håndværk og i nogen grad funktionærlaget øgedes med stigningen i folketallet i de følgende 20 år, kom arbejderklassen forsat til at udgøre den absolut dominerende andel af befolkningen ved midten af århundredet i Rødovre og Hvidovre sognekommuner. Gennemsnitsind-komsten- og formuen kom da også her i både 1930 og 1950 til at ligge på det laveste niveau (tabel 9).

Disse sæt af sociale faktorer førte til, at til Socialdemokratiet allerede i 1925 og 1929 opnåede flertallet i Hvidovre og Rødovre sognekommuner, mens dette systemskifte foreløbig måtte vente på sig i Brønd-byerne og Herlev (tabel 10). En følge af de nævnte stedlige borgerlige sogneråds helt bevidste forsatte bestræbelser for at holde den kommunaløkonomisk belastende forstadsdannelse for døren, som ville føre til, at bønder og andre selvstændige ville blive udsat for et højere kommunalt skattetryk.

Velfærdsinstitutioner i forstaden: De gamles Hjem på Søborg Hovedgade i Gladsaxe Sognekommune to år efter opførelsen i 1932 (Gladsaxe Byarkiv).

Forudsætningen for disse bestræbelser kom dog til at smuldre med mindre klynger af parceludstyknin-ger i Herlev Sognekommune og udstykningen Vesterled i Brøndbyerne Sognekommune, som dermed også kom til at omfatte et stort antal ulovligt helårsbeboede lysthuse og grundmurede småhuse. På samme tid, som DSBs rutebiler ned langs Gl. Køge Landevej medvirkede til en tilsvarende urban pro-ces i sommerhusbyerne i Brøndby Strand ved Køge Bugt. Med den større arbejderklasse, som fulgte med, opnåede Socialdemokratiet også flertallet i Herlev og Brøndbyernes sogneråd i 1937.[112]

---

[111] Matrikulæroplysninger for Rødovre Kommune; https://mingrund.gst.dk/.Rødovre Kommunes digitale byggesager: https://www.weblager.dk/app samt Bro: Sommerhusbyen, 2021, s. 81-88.
[112] Sverrild: Vejene til Hvidovre, 2020, s. 143-179 og 233-234. Rødovre 1901-1976 (red. Sigurd Rambusch), 1978, s. 34-42, 60-65, 79-82, 92-93. 111-116, 153, 156-160, 203-206.

Selv om de daværende Vest- og Nordvestsegnsforstæder således maledes røde i mellemkrigstid, satte de kommunaløkonomiske forudsætninger grænser for opbygningen af en velfærdsforstad. Ingen af dem opnåede den mere differentierede erhvervssammensætning med et industrielt tyngdepunkt, som kendetegnede denne forstadsform og kunne forbedre det kommunal beskatningsgrundlag. Dette svage grundlag understøttedes tillige af, at stigningen i gennemsnitindkomsten, endog fra et lavt udgangspunkt, blev den laveste i Rødovre Sognekommune og marginal i Hvidovre sammenlignet med Gladsaxe, Tårnby og Glostrup sognekommuner.

Samtidig med, at de udgifter til etablering af både basale byfunktione,r som trykvand, vejanlæg, kloakering, og elementær skolegang, der fulgte af overgangen fra land til forstad i det meste af perioden, var kommunaløkonomisk belastende. På samme tid, som Vestegnsforstæderne og Herlev Sognekommune fik den kraftigste befolkningstilvækst af alle forstæder i det meste af mellemkrigstiden og i 40´erne (tabel 2).

Velfærdsinstitutioner i forstaden: Børnehaven Carlshøj i 50´erne. En af de mange daginstitutioner i velfærdsforstæderne i Lyngby-Taarbæk Sognekommune (Lyngby-Taarbæk Stadsarkiv).

Bebyggelseskarakter
Disse økonomiske udfordringer kom dermed her til at vanskeliggøre de foranstaltninger, som kunne bidrage til en kommunal bebyggelsesplanlægning, der forudsatte opkøb af betydelige jordarealer og byplanmæssige kompetencer. Hertil kom de særlige problemer, der knyttede sig til den første forstadsbebyggelse, som i en lang periode bød på store kommunaløkonomiske udfordringer. I henseende til bebyggelsesregulering- og planlægning, byggemodning og vand- og energiforsyning, fik Vestegnen og Herlev Sognekommune således i det meste af perioden karakter af udviklingsforstæder, men med visse lokale forskelle.

Velfærdsinstitutioner i forstaden: Marielyst Skole fra 1938 blev den anden storskole i Gladsaxe-forstæderne og havde med mellem- og realskoleafdeling, særlige faglokaler og aula fuldt ud af samme høje standard, som de samtidigt opførte kommuneskoler i hovedstaden; foto 1950 (Gladsaxe Byarkiv).

Særlig udtalt blev udfordringer i Hvidovre Sognekommune, hvor udbredelsen var størst af både store spekulative udstykninger uden byggemodning og de førnævnte ulovligt helårsbeboede lysthuse. Mens det konservativt styrerede sogneråd overlod en nødtørftig og helt utilstrækkelig byggemodning til de i forvejen hårdt økonomisk prøvede grundejerforeninger, brugte det samtidig alle til rådighed stående muligheder for at forhindre både den illegale helårsbeboelse af lysthuse, og at husenes beboere fik samme rettigheder som de fastboende.[113] Dispositioner, der skulle hindre stigninger i de kommunale velfærds- og anlægsudgifter, men skabte markante konflikter mellem det jordbesiddende borgerlige sognerådsflertal og grundejerforeninger og deres parcellister.

Med konflikten fordybelse nåede den både det amtskommunale og statslige niveau med det resultat, at et i 1923 nedsat regeringsudvalg konkluderede, at den ulovlige helårsbeboelse både i Hvidovre og Rødovre, der stod overfor samme udfordringer, ikke umiddelbart belastede sognekommunernes økonomi. Disse måtte dermed acceptere de uregelmæssigheder, i form af ulovlig helårsbeboelse, som var fulgt af boligmanglen. Og året efter indføjedes i lovgivningen om oprettelse af folkeregistre samtidig en passus om, at ulovlig helårsbeboelse ikke skulle være en hindring for beboernes rettigheder i forhold til kommunerne.

---

[113] De lokale parcel- og grundejerforeninger var i mange tilfælde oprettet af de spekulanter, der opkøbte og udstykkede bøndergårde, da de som forudsætning for, at Matrikeldirektoratet ville godkende udstykningsplanen og dermed opgive den hidtidige landbrugsdrift på de pågældende arealer, skulle stille med en liste af potentielle købere af parcellerne.

Mellemskolen og kampen om velfærdsforstaden

Anden mellem på Kastrup Skole, Tårnby Sogne kommune, 1947/48 (Tårnby Stads- og Lokalarkiv). Mens Nordegnens velstandsforstæder fik kommunalt både drevne folkeskoler og støttede privatskoler med mellemskoleafdelinger for den i forvejen velbjergede og -uddannede befolknings børn og unge, indgik sådanne eksamensgivende afdelinger på kommunale skoler i kampen for velfærdsforstæder i hovedstadsmetropolens øvrige forstæder. Idet den afsluttende mellemskoleeksamen og evt. efterfølgende realeksamen var adgangsbillet til såvel fireårige funktionæruddannelser og mellemlange videregående uddannelser som gymnasiets studentereksamen, der åbnede mulighed for universitetsuddannelser. Dermed for arbejderklassens og det lavere funktionærlags Socialdemokrati et af instrumenterne til at opnå større social lighed i velfærdsforstæderne.

Selv om denne lønarbejderklasse blev befolkningsmæssigt den største og dermed dannede grundlaget for et socialdemokratisk sognerådsflertal i de fleste af metropolens forstæder, blev velfærdsforstadsformen, og her under mellemskolen, en kamp både før og efter det lokalkommunale systemskifte. En kamp, der blev eksponeret for første gang, da den store socialdemokratiske opposition i 1907 fik nogle af de borgerlige medlemmer af Tårnby Sogneråd til at gå med på en mellemskole på en af de stedlige kommuneskoler.[114]

Men dette tidlige kommunesocialistiske eksperiment i forstæderne blev kort, da Amagerbankens stifter og første direktør, E.B. Petersen i 1911 overtog sognerådsformandsposten og året efter fik rådets borgerlige flertal til at nedlægge mellemskolen. Med et argument, som godt nok ikke fremkom i offentligheden, men svarede til et indlæg i Amager Bladet, hvor det formuleredes således:

"Mellemskolen blev aflivet, og den forsvinder saaledes om 2 á 3 Aar, naar de nuværende Elever er gaaede ud. Dermed vil altsaa et Afsnit af det sidste Tiaars ødsle Kommunepolitik være skrinlagt, og det er at haabe, at noget lignende ikke oftere vil komme igen, men at Sparsommeligheden maa faa kurs". Og om mellemskolen forsatte ind-læget: *"Det er jo en let maade at skaffe sine Børn en højere Undervisning, men man glemmer, at det i egentligste Forstand er en Understøttelse fra andre Skatteydere, lige fra den fattige Væverske og Tjenestepige og opefter, og den andrager for hver Elev 66 Kr., idet Eleverne i Folkeskolen koster Kommunen (jfr. Formandens* [sognerådsformanden] *Anførende) 41 Kr., medens Mellemskolens Elever koster 107 Kroner aarligt. Idealisme og Superhumanisme klinger meget kønt, men der maa dog være en Grændse for Skatteplagerierne".[115]*

Et argument, som kom til at stå i skærende kontrast til det, som den nu socialdemokratiske sognerådsformand, folketingsmand N.P. Nielsen fremkom med, da han i 1923, ved åbningen af nye lokaler for den i 1917 genoprettede mellemskolen, udtalte: *"Denne Skole havde været et Stridsemne, men nu var man sikkert. I Erkendelsen af, at de Ofre, der havde måttet bringes, var vel anvendte. Det var nødvendigt at bygge for at skaffe Plads i Folkeskolen i Kastrup. Her var da gjort en god Begyndelse, som det var Meningen at føre videre, saa den videregaaende Undervisning kan komme alle Kommunens Børn til Gode".[116]*

Ikke desto mindre forsatte den lokale konflikt, men med Hvidovres førnævnte stor arbejderbefolkning, dennes store andel af grundejerforeningernes medlemmer og en stærkere kobling mellem disses interesser og det lokale Socialdemokrati, banedes vejen for det førnævnt lokalpolitiske systemskiftet i

---

[114] Da afsnittet "Fra udviklingsforstad til velfærds- eller velstandsforstad" syntesiser de mest centrale træk ved dannelsen af forskellige forstadsformer i den fremvoksende hovedstadsmetropol fra slutningen af det 19. århundrede og frem til midten af det følgende, bygger dette på de forudgående afsnit.

[115] Feldvoss: Skolen for folket, 2009, s. 51-51.

[116] Feldvoss: Skolen for folket, 2009, s. 64.

1925. De kaotiske forhold i sognerådet forsatte dog, indtil Stauning fik bevæget en forbundsformand til at flytte til Hvidovre og opstille ved det næste kommunalvalg.

Med den erfarende fagforeningsmand som sognerådsformand tilvejebragtes endelige tidssvarende rammer for et mere velordnet parcelbyggeri og en ordnet overgang fra land til forstad. I løbet af 30´erne fik sognekommunen således både etableret et vandforsyningssystem baseret på trykvand og kloakering og opgraderet eksisterende og anlagt nye veje, der kunne bære den stærkt forøgede trafik. NESA havde, som i hovedstadsmetropolens øvrige forstadsområde, tidligt etableret elektricitetsforsyning, men gasforsyningen fra Københavns Kommune kom senere til både Hvidovre og Rødovre, hvor den i sidstnævnte erstattede et ældre gasværk.

Som de øvrige forstadskommuner, der grænsede op til Københavns Kommune, blev Hvidovre, Rødovre og Herlev sognekommuner fra slutningen af 30´erne en del af den københavnsk tilvejebragte fælleskommunale spildevandsafledningsordning. Men blev, som de fleste af metropolens øvrige forstæder en del af den ordning, som en landvæsenskommission gennemførte og påbød Københavns Kommune enten at overtage vandforsyningen i eller at dele adgangen til sit grundvandsmonopol med de stedlige kommuner.[117]

Da Københavns Kommune, som i andre forstæder også i Hvidovre havde opkøbt meget betydelige jorder og samtidig havde en stor og ressourcestærk byplanafdeling, stod sognerådet derimod svagt i byplanmæssig henseende. Det rådede samtidig kun over en gårds jorder, som skulle anvendes til andre kommunale formål, og havde ikke økonomi til at erhverve større arealer og opbygge de nødvendige byplankompetencer.

Bebyggelsesplanlægningen styredes dermed forsat alene ud fra bygningsreglementet, vejvedtægten, disses løbende justerede udgaver samt villaservitutter, som pålagdes af ejerne og evt. af kommunen i forbindelse med godkendelse af private vejplaner, og gav mulighed for at holde andre bebyggelsesarter ude af parcelhuskvarterer. Sådanne øgedes yderligere med 30´- og 40´ernes nybyggeri af småhuse, der var grundmuret eller bindingsværkskonstrueret med murværk eller cementplader i tavlene. På samme tid, som ældre lysthuse erstattedes af sådanne huse eller udbyggedes og fik tekniske installationer, så de kunne opfylde de formelle krav til helårsbeboelse. Samtidig med, at private etagebebyggelser med særlige servitutter lagde sig langs Hvidovrevej og den fra København forlængede Vigerslev Allé.

Det blev således først i slutningen af 40´erne, knapt ti år efter gennemførelsen af 1938-byplanloven, at Hvidovre fik sin første dispositionsplan, som, udover en registrering af den aktuelle arealanvendelse, skitserede rammer for yderligere udbygning af parcelhuskvartererne og meget store kvarterer med boligblokbebyggelser. Med de gunstige statslåneordninger igangsattes dette byggeri i et sådant omfang, at eksisterende og nyopført etagebyggeri ved midten af århundredet fik nogenlunde samme andel af boligmassen som parcelhusbyggeriet (tabel 7).

Selv om det almennyttige boligbyggeri udgjorde en betragtelig del af etagebyggeriet, fik det imidlertid den mindste andel af boligmassen i forhold til de velfærdsforstæder, der var opstående ved indgangen til efterkrigstiden (tabel 14). En følge af, at Københavns Kommunes betydelige jordarealer udgjorde en stopklods for Hvidovre Sognekommunes mulighed for selv at udlægge yderligere arealer til

---

[117] Bro: Hovedstadsmetropolen, 2023, bd. 1, s. 606-608. Herlev Kommune 1909-1949, 1949, s. 47-54. 31-42 og 55-60.

almennyttigt boligbyggeri og dermed på disse arealer måtte afvente de københavnske boligselskabers prioriteringer.[118]

På trods af, at de to inderste Vestegnsforstæder havde en række stedgivne og historiske forudsætning, blev Rødovres bebyggelsesudvikling noget forskellig fra Hvidovres. Omsluttende Roskildevej på begge sider, lokaliseredes en af de ganske mange, ofte med statslån understøttede, arbejderorganiserede små kooperative byggeforeninger til Rødovre. I form af Byggeforening "Fremtiden", der, med en efter tidens standard moderne byggemodning, opstod i 1903, og siden ledsagedes af mindre udstykninger til småhuse. Indtil Rødovre Sognekommune på samme tidspunkt som Hvidovre, blev omfattet af tilsvarende spekulative og utilstrækkeligt byggemodnede masseudstykninger.

Velfærdsinstitutioner i forstaden: Gladsaxe hovedbibliotek opførtes 1940 og havde allerede på dette tidspunkt flere filialer under sig; foto 1950 (Gladsaxe Byarkiv).

Her blandede små grundmurede huse sig også med illegalt helårsbeboede lysthuse, men i et mindre omfang end i Hvidovre. Det borgerlige sogneråd i Rødovre holdt sig ligeledes tilbage fra at byggemodne og overlod tillige opgaven til grundejerforeningerne. Skønt sognerådet, på samme måde som i Hvidovre og ud fra samme motiv og med samme midler, forsøgte at hindre den ulovlige helårsbeboelse af lysthusene og disses beboeres rettigheder, tilspidsedes og politiseredes konflikten i Rødovre ikke i samme grad, som i den syd for liggende sognekommune. Hverken før eller efter, at den nævnte passus i loven om folkeregistre skar igennem konfliktens substans.

---

[118] Sverrild: Vejene til Hvidovre, 2020, s. 180-244. Lone Holden: Hvidovre – mulighedernes land i Fortid- og nutid, 1994, nr. 4, s. 331-356.

Sandsynligvis medvirkende til, at det først i 1929 lykkedes at mobilisere den store arbejderbefolkning til, at Socialdemokratiet kunne opnå flertallet i Rødovre Sogneråd. Med de samme udfordringer i henseende til byggemodning, bebyggelsesplanlægning og dermed også de samme begrænsede planvirkemidler som i Hvidovre, gennemførtes i de følgende år flere udstykninger til enfamiliehusbyggeri og rækkehuse. På samme tid, som der rejstes pletvist privat etagebyggeri med butikker i stueetagen langs Roskildevej. Størst blev den samlede private bebyggelse Damparken, der, udover en enkelt rækkehuslænge, syd for Roskildevej og vest for Damhus Torv omfattede en større boligblokbebyggelse.

Opført gennem 30´erne repræsenterede Damparken, med de mellemliggende grønne haveanlæg mellem de fritliggende blokke og Damhus Torv som det stedlige butikstorv, en af tidens nye bebyggelsesformer, der pegede frem mod 40´ernes og den første efterkrigstids etagebyggeri. Bebyggelsesformen kom desuden til at indgå i de enklaver med etagebyggeri, der sammen med kommende villa- og rækkehusbebyggelser blev bærende i den dispositionsplan, som Rødovre Sognekommune fik færdiggjort allerede året efter byplanlovens ikrafttræden.

I den sidste del af 40´erne forsatte ud fra dispositionsplanen parcel- og rækkehusbyggeriet med betydelige statslån, der tillige ydedes til det samtidige etagebyggeri, som bl.a. opstod ved krydsene Roskildevej/Tårnvej og Rødovrevej/Slotsherrensvej. Sammen med de tidligere etageejendomme kom etagebyggeriet i Rødovre Sognekommune op på 40 procent af den stedlige boligmasse. Med 16 procent af denne som alemnyttigt boligbyggeri, fik Rødovre Sognekommune tæt ved samme andel af dette byggeri som Lyngby-Taarbæk (tabel 14). En følge af, at det almennyttige boligbyggeri allerede igangsattes i 1944 og fik en betydelig andel af de efterfølgende års nye etage- og rækkehusbyggeri, hvilket i nogen grad øgede førstnævnte byggeris andel af boligmasse (tabel 6).[119]

Selv om den marginalt længere afstand til den københavnske kommunegrænse i Herlev og Brøndbyerne nok spillede en rolle, blev de borgerlige sogneråds målrettede tilbageholden overfor dispositioner, der kunne fremme en tidlig forstadsdannelse, afgørende for, at deres sognekommuner ikke kom gennem den samme smerte- og konfliktfyldte fase, der havde kendetegnet forstæderne i Hvidovre og Rødovre. Forudsætningen herfor ændredes dog ved de førnævnte mindre udstykninger til småhuse i Herlev, og i Brøndbyerne ved en tidlig udstykning til bydelen Vesterled og en omdannelse af sommerhusbyerne ved Køge Bugt til helårsbeboelse. Urbane forandringer i de ellers rurale sognekommuner, der ganske vist fik samme konsekvenser som på den indre Vestegn, men var af langt mindre demissioner.

Til gengæld var de store nok til, at arbejderklassen blev så stor, at Socialdemokratiet i 1937 kunne sætte sig på flertallet i begge sogneråd. Men de planmæssige forudsætninger for den forstadsdannelse, der indledtes efter dette lokalkommunale systemskifte, var forskellige i de to sognekommuner. Da Københavns Kommunens jordopkøb havde været mindre i Brøndbyerne end andre steder i den fremvoksende hovedstadsmetropols forstæder, kunne sognekommunen opkøbe betydelige jordarealer i starten af 40´erne og på dette grundlag gennemføre en dispositionsplan, der lagde op til et meget omfattende alment boligbyggeri.[120]

Dette påbegyndtes allerede i 1942 med en rækkehusbebyggelse, der gennem resten af 40´erne efterfulgtes af almene blokbebyggelse med butikstorve. Med det resultat, at det almennyttige boligbyggeri ved midten af århundredet udgjorde mere end halvdelen af boligmassen i Brøndbyernes

---

[119] Rødovre 1901-1976, 1978, s. 34-54 og 181-219.

[120] I Brøndbyerne sikredes vand- og elektricitetsforsyningen på samme med som på den øvrige Vestegn, mens sognekommunens gasforsyning og spildevandsafledning blev en del af Glostrups. Bro: Hovedstadsmetropolen, 2023, bd. 1, s. 606-608.

Sognekommune, og at denne fik en meget betydelig befolkningstilvækst og en stor andel af etagebyggeri (tabel 2, 6 og 14).[121]

Opnåede Brøndbyernes almene boligbyggeri på dette tidspunkt den suverænt største andel af boligmassen i forhold til de øvrige forstæder, stilledes dette byggeri noget vanskeligere i Herlev Sognekommune. Da Københavns Kommune her ejede meget betydelige udbyggede arealer, indsnævredes sognekommunens dispositionsmuligheder i henseende til byplanlægning og det almene byggeris lokalisering, udformning og påbegyndelse, hvorved der først i den sidste del af 40´erne gennemførtes en dispositionsplan. For at adskille den kommende Herlev-forstad fra det københavnske Husum, udvidede dispositionsplanen det villaområde, der fra den gamle landsby strakte sig frem til grænsen til København. [122]

Ud fra det stationsnærhedsprincip, som første gang lancerede i Lyngby-Taarbæks Sognekommunes velfærdsforstæder, lokaliseredes kvarterer med blogblokke rundt om Herlev kirkesognelandsby, der lå ganske tæt ved den station, som åbnedes for S-banedrift i 1949. Men uheldigvis alligevel i en afstand fra denne, at der ikke efterfølgende her opstod et stationscenter, som det blev tilfældet senere i Lyngby, Glostrup og Ballerup. Ikke desto mindre igangsattes i det udlagte kvarter med etagehuse et betydeligt almennyttigt byggeri, der på kort tid bidrog til, at det sociale boligbyggeri i midten af århundredet kom til at udgøre 15 procent af sognekommunens boligmasse, og at halvdelen af denne på samme tid omfattede etagebyggeri, der samtidig generede en betydelig befolkningstilvækst (tabel 2, 6 og 14).[123]

At Herlevs Sognekommune opnåede en ganske betydelig andel af alment boligbyggeri blandt tidens velfærdsforstæder, skyldtes dog det store byggeri af almennyttige elementbyggede småhuse, der opførtes i sognekommunes nordøstlige hjørne i årene 1948-1950. Selv om Herlevhuse, som bebyggelsen betegnedes, var forsynet med små have og et lokalt butikstorv, afstod sognekommunen dog fra at byplanlægge området og garantere for statslånene.

Idet, der herfra udtryktes bekymring for de uprøvede byggematerialer og henvistes til de grundmurede almennyttige boligblokke med moderne faciliter, der på samme tid var vokset op uden om kirkesognelandsbyen og til hvilke, sognekommune havde stillet garanti for de ydede statslån. Da Herlevhuse lå på nogle af Københavns Kommunes store jordbesiddelser, blev det denne kommune, der i realiteten byplanlagde bebyggelsen og ydede den nødvendige garanti for de statslige byggelån.[124]

Velfærdsindikatorer
Selv om Vestegnsforstæderne og Herlev-forstaden ikke inden midten af århundredet fik den differentierede erhvervsstruktur med et industrielt tyngdepunkt, som på dette tidspunkt kendetegnede velfærdsforstæderne, lykkedes det på nogle områder til allersidst så at sige lige at komme over målstregen. Godt hjulpet af slut 30´ernes og 40´ernes velfærdsstat. Netop byplanloven fra 1938 og samme årtis og det efterfølgende tiårs massive opskrivning af statslåneordninger til boligbyggeri, blev således den absolutte forudsætning for, at Vestegnsforstæderne og Herlev-forstaden på nogle områder fik karakter af velfærdsforstæder. Dispositionsplanerne lagde an til denne forstadsforms bebyggelses- og

---

[121] Lisbeth Hollensen: Priorparken – Brøndbys nye bydel. Nordisk Kabel- og Traadfabriker; industrianlæg bliver kulturarv, Hovedstadsmetropolen, 2011, s. 279 og 282-283. Henning Sørensen: Brøndbyvester – historien om en landsby, der voksede, 2002, s. 71-76.
[122] I Herlev sikredes vand- og elektricitetsforsyningen og spildevandsafledningen på samme med som på den indre Vestegn, mens sognekommunens gasforsyning fra Strandsvejsgasværket. Herlev Kommune 1909-1949, 1949, s. 47-54. 31-42 og 55-60.
[123] Herlev Kommune 1909-1949, 1949, s. 31-42 og 55-60.
[124] Monfared: Velfærdsdømme i Herlev, 2011, s. 199-202, 203-204.

erhvervsmæssige struktur. I samme retning pegede den højre grad af balance mellem etage- og småhuse og det betydelige sociale boligbyggeri.

Ikke desto mindre havde vand- og energiforsyningen været længe undervejs, og sammen med det førnævnte lave gennemsnitsindkomstniveau udgjort en sådan kommunaløkonomisk belastning i disse dele af hovedstadsmetropolens forstadsområder, at karakteren af udviklingsforstæder endnu ikke var overvundet for så vidt de dele af det lokalkommunale velfærdssystem, som social-, uddannelses og kulturområderne udgjorde. De sociale udgifters andel kom i 1930 ganske vist op på et højt niveau på Vestegnen, men var givet, som i Gladsaxe, Tårnby og Glostrup sognekommuner, udtryk det gennemsnitlige lave indkomstniveau. Til gengæld havde de sociale udgifter i Vestegnens forstæderne og i Herlev Sognekommune en lavere andel af de kommunale udgifter end i de velfærdsforstæder, der var opstået i midten af århundredet (tabel 11).

Velfærdsinstitutioner i forstaden: Nærmest symbolsk var Socialdemokratiets røde vartegn placeret henover Gladsaxevej ved Marielyst Skole op til kommunevalget i 1946. Et symbol på at klassekampen var og stadig er ikke blot international og national, men også regional og lokal (Gladsaxe Byarkiv).

Et udtryk for, at det sociale institutionsområde ikke var udbygget i samme omfang som i tidens velfærdsforstæder. Selv om der i 1950 ikke registres nogle pladser på alderdomshjem i udviklingsforstæderne, havde Rødovre Sognekommune dog fået et i 40'erne, mens der i perioden ikke etableredes sådanne i Hvidovre, Brønsbyerne og Herlev (tabel 12). Herudover var antallet af pladser på børneinstitutioner og børn under sundhedsplejerskers tilsyn mindst. Mens Hvidovre og Herlev sognekommuner først fik kommunale børnehaver i henholdsvis 1947 og 1949 og der ikke oprettedes sådanne i Brødby-erne, blev samtlige private sådanne kommunaliseret i Rødovre i 1947.[125]

På samme tid havde skolevæsnet ganske vist nogenlunde samme andel af de kommunale udgifter i Hvidovre og Rødovre sognekommuner som i velfærdsforstæderne, men det var sandsynligvis udtryk for et omfattende skolebyggeri. Til gengæld var skolevæsenets udgiftsandel samtidig væsentlig mindre i Brøndbyerne og Herlev. Forstæderne på den indre Vest- og Nordvestegn (på nær Rødovre) havde i hvert fald i midten af århundredet det mindste antal lærere og stort set den mindst mængde både elever i mellemskolen og bøger på bibliotekerne.

I Rødovre var der dog opnået et relativt højere velfærdsniveau på skole- og biblioteksområdet, idet de radikale i sognerådets borgerlige flertalskonstellation i 1926, altså kort før systemskiftet, havde fået udvirket, at sognekommunen overgik til det udvidede købstadskommunale skolevæsen. Med det resultat, at Rødovre skole fik en mellemskoleafdeling og udvides samtidig med skolen i Islev. I 1930 indførtes en skolelæge- og skoletandlægeordning, i 1939 fulgte Hendriksholm Skole og i 40´erne udrulledes mellemskoleafdelinger på samtlige skoler. Rødovre havde desuden tidligt en betydelig folkebogsamling, som fuldt ud kommunaliseredes i 1930.[126]

I Hvidovre etableredes først i 30´erne et købstadskommunalt skolevæsen og en mellemskoleafdeling, der udrulledes til de to øvrige skoler i løbet af 40´erne. Herudover kom skolelæge- og skoletandlægeordningen først langt senere til Hvidovre. Både i Brøndbyerne og Herlev sognekommuner gennemførtes ganske vist med folketallets stigning de nødvendige udvidelser af eksisterende skoler og opførelse af nye. I Børbyerne etableredes endnu ikke mellemskoleafdelinger, mens der kun oprettedes en sådan afdeling på den ene af Herlevs skoler så sent som i 1947.[127]

---

[125] Herlev Kommune 1909-1949, 1949, s. 29-30. Trap: Danmark, bd., II,1, 1959, s. 417 og 472-473.
[126] Rødovre 1901-1976, 1978, s. 279-282 og 293-294.
[127] Herlev Kommune 1909-1949, 1949, s. 23-28. Inge Bundsgaard m.fl.: Træk af Herlev Skoles historie, Tubberup tidende: medlemsblad for Historisk Forening for Herlev-Hjortespring, nr. 18, 1990, s. 3-28. Sørensen: Brøndbyvester, 2002, s. 84-85 Nr.-1-1993.pdf

Kapitel 3

Forstadsformernes udvikling

Som en del af det førindustrielle Københavns transformation til en fremvoksende hovedstadsmetropol var boligforstæder og senere også industri- og boligforstæder siden slutningen af det 19. århundrede og frem til midten af det følgende blevet nye funktionelt forskelligartede byenheder i den udvikling og urbane interaktion byenderne imellem, som kendetegnede metropolen som en byregion. I denne proces dannedes velstandsforstæder, velfærdsforstæder og udviklingsforstæder, der blev udgangspunktet for en forsat forstadsdannelse og udvikling af forstadsformer under hovedstadsmetropolens ekspansionsperioden i efterkrigstiden.

Hovedstadsmetropolens udbygning

Med et yderligere industrielt gennemslag og en kraftig økonomisk vækst i den første efterkrigstid (1945-1973) forstærkedes urbaniseringsprocessen yderligere. Provinskøbstædernes yderdistrikter udbyggedes, og de fik egentlige forstæder. Mens hidtidige stations- og landevejsbyer begyndte at udvikle sig til pendlerbyer. Samtidig med, at hovedstadsmetropolen fik et folketal på 1,7 mio. indbyggere og på ny undergik en gennemgribende urban transformationsproces.

Som i mellemkrigstiden og 40'erne blev denne proces styret af beliggenhedsfaktorer, ejendoms- og grundværdier, kapitalens lokalisering af forskelligartet realkapital i forhold hertil og hidtidig urban bebyggelse. Men i modsætning hertil fik regional fysisk planlægning og en hertil nært forbundet vej- og kollektivtrafikal regional planlægning afgørende betydning for hovedstadsmetrolens urbane spredning og omfanget og lokalisering af forskellige former for erhvervs- og boligbyggeri.

Den første efterkrigstid

Som følge af hovedstadens udfyldning og fortætning og de ulemper, som dermed opstod her, lokaliserede kapitalen industriinvesteringerne til dér, hvor fordelene nu var størst, og den regionale fysisk planlægning havde afsat betydelige områder til industri og ledsagende boligbyggeri. Det drejede sig om de resterende friarealer i de ældre koncentriske forstæder, der fik en endnu større udbredelse, og til hovedparten af de nye forstæder, som fra det ældre sammenbyggede forstadslag bredte sig som lange radiale bybånd, der længst ude smeltede sammen med den omliggende ring af købstæder.

Disse forstadsdannelser opsugede en del af hovedstadens befolkning, og fik for størstepartens vedkommende en stadig **større koncentration af fremstillingsvirksomheder**. Dog på nær en mindre del af forstæderne (navnlig de ældre og nordlige), hvor de høje jordpriser, der var skruet op i takt med ejerboligpriserne, ikke var tillokkende for industriinvesteringer (tabel 15). Disse forstæder forblev dermed i større eller mindre grad boligbyer for den arbejdskraft, der beskæftigedes i både industritunge forstæder og hovedstaden.

I hovedstadens område så kapitalen samtidig i stigende grad fordele ved at udvide de servicemæssige og administrative investeringer. I takt med hovedstadens afindustrialisering og affolkning konverteredes den således i stadig større omfang til at varetage disse funktioner, som en centralby i hovedstadsmetropolen. Funktioner, der forsat var rammesættende for investeringer, vareproduktion, arbejdskraftsanvendelse og privat og offentlig service, ikke blot i metropolens område, men også på landsplan.

Tabel 15.Gennemsnitlig salgspris for parcelhuse i 1.000. kr.
Hovedstadsmetropolens indre forstæder, 1970-1990[128]

	1970	1980	1990
Gentofte	418	947	1.241
Gladsaxe	230	664	811
Lyngby-Taarbæk	295	801	998
Søllerød	361	951	1.327
Birkerød	296	718	1.054
Hørsholm	332	912	1.264
Farum	272	747	917
Værløse	284	761	972
Herlev	239	685	782
Ballerup	230	656	812
Rødovre	223	640	758
Hvidovre	207	641	758
Brøndbyerne	219	618	783
Glostrup	237	658	769
Albertslund	225	614	706
Høje Taastrup	220	603	750
Vallensbæk	231	675	820
Tårnby	189	589	734
Dragør	315	770	958
Indre forstæder: Total	252	715	897

Op gennem den førtes efterkrigstid udvidedes hovedstadsmetropolen som en funktionel byregion efterhånden til også at omfatte byenheder i dens ydere dele, I form af købstadsringen og mellem og udenfor denne tidligere stations- og landsbyer, som transformeredes til pendlersatellitbyer. For begge byenheder en følge af pendling og lokalisering af nye industriområder. Idet kapitalen efterhånden så større fordele ved at placere industriinvesteringerne hertil, hvor grundpriser og arbejdsløn var lavere end i de mere centrale dele af metropolen, og den regionale fysiske planlægning samtidig havde udstukket rammer for yderligere erhvervs- og boligbyggeri. Hovedstadsmetropolens yderste og kystnære områder blev desuden kendetegnet af omfattende sommerhusbydannelser.

Med den udvikling, som hovedstadsmetropolen undergik i perioden, kom den til at omfatte seks byenheder: Dels centralbyen (hele hovedstaden: København-Frederiksberg) med dens overvejende service-produktionsgrundlag. Dels boligforstæder særlig på Nordegnen. Dels industri- og boligforstæder på Nordvest- og Vestegnen og ved Køge Bugt. Dels byer i købstadsringen, som omfattede bolig- og industriområder. Dels pendlersatellitbyer. Dels sommerhusbyer. Dermed en byregion, hvis byenheder, som følge af deres forskelligartede funktionalitet, indbyrdes interagerede med realkapital og arbejdskraft som mobile produktionsfaktorer, arbejdskraftspendling, fritidspendling og udveksling af varer og tjenesteydelser.[129]

Befolkningsmæssigt førte denne byregionale proces til store forskydninger (tabel 16). Hovedstadens, eller rettere centralbyens, folkemængde reduceredes således med knapt en femtedel, mens den næsten fordobledes i de indre og ydre forstæder, købstadsringen og pendlersatellitbyerne i Frederiksborg og Roskilde Amtskommuner.

---

[128] Statistisk Årbog for København m.m., 1971, s. 318, 1981, s. 311 og 1990, s. 310.
[129] Bro: Hovedstadsmetropolen – den danske byregion, bd. 2, 2023, s. 16-77. Henning Bro: Pendlersatellitbyen. Hovedstadsmetropolens pendlersatellitbyer, METROPOL, 2023, nr. 1., s. 48-62.

Tabel 16. Danmarks befolkningstal og dets procentvise fordeling, 1950-1970.
Index: 1950=100[130]

	1950	1960	1970
Hovedstaden	100 [72,9]	94 [62,0]	82 [53,8]
Indre forstæder	100 [27,1]	156[38,0]	198 [46,2]
Hovedstaden og indre forstæder	100 [100]	111 [100]	114 [100]
Hovedstaden	100 [62,1]	94 [52,4]	82 [41,5]
Københavns Amtskommune	100 [22,2]	155 [30,5]	196 [35,1]
Frederiksborg Amtskommune	100 [10,4]	123 [11,4]	176 [14,9]
Roskilde Amtskommune	100 [5,3]	118 [5,7]	201 [8,5]
Hovedstadsmetropolen	100 [100]	112 [100]	123 [100]

Anm: Kantet parentes: Procent andele af Hovedstadens og de indre forstæders samlede
folketal og af hele hovedstadsmetropolens.

Den sidste efterkrigstid

Med den sidste efterkrigstids (1973-1990) tilbagevendende økonomiske kriser, kom hovedstadsmetropolen ind i en stagnationsperiode, som bl.a. bevirkede, at dens folketal reduceredes med en procent uden dog at komme under 1,7 mio. På samme tid, som landet gennemgik en kort decentral urbanisering med stærkere befolkningstilvækst i provinsens købstæder og ved, at hidtidige stations- og landevejsbyer for alvor blev til pendlerbyer. Trods hovedstadsmetropolens stagnation, forsatte de forandringer i metropolens udvikling som en byregion, der havde taget sin begyndelse i den første efterkrigstid.

Som følge af den bebyggelsesmæssige opfyldning med bolig- og industriområder i de indre forstæder i Københavns Amtskommune, lokaliserede kapitalkræfterne periodens industriinvesteringer i videre omfang til de radiale forstadsbånds ydre dele, købstadsringen og pendlersatellitbyerne i Frederiksborg og Roskilde amtskommuner, hvor der var større ubebyggede friarealer og billigere byggegrunde. I takt med hovedstadens endnu kraftigere afindustrialisering, koncentreredes derimod på samme tid investeringerne i administrativ og servicemæssig virksomhed hertil. Hele hovedstadens område fik dermed i endnu højere grad erhvervsmæssig karakter af hovedstadsmetropoplens centralby, hvis folketal frem til 1990 reduceredes med yderligere 205.000 indbyggere. Det svarede her til et fald i befolkningsmængden siden 1970 på 30 procent, og var en udløber af yderligere udflytning af navnlig unge og yngre til den øvrige del af hovedstadsmetropolen og i centralbyen et stigende fødselsunderskud og et større volumen af ældre over 65 år (tabel 17).

Tabel 17. Danmarks befolkningstal og dets procentvise fordeling, 1970-1990.
Index: 1970=100[131]

	1970	1980	1990
Hovedstaden	100 (53,8)	81 (47,1)	71 (45,2)
Indre forstæder	100 (46,2)	101 (52,9)	97 (54,8)
Hovedstaden og indre forstæder	100 (100)	90 (100)	84 [100]
Hovedstaden*	100 (41,3)	81 (33,6)	71 (32,3)
Københavns Amtskommune	100 (35,1)	102 (35,9)	98 (35,1)
Frederiksborg Amtskommune	100 (14,8)	127 (18,9)	132 (19,9)
Roskilde Amtskommune	100 (8,8)	132 (11,6)	144 (12,7)
Hovedstadsmetropolen	100 [34,8]	100 [34,0]	98[33,9]

Alm. parentes: Procentandele af hovedstadens og de indre forstæders samlede folketal og
af hele hovedstadsmetropolens. Kantet parentes: Procentandel af hele landets befolkning·

---

[130] Statistisk Årbog for København m.m., 1951, s. 185, 1961, s. 198, 1971, s. 287 og 289. Statistisk Årbog, 1951, s. 6, 1961, s, 9.
[131] Statistisk Årbog for København m.m., 1981, s. 245. 1991 og s.23-24. Statistisk Årbog, 1951, s. 6, 1990, s. 29.

Udflytning fra centralbyen udgjorde sammen med tilflytning fra provinsen grundlaget for, at folketallet i Frederiksborg og Roskilde amtskommuner i perioden øgedes med mere end en tredjedel, at tilbagegangen i hovedstadsmetropolens samlede befolkningsvolumen dermed blev beskeden, og at der i de ydre forstæder, købstadsringen og pendlersatellitbyer opstod store nye boligområder. Med periodens vigende vækst i reallønninger stadsedes derimod sommerhusbyernes udbredelse i metropolens yderste udkant.[132]

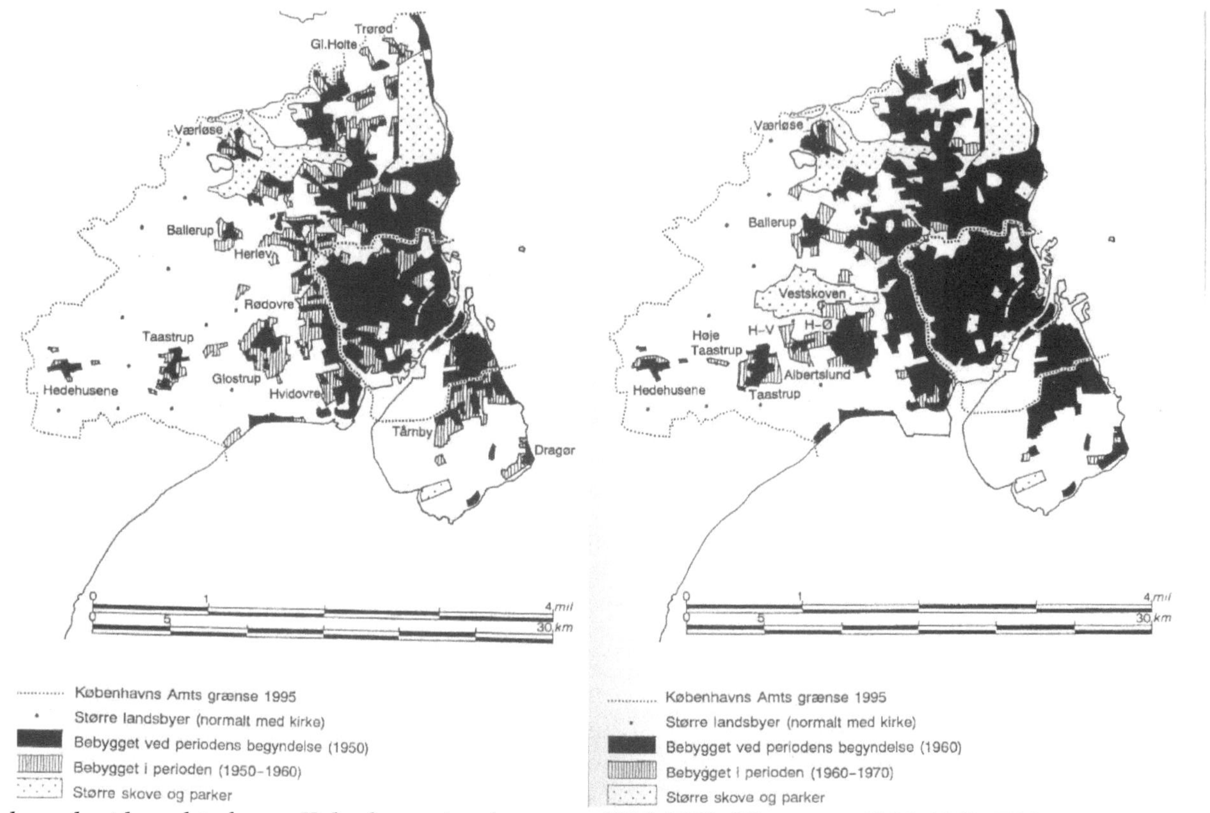

Bebyggelse i hovedstaden og Københavns Amtskommune 1950-1970. Til venstre: 1950-1960. Til højre: 1960-1970. (Kulturhistorisk oversigt, Københavns Amtskommune, 1999)

Universalistisk velfærdsstat og regionale rammebetingelser

Med den universalistiske velfærdsstats (Appendiks 1) massive udvidelse af alle dele af velfærdssystemet, erhvervsstøtteordninger, egen eller med andre offentlige aktørers medvirken tilvejebringelse af almene produktionsbetingelser samt en gennemgribende og bredspektret samfundsmæssig regulering og planlægning, øgedes det offentliges opgaver voldsomt i efterkrigstiden.

Så meget, at stadig flere opgaver lagdes på det kommunale niveau, og den centraladministrative sektorstyring forstærkedes. For til sidst med 1970-kommunalreformen at munde ud i en massiv opgaveudlæggelse til de med reformen større kommuner og amtskommuner, der blev styret af en stribe af centralstatslige bekendtgørelser, cirkulærer, vejledninger, refusions- og bloktilskudsordninger. Hertil kom en sektorplanlægning, hvor overordnede centralstatsligt fastsatte sektorrammer på en lang række områder udmøntedes i mere detaljerede amtskommunale sektorplaner, som, efter ministeriel godkendelse og tilsyn, skulle danne grundlag for amtskommunal opgavevaretagelse og i vidt omfang også styring af kommunerne.[133]

---

[132] Bro: Hovedstadsmetropolen, 2023, bd. 2, s. 400-416.
[133] Bro: Hovedstadsmetropolen, 2023, bd. 2, s. 78-86 og 408-416.

For målrettet at fremme hovedstadsmetropolens udvikling og funktion som en urban region, påtog ikke blot nye og stærkere regionale aktører ud fra forskellige interesser, men navnlig statsmagten sig, som en udløber den universalistiske velfærdsstatsforms udvidede aktionsfelt, allerede fra omkring midten af århundredet tilvejebringelse af en række af de regionale rammebetingelser.[134] Indtil det forventedes, at metropolens kommunerne blev enige om dannelse af et kommunalt regionsorgan, der kunne påtage sig denne tilvejebringelse. Da det ikke lykkedes, oprettedes regionskommunale Hovedstadsrådet (1974) i forlængelse af lovgivningen bag 1970-kommunalreformen.[135]

Med disse stærkere regionale aktører blev hovedstadsmetropolens samlede interesse for en byregional udvikling i højere grad lagt til grund for de regionale rammebetingelser, som tilvejebragtes gennem hele efterkrigsperioden og omfattede: Sygehusvæsen, vej- og kollektivtrafikal infrastruktur, vand- og energiforsyning, spildevandsafledning, affaldshåndtering og gymnasial undervisning. En af de mest afgørende regionale rammebetingelser omfattede regional fysisk planlægning, der kobledes tæt til den samtidige regionale planlægning af vejbåren og kollektiv trafik, og rammesatte den lokalkommunale byplanlægning.[136]

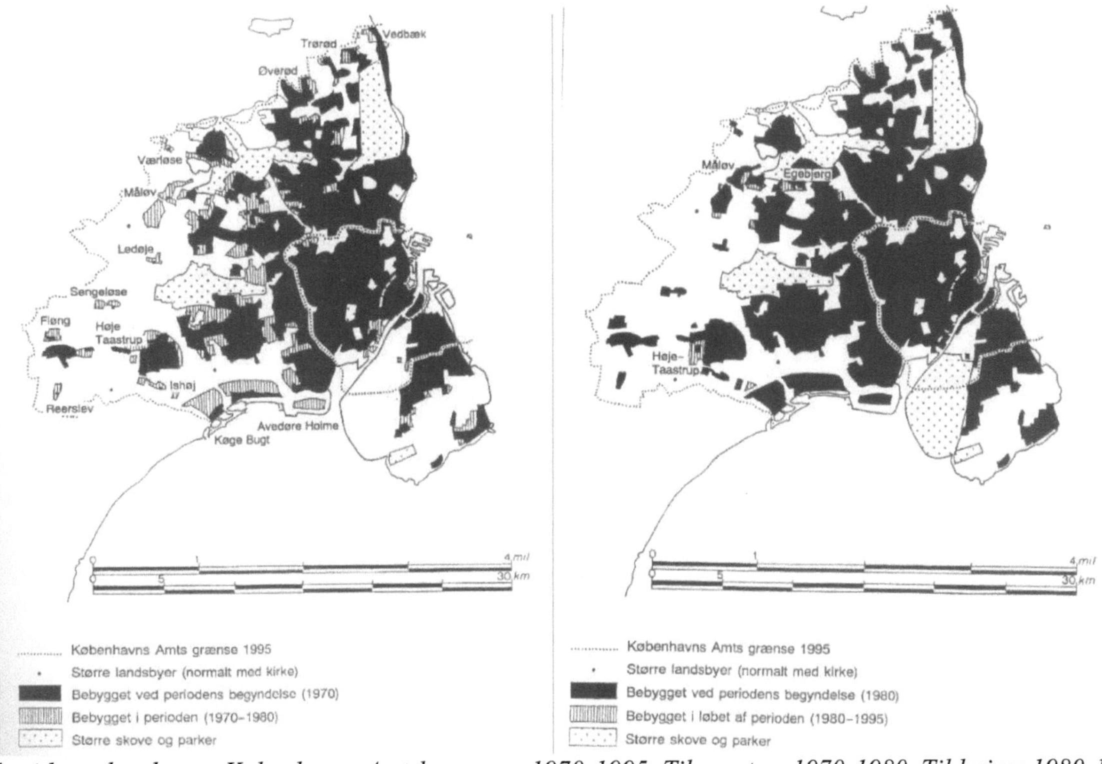

Bebyggelse i hovedstaden og Københavns Amtskommune 1970-1995. Til venstre: 1970-1980. Til højre: 1980-1995. (Kulturhistorisk oversigt, Københavns Amtskommune, 1999)

---

[134] Den meget betydelige statslige rolle havde rødder i den store forstadskommunale modstand mod flertalsindstillingen i betænkningen (1948) fra den i 1939 nedsatte hovedstadskommission, der opererede med både indlemmelse af Københavns omgivne forstadskommuner i en københavnsk storkommune og to nye store, ved indlemmelser opnåede, forstadskommuner på Vest- og Nordvestegnen. Med henlæggelsen af hele betænkningen i starten af 50´erne opretholdtes hovedstadsmetropolens kommunalstruktur, mens forstadskommunerne fik semikommunal købstadsstatus med dermed udvidede beføjelser på en lang række lokalkommunale områder. Staten måtte til gengæld påtage sig tilvejebringelsen af en stor del af hovedstadsmetropolens regionale rammebetingelser, hvorved Københavns Kommunes hidtidige rolle som hovedstadsmetropolens dominerende aktør decimeredes i et meget betydeligt omfang.

[135] Ovenstående er sammenfattet i: Bro: Hovedstadsmetropolen, 2023, bd. 2, s. 137-139.

[136] Ovenstående er sammenfattet i: Bro: Hovedstadsmetropolen, 2023, bd., 2. s. 353-374 og 798-718.

Rammerne for disse regionale fysiske plantiltag fastlagdes i den første efterkrigstid gennem egnsplanskitser (Fingerplanen fra 1948 og Første Etapeplanen fra 1963), og udmøntedes i byudviklingsplaner, fredningsplaner og den særlige dispositionsplan for Køge Bugt-området. I den sidste efterkrigstid blev grundlaget for den regionale fysiske planlægning, den Hovedstadsrådet kom til at stå bag gennem regionsplaner og tillæg til disse. (Appendiks 2, figur 1-2 og 7-8).

For hovedstadsmetropolens udbyggede områder lagde denne fysiske planlægning regionale rammer for såvel byspredning, som fordeling af industri, øvrige erhverv, centre og forskelligartede boligområder både på regionalt niveau og i de nye forstadsbyer.[137] Med den konsekvens, at forstadsdannelsen fra det ud- og sammenbyggede ældre koncentriske forstadslag, som førnævnt, fligedes ud i radiale forstadsbånd, der, langs S- og regionalbaner og motorveje og med mellemliggende grønne kiler, løb frem til den omliggende købstadsring, som tillige indgik i den regionale fysiske planlægning sammen med de udenom liggende pendlersatellit- og sommerhusbyer.

Planlægningen angav her rammer for en koncentrisk byvækst og lokalisering af forskellige bebyggelsesarter. Mens den i forstadsbyerne i forstadsbåndene opstillede mere detaljerede bestemmelser for lokalisering af stationscentre, en derfra aftagende bebyggelsesintensitet i de omliggende boligområder og yderstliggende industrikvarterer (Appendiks 2, figur 3-6).

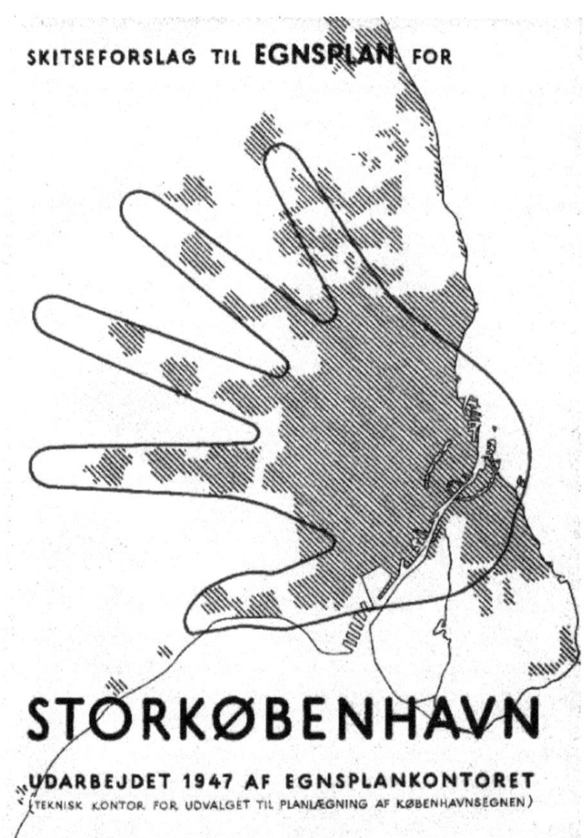

Den fundamentale regionale plantænkning, der nedlagdes i Fingerplanen fra 1948, blev grundlaget for den fysiske planlægning i hele efterkrigstiden, årtierne omkring årtusindeskiftet og selv i de statslige og løsagtige landsplandirektiver, der blev tilbage efter 2007-stukturreformens nedlæggelse af amtskommunerne og dermed afvikling af en hver form for regional fysisk planlægning.

---

[137] Ved tilrettelæggelsen af den regionale fysiske planlægning hentedes inspiration fra den New Town-model, der bl.a. udvikledes umiddelbart efter den sidste verdenskrigs afslutning i Storbritannien og opererede med selvbærende forstadsbyer omgivet af grønne områder.

Tabel 18. Hovedstadsmetropolens fremstillingsvirksomheder,
1958. pr. 1.000 indbyggere[138]

	Antal ansatte	Omsætning i 1000 kr.
Hovedstaden	192	9.393
Gentofte	90	5.033
Gladsaxe	107	9.350
Lyngby-Taarbæk	78	3.381
Søllerød	75	3.684
Birkerød	40	1.422
Hørsholm	55	2.733
Farum	46	1.879
Værløse	18	628
Herlev	148	5.614
Ballerup	69	3.471
Rødovre	65	2.663
Hvidovre	47	1.454
Brøndbyerne	181	7.965
Glostrup	117	12.850
Herstederne	190	12.315
Høje Taastrup	106	4.753
Tårnby	89	4.372
Dragør	8	610
Indre forstæder: Total	88	4.909

Udover ubebyggede og ikke byplanlagte områder i og op til købstadsringens byer og de stations- og landevejsbyer samt enkelte større landsbyer, der i perioden transformeredes til pendlersatellitbyer, fik den regionale fysiske planlægning direkte indflydelse på lokalisering af industri, andre erhverv og forskelligartede boligbebyggelsesarter i ikke bebyggede eller byplanlagte forstadsområder i: Hele Køge Bugt-området og på hele Vest- og Nordvestegnen. Herudover udenfor de forstadsdannelser, der før midten af århundredet var opstået eller byplanlagt i Hvidovre, Rødovre, Glostrup, Brøndbyerne, Herlev, Skovlunde og Ballerup kommuner, den vestligste del af Gladsaxe Kommune og på Nordegnen udenfor byplanlagte dele af Farum, Værløse, Birkerød og Allerød.

I disse dele af hovedstadsmetropolens blev den erhvervs- og bebyggelsesmæssige karakter af velfærdsforstad automatisk givet. Idet forstadsbyerne i de stramt regionalt planlagte forstadsbånd med kollektiv trafik, rekreative områder, forretningscenter, samling af forskellige sociale klassers boliger (etage- og parcelbyggeri) og arbejdspladser, blev udtryk for en ressourceøkonomisk og fælleskabsorienteret måde at byplanlægge regionalt på. Helt svarede til den universalistiske velfærdsstats lighedsskabende ideologi, som blev en udtalt drivende kraft for hovedstadsmetropolens udvikling i efterkrigstiden.

Trods denne målrettede velfærdsstatslige regionale fysiske planlægning, blev det i disse forstadsbyer op til det lokalkommunale selvstyre, indenfor lovgivningens rammer, at fastlægge karakteren og omfanget af velfærdssystemet, og hvilke aktører, der skulle stå bag bolig- og erhvervsbyggeriet. Beføjelser, som kommunerne i mere udbyggede og allerede gennemgribende byplanlagte forstæder også udrustede med. Samtidig med, at de i højere grad kunne disponere over anvendelsen af de tilbageværende ubebyggede restarealer, der af den regionale fysiske planlægning også her var udlagt som inder- eller mellemzone og senere byzone.

Ud fra disse på forhold fastlagte velfærdsstatslige rammer og regionale rammebetingelser, de forstadsdannelser, som havde udviklet sig eller været under udvikling før midten af århundredet, og

---

[138] Statistisk Årbog for København m.m., 1952, s. 77, 1957, s. 220 og 1969, s. 254-257.

lokalkommunale faktorer, blev hovedstadsmetropolens forstæder i efterkrigstiden kendetegnet af grupper af velfærds- og velstandsforstæder og visse hybride former.[139]

Velfærdsforstaden

Udover forstæderne i Lyngby-Taarbæk Sognekommune, hvis forstadsform siden fik en anden karakter, var der i midten af århundredet opstået velfærdsforstæder i Gladsaxe, Glostrup og Tårnby sognekommuner. Mens udviklingsforstæderne i Herlev og Brøndbyerne sognekommuner og på den indre Vestegn på en række områder var ved at udvikle sig i samme retning. Med de udviklingsmuligheder- og begrænsninger, som den universalistiske velfærdsstat og hovedstadsmetropolens regionale rammebetingelser gav, videreudvikledes velfærdsforstaden på lokalkommunalt grundlag i efterkrigstiden i de nævnte dele af metropolens indre forstadsområde, og bredte sig på samme grundlag samtidig stort set til alle dele af de indre dele af Køge Bugt-området, Vestegnen og Nordvestegnen.

Tabel 19. Industrivirksomheder i hovedstadsmetropolen, 1980[140]

	Pr. 1.000 indbyggere	
	Antal virksomheder	Antal ansatte
Hovedstaden:	1,0	75
Gentofte	0,4	61
Gladsaxe	1,6	123
Lyngby-Taarbæk	0,5	43
Søllerød	0,5	70
Birkerød	1,4	36
Hørsholm	0,4	17
Farum	1,3	47
Værløse	1,1	53
Herlev	2,9	156
Ballerup	1,7	165
Rødovre	1,9	65
Hvidovre	1,4	59
Brøndbyerne	1,8	131
Glostrup	1,9	95
Herstederne	1,6	105
Høje Taastrup	1,3	70
Vallensbæk	1,2	40
Tårnby	0,9	45
Dragør	0,4	10
Indre forstæder: Total	1,3	80
Københavns Amt	1,3	82
Frederiksborg Amt	0,9	55
Roskilde Amt	1,0	40
Hovedstadsmetropolen	1,0	69

Kendetegn

Dermed velfærdsforstæder, der i 1990 med 400.000 indbyggere udgjorde to tredjedele af metropolens indre forstæder, og kendetegnedes bl.a. af betydeligt industrielt tilsnit (Appendiks 2 tabel 1).[141] Målt i antal ansatte og omsætning pr. 1.000 indbyggere var industrien allerede i slutningen af 50´erne slået

---

[139] Ovenstående baseret på sammenfatningerne i: Bro: Hovedstadsmetropolen, 2023, bd., 2. s. 202-208, 212-218, 493-497 og 515-517.

[140] Statistisk Årbog for København, Frederiksberg m.m., 1981, s. 335.

[141]For så vidt Herlev og Herstederne, var den lavere andel af etagehuse betinget af det ganske omfattende parcelbyggeri, der gennemførtes, mens de konservative havde magten i kommunalbestyrelsen, mens det i Herstederne var udtryk for en bevidst satsning på udbredte områder med tæt-lavt byggeri i den almene sektor.

kraftigere igennem i Gladsaxe og Herlev kommuner og fire kommuner på Vestegnen, der tilsammen kun udgjorde 29 procent af befolkningen i de indre forstæder, men tegnede sig for henholdsvis 40 procent af antal industriansatte og 50 procent af industriomsætningen i forstæderne tilsammen (tabel 18).[142]

Velfærdsforstaden Brøndby. Forrest Plejehjemmet Gildhøjhjemmet fra 1957. Bagerst Brøndby Rådhus, der blev opført tre år efter. På samme tid fulgte i andre velfærdsforstæder tilsvarende nye modernistiske rådhuse, der bl.a. rummede de store og voksende social- og skoleforvaltninger, som prioriteredes højt i disse forstæder (Forstadsmuseet).

Godt 20 år efter var dette indtryk yderligere bestyrket. Gladsaxe, Herlev, Ballerup, Brøndbyerne, Glostrup, Herstederne og Høje Taastrup udgjorde således et særligt industrielt tyngdepunkt. Ikke blot i de indre forstæder, men i hovedstadsmetropolen som helhed. Målt i antal virksomheder og ansatte pr. 1.000 indbyggere lå kommunerne således langt over selve centralbyen, de indre forstæder tilsammen, de ydre metropolamtskommuner og hele metropolen (tabel 19).[143] Mens disse syv industrikommuner i 1980 alene udgjorde 32 procent af de indre forstæders samlede befolkning, tegnede de sig for 74 og 63

---

[142]Den anvendte trykte statistik fra Københavns statistiske Kontor giver kun for 1958 og 1980 talstørrelser for industriens udbredelse i form af antal ansatte og omsætning (kun i 1985 virksomheder).

[143]Da betydelige arealer i Tårnby, Hvidovre og Rødovre kommuner, som følge af den tidlige forstadsdannelse, allerede var bebygget med boliger, da forstædernes industrialisering for alvor satte ind i det 20. århundredes sidste halvdel, kom de relative talstørrelser for antal virksomheder og ansatte i industrien her til at ligge under de syv industrikommuner i forstæderne. Ikke desto mindre blev industrien i de tre kommuner langt mere fremherskende end i det indre forstadsområde som helhed.

procent af antal virksomheder og ansatte i industrien i denne del af hovedstadsmetropolens forstads-område.

Som følge af industriens udbredelse i hovedstadsmetropolens velfærdsforstæderne som helhed, men også den stedlige boligmasses langt større andel af små og mellemstore boliger og nogenlunde balance mellem etage- og etplansbyggeri, kom arbejderklassen her i den første efterkrigstid til at udgøre en langt større befolkningsandel (Appendiks 2, tabel 1-2).[144] For dog i den sidste efterkrigstid, at få en mindre andel i forhold til det funktionærlaget, som ikke desto mindre også omfattede en meget stor gruppe af lavere rangerende og gagerede funktionærer, og ikke fik samme store andel af befolkningen i velfærdsforstæderne, som i de indre forstæder som helhed og særlig i velstandsforstæderne. Et forhold, der blev endnu mere udtalt, for så vidt gruppen af selvstændige. Følgelig kom indkomstniveauet og særlig gennemsnitformuerne i velfærdsforstæderne til at ligge under forstæderne som helhed og i udtalt grad under velstandsforstæderne, mens antallet af personer på offentlig forsorg blev væsentligt højere (Appendiks 2, tabel 3).

Bag den ensartede karakter, som velfærdsforstæderne dermed fik, lå ikke blot den overordnede lokalisering af industri og forskelligartede boligbebyggelser, som indgik i den regionale fysiske planlægning. Men også udviklingen i grundværdierne og den særlige politiske sammensætning af de stedlige sogneråd og senere kommunalbestyrelser.[145]

Lige på nær Gladsaxe, Rødovre og Hvidovre, hvor den tidligere forstadsdannelse havde presset grundværdierne over gennemsnittet i de indre forstæder inden midten af det 20. århundrede, forblev niveauet fortsat lavt i den øvrige Vestegn og i Ballerup og Tårnby kommuner op igennem 50´erne og den første del af 60´erne. For fra midten af årtiet fortsat at ligge under gennemsnittet i forstæderne både i Tårnby kommune og på den ydre Vestegn.

Afgørende faktorer for lokaliseringen af ny industri, hvortil kom, at disse dele af hovedstadsmetropolens forstadsområde omfattede vidtstrakte ubebyggede arealer. De var velegnede til tidens meget store produktionsanlæg og havde korte afstande til (og i nogle tilfælde med direkte sporforbindelse til) jernbanerne og de projekterede motorvejsanlæg, som i særlig grad tilgodeså Vestegnen og Køge Bugt området og i nogen grad også Nordvestegnen.

Det lavere grundprisniveau bidrog samtidig til, at private byggekonsortiers og almene boligselskabers byggeri af lejeboligbyggeri fortrinsvis lokaliseredes til Vest- og Nordvestegnen, Køge Bugt-området og forstæderne i Gladsaxe og Tårnby kommuner. Det samme gjaldt det omfattende parcelhusbyggeri, som først selvbyggere og håndværksmestre og siden typehusfirmaer stod bag, og omfattede arealmæssigt mindre huse, der af den grund handledes til priser, der lå markant under forstadsgennemsnittet (tabel 15).

Med den klassestruktur, som kendetegnede efterkrigstidens velfærdsforstæder, skabtes desuden fundamentet for socialdemokratiske flertalskonstellationer i den lokalkommunale politik og administration (tabel 20). Opnået gennem egne mandater eller i samarbejde med andre partier; i reglen radikale,

---

[144] På nær Vallensbæk og tillige Dragør kommuner, der behandles nærmere i to noter nedenfor.

[145] Indtil de indre forstæder fik Gentofte-status i starten af 50´erne, betegnedes deres kommunale råd, som, i landets øvrige landdistrikter, sogneråd, og sognekommunens politiske leder; sognerådsformand. Herefter indførtes betegnelserne kommunalbestyrelse og borgmester.

kommunister og SF´ere. Dermed forudsætningen for, at Socialdemokratiet kunne fastholde posterne som sognerådsformænd og senere borgmestre i velfærdsforstæderne (tabel 20).[146]

Velfærdsindikatorer og bolig- og planpolitik

Inden for først den sektorstyring og siden den sektorplanlægning, som, henholdsvis før og efter 1970-kommunlareformen, fulgte med udlæggelsen af en betydelig del af den universalistiske velfærdsstats opgaver til det kommunale niveau, gik de socialdemokratisk ledede velfærdsforstæder så langt som muligt for yderligere at forstærke det socialt sikrende og omfordelende velfærdssystem.

I form af lempeligere ydelsestildelinger, udvidede servicetilbud og omfattende institutioner og tilbud inden for social-, sundheds– og undervisningsområdet, kultur og fritid samt børne- og familieområdet. Målt i velfærdsudgifternes andel af de samlede kommunale udgifter, kom velfærdsforstadskommunerne da også til at ligge over gennemsnittet for de indre forstæder som helhed og langt over nordforstæderne (tabel 21).[147] En højprioritering af velfærd, der satte sig tydelige spor i forstadslandskabet. I form af vuggestuer, børnehaver, fritidshjem, ungdomsklubber, familiehjem, plejehjem, moderne biblioteker, sportanlæg, specialskoler, folkeskoler med mellemskole- og siden realafdelinger og endog i nogle tilfælde også gymnasier.[148]

Et af de øvrige områder, hvor velfærdsforstadskommunerne, i forhold til lovgivningen og centraladministrations regel- og planstyring og hovedstadsmetropolens særlige regionale rammebetingelser, fik en højre grad af manøvrefrihed, gjaldt bl.a. udformning af byplanvedtægter (senere lokalplaner), lokale bebyggelser samt omfanget af offentlig støtte til boligbyggeri, og til hvilke byggeaktører støtten skulle gives. Selv om de relativt lavere grundværdier også øvede en indvirkning i velfærdsforstæderne, blev det et helt bevidst valg i de stedlige socialdemokratisk dominerede kommunalbestyrelser:

Dels at udbygge kommunerne fuldstændigt indenfor de rammer, som frednings- og byudviklingsplanerne og senere regionsplanlægningen afstak. Dels at udlægge ganske omfattende arealer til både industri- og erhvervsbyggeri, privat parcelbyggeri og almennyttigt boligbyggeri, hvor etagehuse og 3-4 værelseslejligheder i de fleste tilfælde blev den mest udbredte form.

Af boligbyggeriet kom det almennyttige desuden til at tegne sig for en højere andel end i de indre forstæder som helhed og særligt i forhold til velstandsforstæderne og semiudgaverne af disse. I perioden 1950-1999 fra omkring halvdelen af boligproduktionen i Tårnby Kommune og til op til 68 procent

---

[146]I Herlev Kommune dog afbrudt af konservativt styre i årene 1954-1970 og det samme i årene 1962-1978 og 1982-1986 i Høje Taastrup Kommune. Vallensbæk Kommune var i perioden 1950-1962 styret af en borgerlig lokalliste og fra 1966 af de konservative.

[147] Det store spring i velfærdsudgifternes andel af de kommunale udgifter før og efter 1970, der fremgår af tabel 21, var betinget af den omfattende udlæggelse af statslige opgaver til kommuner og amtskommuner efter 1970-kommunalreformen. Det er endvidere bemærkelsesværdigt, at forskellene i velfærdsudgifterne andel reduceres fra 15-18 i perioden 1950-1970 til 9-10 procent i perioden 1970-1990. Bag lå tillige 1970-kommunalreformen, der som følge af førnævnte opgaveudlægning indebar en stringent statslig sektorplanlægning af primærkommunerne ofte med amtskommunerne som mellemled. Herved reducerede de kommunale forskelle i velfærdsniveauer- og udgifter betragteligt. På samme tid, som en stadig større mellemkommunal udligning, bloktilskuds- og refusionssystemet og de stadig mere udbredte for kommunerne bindende budgetaftaler mellem staten og Kommunernes Landsforening/Amtsrådsforeningen tillige reducerede forskellene i kommunerne indtægtsgrundlag.

[148]Ud over den bevidst politiske prioritering spillede kommunernes lavere levevilkårsniveau også ind på de højere velfærdsudgifter. Herudover blev anlægsudgifter til skolebyggeri og sociale institutioner relativt højere i de kommuner, der endnu ikke var helt udbygget.

af denne i Brøndbyerne og fra 40 procent af boligmassen i 1999 i Gladsaxe og Tårnby Kommune og op til to tredjedele af denne i Brøndbyerne (figur 1).[149]

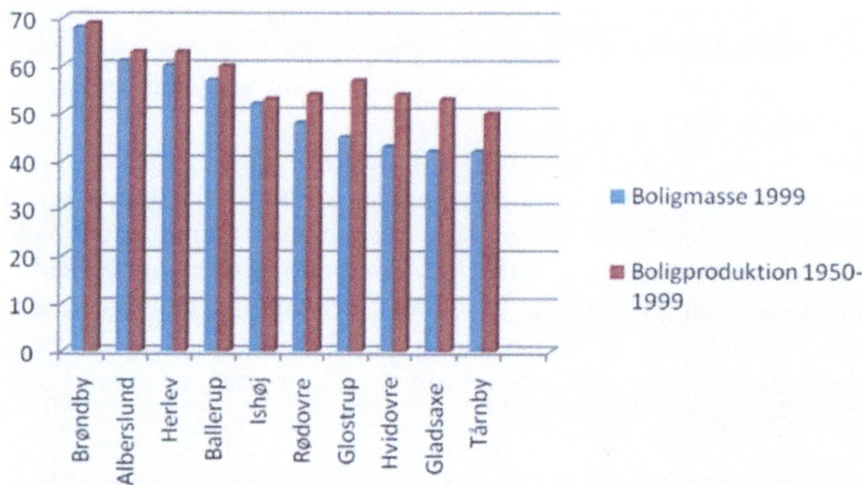

Figur 1. Almennyttigt byggeris procentandel af boligproduktion og –masse, hovedstads-metropolens forstadskommuner, 1950-1999.[150]

Alt i alt blev de socialdemokratiske forstadskommuner i hovedstadsmetropolen en omplantning af velfærdsstatens idégrundlag om økonomisk vækst, blandingsøkonomi og et universalistisk fordelings- og sikringssystem til en lokal velfærdskommunemodel eller velfærdsforstad. En lokal samfundsmodel, hvor der var både industri og byerhverv, et udbygget system af offentlige institutioner og serviceydelser samt et differentieret boligudbud.

Erhverv, der kunne sikre lokal beskæftigelse og andre indkomstkilder til lokalsamfundet. Institutioner og servicetilbud fra vugge til grav. Et boligudbud med et meget betydeligt almennyttigt byggeri, som sigtede mod en større produktion af gode og sunde boliger til huslejer og med beboerindskud, der kunne betales af lavindkomstgrupper. Men også et boligudbud, der rummede mindre privatejede parcelhuse og rækkehuse, som kunne betales for mellemindkomster og dermed etablere en social balance i lokalsamfundet og et stærkere skattegrundlag i forhold til den sociale fordeling og dermed det lavere indkomstniveau i det almennyttige byggeri og de sociale udgifter, som dette afledte.

Bebyggelseskarakter
Med den boligmasse og de erhvervsmæssige, sociale og politiske kentegn, som blev karakteristiske for hovedstadsmetropolens velfærdsforstæder i efterkrigstiden, og den lokalkommunale bolig- og planpolitik, der understøttede disse træk, fik de en række bebyggelsesmæssige fælles karaktertræk. Historiske og landskabelige forudsætninger bevirkede ikke desto mindre, at velfærdsforstæderne ikke blev en stor grå masse af urbane miljøer, men at de hver for sig fik sin egenart.

Gladsaxe-forstæderne
Frem til slutningen af 60´rne udbyggedes Gladsaxe-forstæderne som en velfærdsforstad. I den vestlige del ved en total udfyldning af det ældre Gladsaxe Industrikvarter med 80 virksomheder, hvoraf halvdelen var udflyttet fra centralbyen, mens resten var nyetablerede, bl.a. med American Tobacco Company. Derefter fulgte udlæggelsen af Mørkhøj og Bagsværd industrikvarterer, der for sidstnævntes

---

[149] Udover det statistisk bearbejdede materiale, som der henvises til ved de enkelte tabelangivelser, baseres afsnittet på den lokal- og regionalhistoriske litteratur, der er anført i efterfølgende note 153, 160, 162, 164-165
[150] www.statistikbanken.dk (statbank 5a)

vedkommende bl.a. kom til at huse Novo efter medicinalfabrikkens delvise udflytning fra Frederiksberg. Den vestlige del af kommunen op til og på den anden side af Hareskovvejen (senere Hillerødmotorvejen) blev således et nyt, langstrakt, stort og sammenhængende industriområde.

Ud over andre mindre erhvervsområder, blev den øvrige og østlige del af kommunen og det mere isolerede Mørkhøj udbygget med boligområder: Dels vidtstrakte kvarterer med mindre villaer, rækkehuse og andet tæt-lavt byggeri. Dels meget betydelige områder med lave boligblokke udlagt som parkbebyggelser med butikstorve og mod vest i 60´erne afsluttet med skyskraberblokkene Høje Gladsaxe og den lidt senere og noget lavere, men alligevel massive betonblokbebyggelse Værebroparken.

Tabel 20. Sognerådsmands- og borgmesterpartier, indre forstadskommuner, 1950-1990.[151]

Gentofte	K
Gladsaxe	S
Lyngby-Taarbæ	K
Søllerød	K
Birkerød	K: 1950-1970. K: 1958-1970. V: 1970-1978. K: 1978-1982 V: 1982-
Hørsholm	K
Farum	V: 1950-1962, K: 1962-1970. V: 1970-1974. S: 1974-1986. V: 1986-
Værløse	L: 1950-1954. S: 1954-1958. K: 1958-1978. S: 1978-1982. K: 1982-
Herlev	S: 1946-1954. K: 1954-1970. S: 1970-
Ballerup	S
Rødovre	S
Hvidovre	S
Brøndbyerne	S
Glostrup	S
Herstederne	S
Høje Taastrup	S: 1950-1962. K: 1962-1978. S: 1978-1982. K: 1982-1986. S: 1986-
Vallensbæk	L: 1950-1966. K: 1966-
Tårnby	S
Dragør	S: 1950-1954. L: 1954-1958. S: 1958-1962. L: 1962-1966. S: 1966-1970. K: 1970-1978. L: 1978-1986. S: 1986-

Anm.: S: Socialdemokratiet. K: Det konservative Folkeparti. L: Lokalliste

Begge sidstnævnte boligbebyggelser fik hver især den karakter af selvbærende bydele, som også kendetegnede forstadsbyerne i hver af de radiale forstadsbånd. Centralt i bebyggelserne etableredes således store centre med supermarkeder, detailforretninger og liberale erhverv; som eks. læge- og tandlægekonsultationer. Særlig i Høje Gladsaxe udbyggedes formen med daginstitutioner, en stor folkeskole, der integreredes med et kommunalt gymnasium, og en, fra de nærmest centret beliggende højhuse, i højden aftrappende boligblokbebyggelse.[152]

I starten blev stort set hele boligbyggeriet offentligt støttet, men den socialdemokratisk styrede kommune, der gik i spidsen på en lang række af tidens velfærdsområder, prioriterede i særlig grad det almennyttige byggeri, som kom til at stå for stort set hele blokbyggeriet, men også gjorde sig gældende i rækkehus- og andet tæt-lavt byggeri. Samlet kom det almene boligbyggeri op over halvdelen af den samlede boligproduktion i perioden 1950-1999, hvorved det i 1999 kunne tegne sig for næsten 40 procent af kommunens samlede boligmasse.

---

[151] Statistisk årbog for København m.m., 1950, s. 241, 1955, s. 214-215, 1960, s. 234-245, 1965, s. 284, 1966, s. 248-249 www.danskekommuner.dk/borgmesterfakta

[152] Formen gik desuden igen ved den absolutte sidste udbygning af centralbyen med Tingbjerg i København og bydelen ved Nordens Plads på Frederiksberg.

Trods lokalcentre i de to selvbærende bydele og mindre butikstorve i tilknytning til nogle af de øvrige blokbyggerier, blev det først sent og som det eneste sted i Gladsaxeforstæderne, at der i det allerede udbyggede Bagsværd, i forbindelse med den længe ventede omdannelse af Farum-banen til S-bane, i 1977 opstod et større stationsnært forretningscenter, som svarede til de øvrige velfærdsforstæders stationscentre. Med Buddingecentret fra starten af 60'erne og det senere overfor liggende nye rådhus- og biblioteksbyggeri fastholdtes den langstrakte Søborg Hovedgades status som Gladsaxe-forstædernes centrum.[153]

Selv om det lykkedes Gladsaxe Kommune, at koncentrere industriområderne og de to store selvbærende bydele til den vestlige del af Gladsaxe-forstæderne og ellers at opnå en harmonisk vekselvirkning mellem villakvarter og kvarterer med etagebyggeri, satte de principper, der var nedlagt i efterkrigstidens regionale fysiske planlægning, sig ikke igennem. En følge af, at Gladsaxe-forstæderne i midten af århundredet var udbygget i et betydeligt omfang, og at de resterende ubebyggede områder var byplanlagte og i vid udstrækning også byggemodnede.

Nordvestegnens forstæder
Allerede inden Frederikssundbanen i 1949 var omdannet til S-bane mellem det københavnske Vanløse og Ballerup, havde det socialdemokratiske sogneråd planlagt og igangsat Herlevs hurtige omdannelse fra landkommune til forstadskommune. Et mindre industrikvarter var udlagt ved banelinjen, og kort efter udlagdes et meget stort industriområde i kommunens vestligste udkant, der fra Herlev Hovedgade strakte sig mod syd som et to km langt bælte på vestsiden af Ringvej 3.

I den første del af 50'erne husede industrikvartererne allerede omkring 50 virksomheder, heriblandt Højgård og Schultz betonfabrik, ligesom et meget omfattende boligblokbyggeri opførtes. Det kom i et bredt bælte til efterhånden til at omslutte den gamle kirkesognelandsby til alle sider og strakte sig videre ned mod jernbanelinjen og stationen og på begge sider ud ad den første del af Herlev Hovedgade og Herlev Ringvej. På nær enkelte undtagelser blev denne massive koncentration af blokbyggeri opført af almennyttige boligselskaber, der tidligere også havde eksperimenteret med den fornævnte koloni af 285 elementbyggede småhuse (Herlevhuse) tæt ved det senere amtssygehus.

Selv om Herlev af gode grunde blev kaldt boligselskabernes by, opprioriterede kommunalbestyrelsens nu konservative flertal, helt i tråd med partiets boligpolitik, fra midten af 50'erne det private parcelbyggeri gennem udstykninger og kommunal garantistillelse for prioritetslån hertil. I forhold til de første efterkrigsårs forholdsvis store villabyggeri i områderne uden for tidens blokbyggeri, bredte der sig nu endnu større villakvarterer ud i kommunen i 60'erne. På samme tid, som det almennyttige boligbyggeri, der dog også opførtes, slog ind på lavt byggeri i form af række-, gårdhave- og klyngehuse.

Herlev udbyggedes stort set i 70'erne med yderligere villakvarterer i kommunens periferi, og efter at Socialdemokratiet på samme tid igen havde fået borgmesterposten, også på ny med mere omfattende almennyttigt byggeri. I form af dels tæt-lavt byggeri dels Lille Birkholm-planen. En selvbærende bydel med et stort butikstorv og offentlige institutioner samt syv boligenheder, hvor etagehuse til to sider omsluttede midterpartiernes rækkehuse. Hertil kom nyt rådhus, bibliotek, det nye amtssygehus samt forretningscenter i Herlev Bymidte, der med placeringen tæt ved den gamle landsbygade, ikke blev et stationsnært bycentrum, som i andre af tidens forstæder.

---

[153] Gladsaxebogen III, 1991. Kommuneatlas Gladsaxe, 1998. Charlotte Voss: Gladsaxe industrikvarter, 1930-1950- Fabrikker, boliger og byplaner i forstaden, Hovedstadsmetropolen efter 1945, 2011. Asger Liebst: Drømmen om Gladsaxe - En krønike om forstaden der forandrede Danmark, 2017.

Forstadskommunale gymnasier

Parti af Gladsaxe Gymnasium (Gladsaxe Byarkiv). Blev mellem- og realskoleafdelinger på de kommunale folkeskoler i mellemkrigstiden og 40´erne et element i kampen for velfærdsforstaden, for også på dette område at skabe større social lighed, blev et offentligt gymnasium det i den første efterkrigstid. Selv om staten, hovedstadskommunerne og Gentofte Sognekommune i årene 1918-1920 havde overtaget størsteparten af de private gymnasier, der hidtil havde været det eneste gymnasietilbud (på nær statslige Metropolitanskolen), forblev resten metropolen gymnasietomt. Med den accelererende forstadsdannelse måtte staten, som gymnasieaktør, uden for de nævnte kommuner i slutningen af 50´erne skride til opførelse af to nye gymnasier: Rødovre Statsskole og Virum Statsskole på den gymnasiespækkede Nordegen. I folketingsdebatten om de to gymnasier besværede velfærdsforstædernes store foregangsmand, Gladsaxe-borgmesteren, socialdemokraten Erhard Jacobsen, sig over denne nedprioritering af forstæderne uden for Nordegnen, og konstaterede om denne den sociale skævhed: *"at unge fra relativt dårlige stillede hjem i meget, meget begrænset omfang har mulighed for at få en højere uddannelse"*. Og han forsatte i den forbindelse med, at der var: *"ingen tvivl om, at det at skabe en gymnasieordning, der gør det lettere for mindrebemidledes folks børn at få en studentereksamen, og herunder ikke mindst det, at der ikke bliver så forfærdelig langt for nogen til et gymnasium, naturligvis vil bidrage til at løse spørgsmålet i den retning, hvori jeg tror, befolkningens store flertal ønsker dette store problem løst"*.[154]
Et ønske, som Erhard Jacoksen og Gladsaxe Kommunalbestyrelse allerede opfyldte i 1956 med åbningen af Gladsaxe Gymnasium, der bygningsmæssigt, men også undervisningsmæssigt integreredes med en af kommunens folkeskoler, og i samme bygningskompleks også rummede af et af de få kommunale teatre i hovedstadsmetropolen; Gladsaxe Teater. Et instrument til at give de brede samfundslag adgang til den videre skolegang og det kulturliv, der hidtil havde været forbehold den mere velstående befolkning og sikret dens sociale position. Gladsaxe Gymnasium blev stødet til, at Ballerup og Tårnby kommuner åbnede deres gymnasier i 1965-1965 og Gladsaxe Kommune endnu et nyt (Søborg Gymnasium), ved hvis indvielse i 1969 Erhard Jacobsen udtalte: *"Vi har altid haft det sådan her i kommunen, at vi har haft plads til alle, der søgte om at komme på gymnasiet"*.[155]
Konservativ tænkning om videregående skolegang blandt embedsmændene i Undervisningsministeriet svigtede således en af velfærdsstatens lighedsskabende elementer uddannelsessystemet, hvorved de tre velfærdsforstadskommuner måtte træde til og handle som regionale aktører.[156] I de følgende år, 1969-1974, blev det da kun til tre yderligere statsskoler (Vallensbæk, Avedøre og Herlev), indtil amtskommunerne efter 1970-kommunalreformen i 1973 overtog gymnasieområdet og med tiden sikrede en jævn gymnasiefordeling i hele hovedstadsmetropolen.[157]

Selv om både Ballerup og Skovlunde i Ballerup Kommune også blev stationer på den nye S-banestrækning, blev forstadsdannelsen her, i modsætning til i Herlev, mere behersket i de første år. De spredtliggende villabyer, der var opstået allerede i mellemkrigstiden, udbyggedes langsomt, og kun i Skovlunde Villaby rejste der sig en samlet bebyggelse med boligblokke og butikstorv ned langs Torvevej syd for stationen, hvorved der etableredes en form for stationscenter. Nordvest og sydøst for Ballerup Stationsby opstod på samme tidspunkt tilsvarende blokbebyggelser, mens de mellemliggende områder rundt om byen efterhånden udbyggedes med større villakvarterer.

---

[154] Folketingstidende 1953/54, Folketingets forhandlinger: 3394 og 3406.
[155] Søborg Gymnasium 1986: 12.
[156] En tilsvarende reaktion på manglende statslig vilje til at indlede et større gymnasiebyggeri, havde allerede i mellemkrigstiden fået socialdemokratisk ledede købstadkommuner til opføre gymnasier. I Østdanmark blev gymnasierne i Nakskov, Maribo, Vordingborg og Næstved nogle af eksemplerne. Tilsvarende fulgte flere købstadskommunale gymnasie efter i den første efterkrigstid. I Østdanmark bl.a. i Kalundborg (1957) og Køge (1962).
[157] Henning Bro: Det skæve gymnasium – geografiske skævheder i hovedstadsmetropolens gymnasietilbud i det 20. århundrede, Uddannelseshistorie, Uddannelseshistorie 2019, 2029, s. 78-96.

Det store spring fra udviklingsforstad til udbygget velfærdsforstad tog således først sin begyndelse omkring 1960. Som andre steder udlagdes store industrikvarterer i de yderste udkanter af de bebyggede områder. Dels øst for Skovlunde, hvor industriområdet her voksede sammen med Herlevs store industrikvarter og kom til at rumme 70 virksomheder, herunder bl.a. Gutenberghus' dybtrykafdeling og Frisko. Dels industrikvarteret mellem landsbyen Pederstrup og den nordvestlige del af Ballerups gamle stationsby, hvor bl.a. en afdeling af Atlas fik til huse, samt det store, selvstændige område alene til Toms Chokoladefabrikker ved ringsvejskrydset ("Chokoladekrydset"). Dels det store fabriksområde, Industriparken, der mellem Ballerup Byvej og Ballerup Boulevard mod syd adskilte Ballerup og Skovlunde og kom til at rumme 150 virksomheder, hvoraf Løvens Kemiske Fabrik og LK-NES var de største.

Nord for Industriparken udlagdes tillige, som en adskillelse mellem Ballerup og Skovlundes nordlige dele, endelig omkring 1970 erhvervsområdet Lautrupparken, der med administrations- og kontorformål blev ikke bare hovedstadsmetropolens, men hele landets første erhvervsområde for serviceproducerende erhverv. I dette parklignende område opførtes siden store domicilkomplekser for bl.a. Siemens A/S, Rank Xerox, Kommunedata, Topsikring og Christian Rovsing A/S.

Høje Gladsaxe i 1966. Ved udbygningen af de sidste større områder i de koncentriske forstæder benyttedes den New Town-model, som blev det grundlæggende træk ved de radiale forstadsdannelser. Høje Gladsaxe fik et større center med forretninger, biograf, skole og gymnasium, og omfattede både bolighøjhuse og lavere omgivende blokke. Modellen gik igen i Værebroparken i Bagsværd, tillige i Gladsaxe kommune, i bydelen Nordens Plads på Frederiksberg og i Tingbjerg i København (Københavns Museum)

Syd for Ballerup Boulevard, nord for jernbanelinjen og herfra yderligere nord for Skovlunde Byvej (Frederikssundsvej) i Skovlunde og i forskellige områder uden for den ældre bebyggelse i Ballerup voksede i 60'erne og 70'erne yderligere meget store kvarterer med privatejede villaer og række- og kædehuse op. Selv om almennyttigt byggeri også blev meget udbredt i den socialdemokratiske Ballerup Kommune, blev dette fortrinsvis koncentreret til den øvrige bebyggelse i både Ballerup og Skovlunde, der herved kom til at omfatte meget store områder med etagebyggeri:

Dels syd for banelinjen og vest for Ballerup Centret på begge sider af Baltorpvej, med forskudte blokke eller blokke, der dannende halve og hele karréer. Dels syd for Ballerup, mellem Hold-An Vej og Motorring 4, i et næsten et kilometer langt og en halv kilometer bredt bælte (Hedeparken) med karrédannende boligblokke og bolighøjhus på 15 etager med butikstorv i nederste etage. Dels i byens sydvestlige del (Grantofteparken) med 3 otteetagers blokke med butikstorv med tilhørende rækkehuskompleks, og på den vestligste del af Ballerup Byvej (Frederikssundsvej) bolighøjhuset Bispevangen med omkringliggende lavere blokke.

Endelig opførtes på begge sider af den lidt ældre blokbebyggelse ved Torvevej i Skovlunde, mellem jernbanelinjen og Ballerup Boulevard, et bredt bælte af karrédannende eller parallelt liggende blokke med bydelsbytorv på begge sider af boulevarden. Selv om der etableredes butikstorv og mindre centre ved de største bebyggelser, blev det gamle stationsbyområde centrum for hele Ballerup Kommune og det sammenbyggede forstadsområde i Ballerup-Skovlunde, der stort set var udbygget omkring 1980.

Tabel 21. Velfærdsudgifters procentandel af kommunale udgifter, 1950-1990.[158]

	1950	1960	1970	1980	1990
Gentofte	38,1	39,8	38,6	62,7	71,5
Gladsaxe	50,1	51,5	45,7	74,1	79,2
Lyngby-Taarbæk	49,8	47,7	51,0	70,1	75,1
Søllerød	36,4	46,6	42,6	63,1	72,4
Birkerød	31,8	42,8	38,7	61,2	77,3
Hørsholm	44,8	40,1	38,5	66,8	71,5
Farum	48,1	40,9	42,5	70,0	78,8
Værløse	29,1	40,4	34,9	71,7	78,8
Herlev	31,8	46,9	46,7	70,2	78,7
Ballerup	49,9	40,5	43,9	73,0	79,2
Rødovre	35,5	48,3	51,0	73,2	76,8
Hvidovre	47,4	47,9	48,9	73,5	79,4
Brøndbyerne	33,6	39,8	45,0	78,6	80,2
Glostrup	47,3	58,4	46,2	71,2	75,2
Herstederne	51,0	50,2	47,4	73,9	70,7
Høje Taastrup	51,7	43,9	38,2	70,2	76,2
Vallensbæk	29,1	45,0	34,9	72,4	72,2
Tårnby	49,5	47,9	55,9	71,8	74,5
Dragør	36,2	44,6	48,8	61,3	72,7
Indre forstæder: Total	45,2	46,4	43,7	70,6	75,9

Anm: Velfærdsudgifter: Udgifter på det sociale område, skolevæsen, biblioteker og kulturelle formål. Fra 1980: Bruttoregnskab inkl. statsrefusioner.

Med det nye rådhus i nord omdannedes stationsbyens gamle hovedgade (Stationsvej) i 80'erne til gågade med forretninger, der på den anden side af banelinjen stødte op til Ballerup Centret og sammen med dette udgjorde et koncentreret forretningsområde. På den modsatte side af stationen etableredes en stor busterminal, hvorved der dannedes et meget stort stationscenter, der havde paralleller til

---

[158] Statistisk Årbog for København, Frederiksberg m.m. 1951, s. 138 og 204-205, 1960, s. 143 og 228-229. 1971, s. 195 og 322-323, 1981, s. 354-355, 1991, s. 150-151.

stationscentrene i forstadsbyerne i de radiale forstadsbånd, der planlagdes og opstod på bar mark omkring S-banestationerne.

Rødovre Stationscenter i 1966. I de radiale forstadsbånd blev et større eller mindre forretningscenter i tilknytning til S-banestationen den lokale forstadsbys centrum. (Rødovre Kommunes Lokalhistoriske Samling)

Endskønt den kommunale byplanlægning fik lokaliseret industrikvarterer i udkanten af forstadsdannelsen og sikret afgrænsede kvarterer med enfamilie- og etagehuse, fik Ballerup, Skovlunde og Herlev, der end ikke havde et stationsnært center, ikke samme bebyggelsesstruktur, som i de radiale forstadsbånds byer, og som var nedlagt som princip i den regionale fysisk planlægning. Bag lå særlig i Herlev Kommune de sammen faktorer, som gjorde sig gældende i Gladsaxe-forstæderne.

Herudover kom forstadsdannelserne mellem Gladsaxe Kommune mod øst og Herlev og Ballerup-Skovlunde mod vest, helt ud til og på den anden side af linjeføringen af Ringvej 4, til at flyde sammen. Det var heller ikke i overensstemmelse med den regionale fysiske planlægning, idet en sådan bebyggelsespredning stred mod dens princip om dannelse af radiale forstadsbånd

Men var en følge af, at der i slutningen af 40´erne og i starten af det følgende ti år i et betydeligt omfang i den vestlige og sydvestlige del af Gladsaxe Kommune og den nordøstlige del af Herlev, Skovlunde og Ballerup var påbegyndt bebyggelse eller gennemført udstykninger, byggemodning og tinglyste byplanvedtægter. Dermed havde byudviklingsudvalget, der skulle implementere Fingerplanen, været tunget til i dette område i meget vidt omfang at udlægge de inder- og mellemzoner, som gav mulighed for kommende bebyggelse.

Et mellemliggende moseområde og et bredt bælte omkring den udlagte Hareskovvej[159] var derimod fredet efter 1940-fredningsplanen og kom for en periode til at henlægge som et rudiment af en grøn kile mellem Gladsaxe-forstæderne og det i princippet radiale forstadsbånd langs S-banen gennem Herlev, Skovlunde og Ballerup. Fortonede denne kile sig med udlæg af betydelige kolonihaveområder i dele af moseområdet og anvendelse af friarealerne omkring Hareskovvej til den langt bredere Hillerødmotorvej og en mægtig udfletning mellem denne og Motorringvej 3, lykkedes det byudviklingsudvalget at komme igennem med sit regionale planprincip i syd og sydvestlig retning fra størstedelen af forstæderne i Herlev og dem i Skovlunde og Ballerup.

Som følge af den før midten af århundredet langt mindre forstadsdannelse på Vestegnen, den videre vest for liggende forstadsbebyggelse, der klumpede sig sammen langs Roskildevej og Vestbanen, og den større afstand mellem disse trafiklinjer og den, der fulgte Frederikssundbanen- og vejen. Herudover var der i dette store ubebyggede område ikke før midten af århundredet taget lokalkommunale byplanmæssige skridt eller gennemført udstykninger eller byggemodning. Frederikssundbanens forstadsbånd blev dermed tydeligt afgrænset på dettes sydside, hvorfra en grøn kile, med Vestskoven, andre rekreative områder og et åbent bondeland, strakte sig ned mod Vestegnens forstadsbånd.[160]

Vestegnens forstæder
Frem til en linje, der mod vest stort set fulgte den senere Avedøre Havnevej og Tårnvej, udbyggedes efter besættelsen og frem til 60'erne de centrale dele af Hvidovre og Rødovre kommuner fra kysten og op til Roskildevej og nord for frem til Vestvolden, for helt mod nord (i Islev) at smelte sammen med den yderste del af den københavnske bydel Husum og den østligste del af Herlev. Med et større industrikvarter nord for Roskildevej og øst for Korsdalsvej, blev dette langstrakte område, sammen med de forstadsdannelser, der var opstået før verdenskrigen vest for Harrestrup Å og Damhussøen (grænsen til København), et sammenbygget forstadsområde.

I den første tid fortsatte i de ældre kvarterer ombygning eller rydning af de gamle lysthuse, der blev erstattet med mere varige helårshuse, ligesom der navnlig fra midten af 50'erne opstod store områder med privatejede parcel- og rækkehuse på nyudstykkede områder. For at sikre gode og billige boliger for arbejdere og lavere funktionærer, var det for de to socialdemokratisk styrede kommuner dog afgørende, at en betydelig del af den nye boligmasse, med offentlig støtte, opførtes af almennyttige boligselskaber. I form af række- og kædehuse, men i overvejende grad af etagebebyggelser med lokale butikstorve, daginstitutioner, skoler m.m.

Etagebyggeriet kom da også, ved siden af parcel- og rækkehuskvartererne, til at udfylde resten af de to kommuners byrum. Blandt de største områder blev Beringsparkens forskudte boligblokke langs Gl. Køge Landevej og lidt længere mod vest og syd for den senere S-station og den gamle landevej et udstrakt område med vinkelformede eller karrédannende blokke omkring butikscentret i Friheden. Længere mod nord, i det meget store område mellem Avedøre Havnevej, Brostykkevej, Hvidovrevej

---

[159] I fredningsplanen indgik en række brede beplantede parkveje fra hovedstaden og ud til oplandets sø- og skovområder, omkring hvilke fredningsplanen lagde op til betydelige fredninger for at sikre og indbyrdes forbinde disse rekreative områder. Hareskovvejen var en af disse parkveje, da den førte ud til de store skov- og sørige og fredede områderr nord for Bagsværd.

[160] Darius Monfared: Med S-tog til Herlev. Historien om Herlevs hastige forvandling til by, 2019. Ena Hvidberg og Hannelene Toft Jensen: Nordvestegnen - fra bondeland til bylandskab, 1987. Bente Dahl Hansen. Måløv – en by på landet., 1997, Bente Dahl Hansen: Ballerup og Skovlunde. Om dem der var her før os. Fra landsby til stationsby og forstad, 2018. Darius Manfared: Velfærdsdrømme i Herlev- Elementbyggeriet i Herlevhusene i 1950'erne. Peter Sorenius, Jens Johansen og Niels Peter Stilling: Københavns Amt, Kulturhistorisk oversigt, 1999, s. 211- 277. Trap: Danmark, 5. udgave, bd. II,3, 1960, s. 593-955 og 1002-1009

og Holbækmotorvejen, opførtes blokbebyggelser i parklignende områder. Bl.a. ved færdiggørelse af Bredalsparken og en mindre koloni af gårdhavehuse sammen med rådhus, vandværk, kommunal materielgård og senere Hvidovre Hospital.

Dele af Rødovre og Brøndby kommuner omkring 1960. I tilknytning til den radiale forstadsbys stationscentre opførtes intensivt boligbyggeri, som oftest i form af bolighøjhuse og omgivende lavere blokke. Længere ude fulgte først villakvarterne og siden industrikvarterer. (Rødovre Kommunes Lokalhistoriske Samling)

Herudover opstod tilsvarende byggerier i et bælte langs Hvidovrevejs østside fra et stykke syd for motorvejen og op til Hvidovre Torv, nordvest herfor og på begge sider af Hvidovre S-station. Nord for Roskildevej dannedes i et bredt bælte vest for Tårnvej betydelige blokbebyggelser op til Rødovre Parkvej, og igen nord for bebyggelsen Carlsro med bolighøjhus, 597 rækkehuse og tilknyttet kollektivby med butikker, beboerrestaurant, læge- og tandlægeklinik, fødeklinik, apotek m.m. Endelig fugte flere kvarterer med blokbebyggelser syd for Rødovre Centrum, langs Tårnvej, Rødovre Parkvej og Rødovrevej, ved Slotsherrensvej og Tårnvej samt nord herfor bebyggelsen Brunevang.

Ud over det langt senere Hvidovre Stationscenter fik kommunerne med de øvrige butikstorve og centerdannelser (bl.a. i Friheden og Rødovre Centrum (Danmarks første storcenter fra 1967)) ingen stationsnære centre. Med et centret tæt ved rådhuset, biblioteket, politigården og retsbygningen fik dette område karakter af bycentrum for Rødovre, mens Hvidovre ikke udviklede et tilsvarende.

Selv om Hvidovres og Rødovres lokalkommunale byplanlægning vellykket sikrede kvarterer med industri, etagebyggeri og enfamiliehuse, fik den afsluttende forstadsdannelse i Hvidovre og det meste af Rødovre ikke den bebyggelseskarakter, der var nedlagt i den regional fysiske planlægning. Hverken i henseende til forstadsbyens bebyggelsesstruktur eller dannelse af radiale forstadsbånd. Idet Hvidovre og det nordøstligste Rødovre sammen med forstadskommunerne nordfor (Herlev, Gladsaxe, Gentofte og den sydlige del af Lyngby-Taarbæk) kom til at danne det førnævnte sammenhængende koncentriske forstadsbælte omkring centralbyen.

Bag lå, som i Gladsaxe-forstæderne og dem på Nordvestegnen, en større forstadsdannelse før midten af århundredet og samtidige eller umiddelbart efterfølgende bindende lokalkommunale byplanmæssige dispositioner og gennemførte byggemodninger. Forhold, der også her hindrede byudviklingsudvalgene i at gennemføre Fingerplanens principper og førte til, at sådanne områder blot udlagdes til inder- og mellemzone for kommende bebyggelse.

Da der ikke i samme omfang var truffet tilsvarende lokalkommunale dispositioner på den ydre Vestegn, kunne byudviklingsudvalget her i langt videre omfang udmønte først Fingerplanen og siden Første Etapeplanen, og Hovedstadsrådet med sin regionalplan forsætte efter samme retningslinjer. Den ydre del af Vestegnen fik herved karakter af et radialt forstadsbånd. Mod syd adskilt fra Køge Bugt-forstandsbåndet af den grønne kile, der førtes helt ind til Hvidovre, og mod nord af kilen, der løb frem til det østlige Rødovre.

Selv om det kommunalt socialdemokratisk styrede Vestegns-forstandsbånd, der med mindre lokale tidsforskydninger stort set udbyggedes frem til 1990, blev præget af forskellige lokale, tidstypiske former for boligbebyggelser, blev et af de dominerende fællestræk egnens meget store industri- og erhvervskvarterer. De kom til at rumme både nye og tilflyttede virksomheder, herunder dem, der flyttedes ud fra hovedstaden.

Udsigt over Albertslund Syd og Vallensbæk Nordmark i 1977. Bebyggelsen opstod fra midten af 60'erne og komponeredes på samme måde som de øvrige radiale forstadsbyer, men fik en anden karakter i form af lavere blokke omkring stationscentret og ellers gårdhavehuse. (Vallensbæk Kommune)

Af hensyn til omgivelserne blev industri- og erhvervsområderne omgivet af beskyttende grønne bælter og lagt helt isoleret i den yderste udkant af de enkelte forstadsbyer og ofte flydende ind over flere kommuner. Ned langs Motorringvej 3 opstod Ejby Industrikvarter i området mellem Jyllingevej og Ringvej 3 og syd herfor og langs motorvejens vestside samtidig et to en halv km langt og en halv km bredt industribælte (med bl.a. NKT's gigantiske fabriksanlæg) nord og syd for Roskildevej. Langs østsiden af Ringvej 3 syd for Glostrup Station dannedes desuden et, over en km langt, industriområde, og nord for amtssygehuset opstod den to km lange vestgående Fabriksparken.

Et mægtigt, næsten fem km langt og visse steder to km bredt, industrilandskab voksede op mellem Glostrup og Albertslund fra Herstedvester i nord til Holbækmotorvejen i syd. Herudover opstod i et industribælte nord for Roskildevej fra Klovtoftekrydset i Taastrup og mod Hveens Boulevard, der længere mod vest også bredte sig syd for landevejen med både industri, lagerhaller og indkøbscentre. Herudover dannedes vest og nord for Høje Taastrup et nyere erhvervsområde fortrinsvis med serviceerhverv og statslige institutioner. Sydvest for opstod endelig et stort og vidtstrakt transportcenter med godsbanegård og fragtcenter samt øst for Hveens Boulevard DSB's klargøringsområde for S-tog.

Udsigt over Vallensbækkilen; den grønne kile mellem forstadsbåndene langs Vestbanen og Køge Bugt. I baggrunden Brøndby Strand. Den radiale forstadsform fik sin mest rendyrkede karakter i forstadsbåndet ned langs Køge Bugt, hvor alle forstadsbyerne fik et stationscenter som centrum. Ved Brøndby Strand blev bolighøjhuse og omgivende lavere blokke i det stationsnære område, som ved Brøndbyøster, grundstrukturen (Vallensbæk Kommune)

Ligesom industri- og erhvervskvartererne sikrede den regionale fysiske planlægning, at også boligområderne i Vestegnens forstadsbånd kom til at flyde ind over kommunegrænserne, således at der på tværs af disse grænser skabtes sammenhængende forstadsbyer, der bebyggelsesmæssigt blev struktureret på samme måde. Selv i Glostrup, hvor forstadsdannelsen var blevet påbegyndt i mellemkrigstiden og 40´erne, kom principperne i den regionale fysiske planlægning til at sætte sig igennem.

Omkring den forstadsbebyggelse, der var opstået rundt om den gamle Glostrup stationsby inden midten af århundredet, forsatte således den videre forstadsdannelse på samme tid, som i Rødovre og Hvidovre, men blev først afsluttet ti år senere i løbet af 70'erne. Syd for Glostrup station og vest for Ringvej 3 i form af rene parcelhuskvarterer. Og øst for ringvejen og det industrikvarter, der lå ud hertil, med store kvarterer med almennyttige boligblokke, rækkehuse og parcel-, række- og kædehuse.

Ishøj ca. 1975. Lavere blokbebyggelser opfyldte i Ishøj og i en række af de øvrige Køge Bugt-forstæder det stationsnære område. (Ishøj Lokalhistoriske Arkiv).

Nord for det gamle stationsbyområde dannedes tilsvarende kvarterer, der bl.a. omfattede områder med almennyttige blokbebyggelser såvel vest for ringvejen mellem Roskildevej og amtssygehuset som på ringvejens inderste østlige side. Med den samtidige koncentration af en del af det øvrige etagebyggeri til områder syd for stationsbyområdet, opnåedes den koncentration af intensivt boligbyggeri i det stationsnære område, som var en af principperne i den regionale fysiske planlægning. På samme tid, som kvarterer med lavere boligbyggeri lagdes udenfor og industrien i vidt omfang længst ude i forstadsområdet.

Trods lokale butikstorve og mindre centre ude i boligområderne blev den gamle stationsby, mellem hovedgadens (Roskildevej) randbebyggelse med butikker og stationen med stationscenter, busterminal, rådhus, bibliotek og andre institutioner, Glostrup-forstadens centrum. Med den senere Københavns

Amtsgård, retsbygning og politistation på den anden side af jernbanelinjen, blev det gamle stationsby-område desuden et administrativt regionalcenter.

I de tidligere helt ubebyggede områder vest for Avedøre Havnevej og frem til Glostrup-forstaden, blev principperne i den regionale fysiske planlægning udrullet fra starten. I det centrale Brøndby-område (mellem Hvidovre og Glostrup) i form af et stort antal bolighøjhuse og mellemliggende lavere omfattende blokbebyggelser mellem Roskildevej og Vestbanen og igen syd for de nye stationer Rødovre og Brøndbyøster, der åbnedes efter S-banens forlængelse til Glostrup i 1953.[161]

I etagebebyggelsernes umiddelbare nærhed opstod rækkehuskvarterer og mindre områder med parcel-huse, længere mod syd yderligere kvarterer med parcel-, række- og kædehuse og yderst de førnævnte store industriområder. Herudover etableredes butikstorve, skoler, daginstitutioner, sportshaller og kul-turhuse samt forretningscentre ved stationerne. Alt i alt: En selvbærende og sammenhængende for-stadsdannelse på en tidligere bar mark omfattende to kommuner; Rødovre og Brøndby. Styret af om-fattende almennyttigt byggeri, montagebyggeriets effektivitet og regional fysisk planlægning og den-nes koordinering af kommunernes byplanlægning.

Ishøj ca. 1975. Uden for områderne med etagebebyggelser opfyldtes de radiale forstæder med kvarterer med parcel- og rækkehuse eller forskellige nye former for tæt-lavt byggeri. (Ishøj Lokalhistoriske Arkiv)

På samme måde og tillige ud fra den regionale fysiske planlægnings principper, men med vidt forskel-lige bebyggelsesformer, opstod 10 år senere, fra midten af 60'erne, forstaden Albertslund mellem

---

[161] I Rødovre åbnedes stationen dog først efter, at S-banestrækningen Valby-Glostrup i 1963 fik dobbeltspor og med samme forlængedes til Tåstrup.

Glostrup og Tåstrup. I første omgang med Albertslund Syds almennyttige gårdhave- og rækkehuse og gennemløbende bånd af treetagers blokbebyggelse, der øst for Albertslundvej afgrænsedes af den konservative Vallensbæk Kommunes bydel Vallensbæk Nordmark, som mod øst og syd kom til at få samme type bebyggelser; godt opblandet med kvarterer med privatejede parcelhuse.

Nord for oprettedes på samme tid omkring den nye station, der åbnedes efter S-banens forlængelse til Tåstrup i 1963, forstadens centrum med butikscenter, rådhus, posthus, bibliotek, musikteater, ældreinstitution og almennyttigt blokbyggeri. På den anden side af banelinjen opførtes yderligere almennyttige lavere blokbebyggelser i kombination med det gamle statsfængsel, mens bydelen nord for Roskildevej, ud over tilsvarende boligblokke, fortrinsvis bebyggedes med såvel parcelhuse som både almennyttige og privatejede gårdhave-, kæde- og rækkehuse. Selv om Albertslund, som den øvrige Vestegn, i hovedsagen blev befolket af arbejdere og lavere funktionærer, blev forstadens gårdhavebebyggelser kendt for den særlige kollektivitet, der fra slutningen af 60'erne og til ind i 80'erne her udvikledes af et højere uddannet mellemlag, der i perioden beboede husene.[162]

Køge Bugt-områdets forstæder
Omkring midten af det 20. århundrede bestod den bymæssige bebyggelse langs Køge Bugt alene af det smalle bælte med villaer og sommerhuse, som fra Hvidovre i sydlig retning i mellemkrigstiden var opstået mellem Gammel Køge Landevej og kystlinjen. Allerede fra 50'erne ombyggedes mange af sommerhusene til helårshuse eller erstattedes af nyopførte parcelhuse, og helt ned til Vallensbæk Strand begyndte ny villabebyggelse at brede sig længere ind i landet på den "forkerte" side af Køgevejen.

Det blev dog først efter den særlige lovgivning om urban udvikling og S-bane langs Køge Bugt fra 1961, at der for alvor kom gang i forstadsdannelsen i området (Appendiks 2, figur 7). Ligesom mellem Frederikssundsbanens og Vestbanens forstadsbånd lykkedes det, helt frem til Hvidovre i øst, at føre en grøn kile ind mellem Køge Bugts og Vestegnens forstadsbånd. Principperne for planlægningen af selve bebyggelsen blev således, som på de ydre dele af Nordvest- og Vestegnen, baseret på den regionale fysiske planlægnings udlæg af radiale forstadsbånd med en på forhånd fastlagt bebyggelsesstruktur i hvert af båndets forstadsbyer.

Allerede ved lokaliseringen af Køge Bugt-områdets industri blev billedet tydeligt. Idet fabriksområderne, omkranset af støjdæmpende brede, grønne områder, blev udlagt i forstadsbåndets absolutte udkant. I form af: Dels det enorme industrilandskab Avedøre Holme, der ved kæmpemæssige opfyldninger ud i Køge Bugt opstod syd for Hvidovre og Avedøre Stationsby, og som kom til at rumme bl.a. medicinalvirksomheden Alfred Benzon, Carlsberg, emballagevirksomheden, Haustrups Fabrikker, A/S, Louis Poulsen og ventilatorvirksomheden Glenco samt entreprenør Bøje Nielsens kontorhus. Dels et bælte af industrikvarterer langs og overvejende på vestsiden af Køge Bugt Motorvejen fra Vallensbæk Strand og ned til Solrød Strand.

---

[162] Rasmussen: Glostrups Historie, 2009, s. 421-556. Rødovre 1901-1976, 1978 s. 43-120, 219-258 og 273-303. Sørensen: Brøndbyvester, 2002, s. 72-101. Lene Skodborg: I Albertslund er velfærden blevet kulturarv, Robert Sunderland: Høje Taastrup 1963-1996-En forstad bliver til, Lisbeth Hollesen: Priorparken- Brøndbys nye bydel alle i Hovedstadsmetropolen efter 1945, 2011, s. 238-307. Peter Sorenius, Jens Johansen og Niels Peter Stilling: Københavns Amt, Kulturhistorisk oversigt, 1999, s. 39-161 og 185-185-199. Trap: Danmark, 5. udgave, bd. II,3, 1960, s. 945-949 og 985-997. Poul Sverrild: Periurban phase and sphere. An investigation into urbanization of the Copenhagen suburb Hvidovre, Ålborg Universitet, 2016, s. 98-106 og 355-362. Sigurd Jensen: Under fælles ansvar, Københavns historie 1900-1945, bd. 5, s. 293-295. Samme: Forstaden- byens forlængelse – en by – eller, Fortid og Nutid, dec. 1992, s. 237-251. Ena Hvidberg og Hannelene Toft Jensen: Vestegnen, 1986. Rødovre 1901—1976 (red.: Sigurd Rambusch), 1978. Henning Sørensen: Brøndbyvester, 2002, s. 72-101.

Selve boligområderne i byerne i Køge Bugts forstadsbånd opstod mellem det ældre bælte af villaer langs Gl. Køge Landevej og motorvejen fra midten af 60'erne, i takt med at S-banen over flere etaper fra 1972 endelig nåede Køge i 1983. Mens den indre del af forstadsbåndet ned til Hundige i det væsentligste var udbygget i løbet af 80'erne, forskubbedes udbygningen af den ydre del sig en 10-15 år yderligere.

Lige vest for den yderste del af Hvidovres ældre villakvarterer opstod op gennem 70'erne og i starten af 80'erne Avedøre Stationsby med bolighøjhuset "Store Hus", tilhørende butikscenter ved S-banestationen samt den sammenhængende randbebyggelse med lavere etagehuse (Bymuren), der omkransede "stationsbyen" til alle sider.

Byens indre opfyldtes af lave boligblokke, forskellige former for række- og gårdhavehuse samt i midten kirke, idrætscenter, skole og gymnasium samt et større antal daginstitutioner. Ved næste S-banestation (Brøndby Strand) opførtes fra slutningen af 60'erne en stribe af bolighøjhuse sammen med et stort antal mellemliggende U-formede, lavere blokbebyggelser på nordsiden af Strandesplanaden, der, med et mellemliggende grønt bælte, strakte sig over to km. fra Avedøre Stationsby til Vallensbæk. Hele bæltet kom herudover til at rumme et stort antal institutioner: Skoler, daginstitutioner, ældrecenter, daghjem, kirke, posthus m.m. Udenom bebyggedes resten af forstadsbyen med et stort antal række- og parcelhuse, et butikscenter ved stationen og øst herfor med en langstrakt lavere blokbebyggelse.

Ejby industrikvarter ved Glostrup i 2001. Som det yderste bylag i de radiale forstæder, udlagdes større eller mindre industri-kvarterer, der ofte grænsede op til den næste forstadsbys industrikvarterer og dermed dannede grænse til denne. I nogle tilfælde var industrikvarterene så ginantiske, at den regionale fysiske planlægning sikrede, at de sammenhængende kunne omfatte flere kommuner. Langs Køge Bugt lagdes industrikvartererne i hovedsagen som et langt ydre bælte på den modsatte side af Køge Bugt-motorvejen, som afgrænsede boligbebyggelserne i retning ned mod kysten. (Ishøj Lokalhistoriske Arkiv)

Mens Avedøre Stationsby og Brøndby Strand, som en del af Hvidovre og Brøndby kommuner, havde de kommunale administrationscentre placeret uden for Køge-Bugt-forstadsbyerne, ændredes billedet længere ned ad forstadsbåndet, hvor de enkelte byer også blev centrum for selve kommunestyret. I lighed med i Vallensbæk Strand[163] indledtes forstadsdannelsen i Ishøj fra midten af 60'erne, og etagebyggeri blev her det dominerende træk. Omkring det meget store butikscenter, der blev sammenbygget med både station, rådhus, bibliotek og svømmehal, opførtes et stort område med parallelt liggende og karrédannende blokbebyggelser med mellemliggende tæt bebyggede kvarterer med række- og kædehuse og et stort antal institutioner: Folkeskoler, idrætscentre, pleje- og omsorgshjem, gymnasium, musikskole m.m. Forstadens yderområder opfyldtes derimod med privatejede både parcelhuse og større rækkehuse.[164]

Amagers forstæder
Op gennem det 20.århundredes første halvdel havde bydelene Tårnby og Kastrup i Tårnby Kommune lagt sig som et forstadslag med 22.000 indbyggere udenom Sundbyerne, der i 1902 var blevet indlemmet i København (jf. kapitel 2). Med en fordobling af folketallet og næsten en tredobling af boligmassen i 50'og 60'erne voksede forstæderne her videre mod syd, og omkring 1970 var kommunen i det væsentligste udbygget.

Fortrinsvis i form af zoner med villaer og rækkehuse, kvarterer med helt overvejende almennyttigt etagebyggeri fortrinsvis i form af parkbebyggelser med lavere boligblokke med butikstorv samt sammenhængende industrikvarter langs Amager Strandvej og ved den ydre del af Englandsvej. Den eksplosivt voksende lufthavn blev kommunens største arbejdsplads, men lagde beslag på betydelige dele af dens areal. Ud over forretningsstrøg ved nogle af de gennemgående veje (Amager Landevej og Kastruplundgade) fik Tårnby Kommunes efterhånden helt sammenvoksede forstadsbydele ikke noget egentligt bycentrum.

Med denne bebyggelsesstruktur afveg Tårnby Kommune fra de principper, der var nedlagt i den regionale fysiske planlægning. Som i andre af de ældre velfærdsforstæder en følge af den tidlige forstadsdannelse og allerede gennemført lokalkommunal byplanlægning og byggemodning, inden byudviklingsudvalget fik mulighed for at implementere Fingerplanen og senere Første Etape-planen.[165]

Velstandsforstaden

Havde der allerede inden midten af det 20. århundrede udviklet sig velstandsforstæder i Gentofte, Søllerød og Hørsholm kommuner, fastholdtes og videreudvikledes her denne forstadsform i efterkrigstiden. Den regionale fysiske planlægnings udlæg af langt mindre industri- og etageboligbebyggelser på Nordegnen og det forhold, at de stedlige kommuner tidligt i al væsentlighed var byplanlagt ud fra lokale præmisser, bidrog hertil. Herved kunne den karakter af velfærdsforstad, der, med hensyn til

---

[163] Jf. note 146.
[164] Underafsnittene om "Køge Bugt områdets forstæder", "De sydlige og vestlige oplande" samt "Amagers forstæder" bygger på de statistiske analyser, der udmøntes i afsnittets tabeller og: Henning Bro: Køge Bugt-områdets forstæder, Inger Kjær Jansen: Amagers forstæder og Med lufthavnen i baghaven, Kitt Boding-Jensen: Avedøre Holme-Danmarks sidste klassiske storskala industriområde, Eva Tønnesen: Roskildes vej fra købstad til planet by alle i Hovedstadsmetropolen efter 1945 (red. Henning Bro m.fl.), 2011, s. 42-66 og 309-359. Mikkel Thelle: Røræg og spejlæg- byplaner og hverdagsliv ved Køge Bugt ca., 1945-1990 i Den moderne by (red. Søren Bitsch Christensen), 2007, s. 329-349. Peter Sorenius, Jens Johansen og Niels Peter Stilling: Københavns Amt, Kulturhistorisk oversigt, 1999, 163-181, 209 og 295-33. Trap: Danmark, 5. udgave, bd. II,3, 1960, s. 992-993 og 997-999.
[165] Trap Danmark: Tårnby Kommune, 2018.

bebyggelsens struktur og karakter, var indlejret i den regionale fysiske planlægning, ikke sætte sig igennem her. Hertil kom så den velfærds-, bolig- og planpolitik, som kommunerne stod bag.[166]

Kendetegn

Med de meget høje ejendomsdomsværdier og den deraf følgende tilflytning af metropolens mest velbjergede befolkningssegment, der allerede havde fundet sted i århundredes første halvdel og forsat gjorde sig gældende efter dets midte, kom salgspriserne for parcelhuse i de tre kommuner stadig til at ligge langt over gennemsnittet i samtlige af de øvrige forstæder (tabel 15). Herved fastholdtes den særlige karakter, som boligbyggeriet havde her, også i nybyggeriet i den sidste halvdel af århundredet, samtidig med, at der automatisk lagdes snævre rammer for omfanget af byggeri af mindre parcelhuse, almene boliger samt industri.

Karakteristisk bomiljø i Søllerød-velstandsforstaden i starten af 50'erne. De Conicksvej 5-7, Holte (Historisk Arkiv for Rudersdal Kommune)

Da den ældre og større industri ved Tuborg Havn i Gentofte Kommune afvikledes og udflyttedes på linje med centralbyens, blev det i velstandsforstæderne alene til mindre lommer af erhvervsområder, overvejende med ofte lokalt forankrede håndværksvirksomheder og småindustri. Med et af de mindste talstørrelser for antal industrivirksomheder og ansatte i industrien pr. 1.000 indbyggere, fastholdtes

---

[166] Selv om Dragør Kommune i efterkrigstiden alene udgør mellem en til to procent af den samlede forstadsbefolkning i Københavns Amtskommune, er det værd at bemærke, at denne bør henregnes blandt velstadskommunerne. Som følge af de restriktioner, som var pålagt ubebyggede arealer af hensyn til indflyvningen til og udvidelser af lufthavnen, fik den regionale fysiske planlægning ingen afgørende betydning for den bebyggelses- og erhvervsmæssig udvikling hverken i Tårnby og Dragør kommuner. I sidste nævnte blev industriel virksomhed nærmest forsvindende og den kommunale bestyrelse, der gennem hele perioden overvejende lededes af borgerlige lokallister og de konservative, kunne da også holde det almene boligbyggeri og velfærdsudgifternes andel af de kommunale udgifter på et lavt niveau (tabel 20-21 og figur 2). Enfamilieshuse og boliger med fem eller flere værelser, kom da også til at udgøre nogle af de største andele i forhold til forstadsgennemsnittet samtidig med, at salgsprisen på parcelhuse lagde sig på et meget højt niveau (tabel 15 og Appendiks 2, tabel 1). Mens arbejderklassen og funktionærlaget var henholdsvis betydelig og begrænset i starten af perioden, hvor også Socialdemokratiet i perioder besad borgmesterposten, vendtes denne fordeling nærmest på hovedet særlig i den sidste efterkrigstid (Appendiks 2, tabel 2).

karakteren af eksklusive boligforstæder (tabel 18 og 19). De tre kommuner havde således periodens ikke blot højeste andel af boliger med fem eller flere værelser, men også den betydeligste mængde af parcelhuse, der i indretning, fremtrædelsesform, faciliteter, haveanlæg m.m. udgjorde en særklasse i hele hovedstadsmetropolen og i landet som helhed (Appendiks 2, tabel 1).

Gruppen af selvstændige og funktionærer kom da også til at udgøre en særlig høj befolkningsandel, ligesom indkomsterne og formuerne lå på det højeste niveau, ikke blot i forhold til de øvrige forstæder, men i hele hovedstadsmetropolen (Appendiks 2, tabel 2 og 3). Mens spændet lå over 100 procent mellem den højeste gennemsnitsindkomst i Gentofte Kommune til den laveste i Herstederne i 1950, var der i 1990 fortsat 43 procent mellem højeste gennemsnitsindkomst i Søllerød Kommune og laveste i Hvidovre. Udjævnede reallønsudviklingen i de lavere indkomstniveauer og effekterne af velfærdsstatens fordelingsmekanisme, som følge af lønarbejderbevægelsens økonomiske og politiske kamp, således i et vist omfang indkomstspændet i hovedstadsmetropolens indre forstæder, forblev den højeste gennemsnitsformue i Gentofte Kommune igennem hele perioden syv gange højere end den laveste i en af Vestegnskommunerne.

Velfærdsindikatorer og bolig- og planpolitik

På dette grundlag fik de tre kommuner uafbrudte solide konservative flertal, der, med dettes stedlige særlige liberalistiske tilsnit, ikke gik længere på velfærdsområdet end, hvad lovgivningen og samfundsudviklingen krævede, og gennemførte så mange besparelser som muligt ud fra et evigt udtalt ønske om at holde udgiftsstigningerne nede (tabel 20). Herved lykkedes det, at holde velfærdsudgifternes andel af de samlede kommunale udgifter under de fleste af forstæders som helhed og signifikant under velfærdsforstædernes (tabel 21).

Som noget særegent udviklede de konservativt styrede tre velstandsforstadskommuner allerede før midten af århundredet en bolig- og planmodel, der som anført i kapital 2 afgrundsdybt adskilte sig fra velfærdsforstædernes. Udlæggelse af parker og bevarelse af egentlige naturområder havde da også været en afgørende ledetråd ved opbygningen af Gentofte-forstæderne.

Figur. 2. Almennyttigt byggeris procentandel af boligproduktion og -masse, hovedstadsmetropolens forstadskommuner I, 1950-1999.[167]

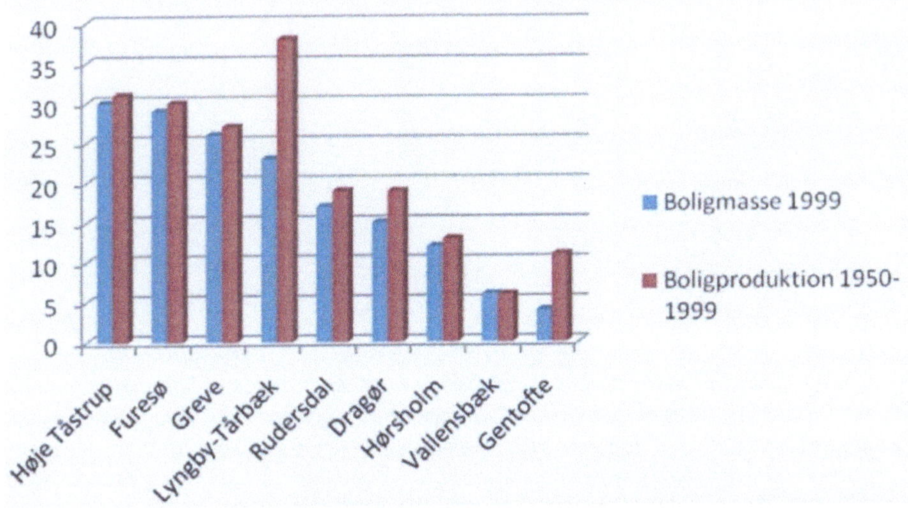

Anm.: Furesø Kommune omfattede før 2007: Farum og Værløse kommuner, mens Rudersdal Kommune omfattede Søllerød og Birkerød kommuner.

---

[167] www.statestikbanken.dk (statbank5a)

Det blev dog først Søllerød Kommune, der i 40´erne, som reaktion på de sammenhængende bebyggelser i samtidens øvrige forstæder, lancerede og senere implementerede velstandsforstaden i sin mest rendyrkede fysiske form. Således en boligforstad, hvor eksisterende og fredede eller kommunalt opkøbte naturområder blev det helt gennemgående element, og hvor selve bebyggelsen afgrænsedes mest muligt og helt overvejende rummede privat byggeri af store villaer på store grundarealer. En ejerboligform, der var central i det borgerlig-liberale værdigrundlag og dermed indlejredes i en planmodel, der harmonerede hermed.

Alt i alt en bolig- og planmodel, der fastholdte og udvidede Nordsjællands naturskabte herlighedsværdier. Ikke for miljøets skyld, men af hensyn til den attraktion, som disse værdier havde for hovedstadsmetropolens mest velbjergede borgerskabs rekreation. En overklasserekreation, der, i modsætning til palæagtige villaer i det 19. århundredes sidste del, nu var henlagt til diskrete lavere, veludstyrede ofte arkitekttegnede store etplanshuse med store havetilliggender. I omgivelser, der var klinisk renset for uheldige og ubehagelige byelementer som industri og almennyttigt boligbyggeri, der i et så begrænset omfang som overhovedet muligt henlagdes som nærmest reservatlignende zoner i velstandsforstadens udkantsområder.

Det private Holte Gymnasium i 1950 var oprindelig en privat realskole, der fik gymnasieafdeling i starten af 30´erne. I årtier gav Søllerød Kommune tilskud til institutionen sideløbende med de statslige. I Søllerød Kommunes velstadsforstad lagdes der afgørende vægt på at have sit eget gymnasium, således at de unge fra de velbjærgede- og uddannede hjem ikke skulle besværes med at tage til andre dele af den gymnasiespækkede Nordegnen. Fra Holte var der nu ellers kun fem km til statsskolerne i Virum og Birkerød. Herudover var der en statsskole i Rungsted og Lyngby og et utal af statslige, kommunale og private i Gentofte-velstandsforstaden (Historisk Arkiv for Rudersdal Kommune).

Velstandsforstadens boligbebyggelser koncentreredes således så vidt som muligt til naturafgrænsede enklaver, mens almennyttigt byggeri ikke blot fik en stærkt segregeret fysisk placering, men også udgjorde den mindst mulige boligreserve for lokalsamfundets dårligst stillede, som velfærdsstaten krævede, at de stedlige kommuner skulle tage sig af. Behændigt henregnede velstandsforstædernes kommuner deres unge til denne gruppe, hvorved et ganske betydeligt byggeri af ungdomsboliger legitimeredes som almennyttigt boligbyggeri.

Dermed tilvejebragtes med kommunal medvirken gode og billige boliger for velstandsforstædernes unge, der ikke ville tage sig til takke med kollegieværelser eller andre former for lejede værelser, men tillige i ungdomsboligerne var berettiget til boligsikring, og som oftest samtidig modtog penge- og/eller naturalieydelse fra den velsituerede forældregeneration i de omliggende villaenklaver.[168] Velstadsforstædernes ungdomsboliger repræsenterede dermed en særegen boligpolitik, der ikke blot gik i den stik modsatte retning af den, som velfærdsstaten- og forstaden udstak, Men samtidig indgik i velstandsforstadens almennyttige boligbyggeri, hvis andel af dennes boligmasse- og produktion alene udgjorde henholdsvis 10-17 procent i 1999 og 3-16 procent i perioden 1950-1999 (figur 2).[169]

Søllerød Kommunes ungdomsboliger, Skovlyporten, ved Øverødvej i 1976. Bebyggelsen var udlagt som toetagers tiltalende blokke med store og veludstyrede toværelses lejligheder. Stuelejlighederne havde endog små foranliggende haver (Historisk Arkiv for Rudersdal Kommune).

Bebyggelseskarakter

Med de erhvervsmæssige, sociale og politiske kentegn, som blev karakteristiske for hovedstadsmetropolens velstandsforstæder i efterkrigstiden og den lokalkommunale bolig- og planpolitik, der understøttede disse træk, fik de en række bebyggelsesmæssige fælles karaktertræk. Bortset fra skove og andre naturområder lå kun den alleryderste del af Jægersborg og mindre dele af den vestligste og mindst

---

[168] Selv om velstandsforstædernes efterkrigstidsungdomsboligbebyggelser forblev, blev det med konjunkturopsvinget og den stadig større sociale ulighed i årtierne omkring årtusindeskiftet almindeligt, at den velsituerede forældregeneration ikke længere i samme omfang tørrede ansvaret for deres børns boligbehov af på kommunerne. Da de unge ikke længere gad at bo ude i velstandsforstæderne, men ville ind til de hypede og gentrificerede arbejder- og industrikvarter på de københavnske og frederiksbergske bro- og bykvarterer, hvor ungdomslivet udlevedes på cafeer og barer, gennemførte denne generation af velstående, individualiserende og selvcentrede curlingforældre i vidt omfang forældrekøb, med store skattefradrag, af ejerlejligheder til over flere mio. kr. Disse forældrekøb var med til at opskrue priserne på ejerlejligheder i centralbyen, hvorved de købende forældre kunne score store skattefri gevinster, når børnene ikke længere havde brug for de købte lejligheder, og de på ny blev udbudt til salg.

[169] Udover det statistisk bearbejdede materiale, som der henvises til ved de enkelte tabelangivelser, baseres afsnittet på den lokal- og regionalhistoriske litteratur, der er anført i efterfølgende note 149.

attraktive del af Gentofte Kommune (Vangede og Dyssegårdskvarteret) i befrielsesåret i nogen grad ubebygget hen. Som anført i kapitel 2 udbyggedes disse dele af Gentofte-velstandsforstæderne i årene omkring midten af århundredet. Da størstedelen af dette stedlige nye boligbyggeri blev opført af private aktører med kun kommunalt garanterede statsbyggelån, kom den liberal-konservative kommunes eneste og yderst begrænsede almene boligbyggeri i perioden 1950-1999 kun til at udgøre 10 procent af den samlede boligproduktion, som alene bragte dette byggeris andel af den samlede boligmasse i kommunen op på 3 procent i 1999.

Mens forstæderne i Gentofte, Lyngby og Gladsaxe kommune lagde sig som et sammenbygget og sammenhængende koncentrisk forstadslag omkring den nordlige del af centralbyen, blev den forstadsbåndsstruktur, der nedlagdes i Fingerplan tydeligere nord herfor. Dog ikke som følge af den regionale fysiske planlægnings indvirken, men som et resultat af egnens naturskabte herlighedsværdier i form af kyststrækninger, søer, ådale og skove og den særlige forstadsbebyggelse, der lokalkommunalt udvikledes her og automatiske delte de ydre velstadsforstæder op i mere eller mindre sammenhængende radiale urbane bånd.

Netop omgivelser, hvor Søllerød Kommunes ovennævnte bolig- og planmodel rulledes ud i form af enklavevise bydele. Det gjaldt den sammenflydende bydel Holte-Søllerød, der ved Kongevejskrydset fik et ikke-stationsnært bydelscenter, og som med rådhus også blev en art centrum i kommunen, bydelene Trørød, Vedbæk og Skodsborg med mindre butikstorve og i nogen grad også bydelene Gl. Holte og Nærum. Kun én industrigrund og ét mindre område med almennyttige boligblokke og ungdomsboliger i Øverød, et rækkehuskvarter ved Rudersdal samt en koloni af almennyttige blokke i Vedbæk brød dette mønster.

Idet det lykkedes at isolere resten af dette "uheldige" byggeri til de gamle "arbejderbyer" Nærum og Gammel Holte og her i de mindre attraktive områder langs Hørsholmvejen (Helsingørmotorvejen). Godt gemt bag motorvejen i en lille del af Gammel Holte opførtes almennyttige boligblokke og tætlavt byggeri. Tilsvarende i Nærum, der kom til at omfatte et mindre industrikvarter nord for Skodsborgvej og almennyttige boligblokke langs motorvejen syd for butikstorvet Nærum Vænge. Samme med Birkerød Kommune kom det almene boligbyggeri i Søllerød-velstandsforstæderne kun til at udgøre 18 og 16 procent af henholdsvis boligproduktionen i perioden 1950-1999 og boligmassen i 1999.

Omgivet af Øresundskysten og skov-, sø- og landbrugsområder fulgte nord for velstandsforstæderne i Søllerød Kommune og nordøst for Birkerød den tidligere landevejsby Hørsholm, der, ud fra en bolig- og planmodel, som var inspireret af Søllerød Kommune, kom til at fremstå som en velstandsforstad. I form af mindre adskilte bydele (Rungsted, Vallerød og Usserød), villaenklaver i Isterød, Høsterkøb, Sandbjerg og Ravnsnæs samt en separat udlagte såkaldt forskerpark mod syd i Birkerød Kommune.

Selv om over tre fjerdedele af boligbyggeriet i de første årtier modtog offentlig støtte, blev hovedparten opført som parcel- og rækkehuse, mens resten henlå i mindre områder med blokbyggeri. Op gennem 70'erne og 80'erne udbyggedes Hørsholm stort set efter samme mønster, mens der godt gemt af vejen alene udlagdes et mindre industrikvarter op mod Kokkedal; nord for den gamle militære klædefabrik. Da den overvejende del af boligbyggeriet var privatejet, blev der således af den liberal-konservative kommune kun givet plads til et beskedent almennyttigt byggeri. Svarende til henholdsvis 11 og 12 procent af henholdsvis den stedlige boligproduktion i perioden 1950-1999 og boligmasse i 1999.[170]

---

[170] Caspar Christiansen: Naturfredning og byplanlægning- Bevaring og udvikling i Søllerød og Hans Jørgen Winther Jensen: En konservativ succes – Politik og bolig i Hørsholms historie 1940-1960, Hovedstadsmetropolen efter 1945, 2011. Peter Sorenius, Jens Johansen og Niels Peter Stilling: Københavns Amt, Kulturhistorisk oversigt, 1999, s. 341-

Frydenholm Plejehjem i en ældre villa ved Kongevejen i Holte i 1965. Op igennem 50´- og 60´erne benyttede Søllerød Kommune andre ældre bygninger til alderdomshjem, indtil der først i 1970 opførtes en moderne plejehjemfløj på Frydenholm. Men de store ressourcestærke dele af Søllerød-velstandsforstadens borgere klarede sig nok uden, da kommunen også rummede private plejehjem (Historisk Arkiv for Rudersdal Kommune).

Hybride forstadsformer

Ved siden af de udprægede velstandsforstæder i Gentofte, Søllerød og Hørsholm kommuner, der i efterkrigstiden fastholdtes og videreudvikledes på Nordegnen, og de velfærdsforstæder, som samtidig karakteriserede de indre dele af både Nordvestegnen, det mest af Vestegnen og Køge Bugt-området, opstod der med periodens forstadsdannelse forstæder, som i større eller mindre grad var bærere af kentegn fra de to forstadsformer. Den lokalisering af industri- og boligområder, som indgik i den regionale fysiske planlægning fik ganske vist også i den sammenhæng betydelig. Men lokale forskelligartede både historiske udviklingsfaktorer og sociale og politiske forhold bidrog samtidig hertil. I forhold til velfærds- og velstandsforstæderne fik forstadsformermen i Lyngby-Taarbæk, Birkerød, Farum, Værløse og Høje Tåstrup kommuner i perioden en hybrid karakter.

Semivelfærdsforstæder

Af disse fik Lyngby-Taarbæk og Høje Taastrup kommuner en række kendetegn, der i højere grad svarede til velfærdsforstædernes karakter, men det blev i udstrakt grad stærkt forskellige historiske forløb i forstadsudviklingen, der blev afgørende herfor.

Lyngby-Taarbæk

Forstadsdannelsens historiske forløb adskilte således på forhånd Lyngby-Taarbæk Kommune fra de fire øvrige kommuner, idet disse først i efterkrigstid transformeredes fra land til by, og dermed blev underlagt den regionale fysiske planlægnings afgræsning af den urbane vækst og overordnede

---

445. Trap: Danmark, 5. udgave, bd. II, 3, 1960, s. 949-953, 955-384. Jens Johansen: Fra syv landsbyer til 6 bydele. Bebyggelsens udvikling i Søllerød Kommune, Historisk-Topografisk Selskab for Søllerød Kommune, 1988.

lokalisering af industri- og boligbebyggelser. Som anført i kapitel 2 udvikledes Lyngby-Tårbæk Kommune allerede i mellemkrigstiden til hovedstadsmetropolens første velfærdsforstad og var med den gennemgribende kommunale bebyggelsesplanlægning, der fulgte dermed, i al væsentlighed byplanlagt, da den første byudviklingsplan trådte i kraft, og stort set udbygget, da anden byudviklingsplan udmøntedes i slutningen af 60´erne og i realiteten blot registrerede bebyggelsesarternes fordeling i Lyngby-Taarbæk Kommune.

Kommunens videre forstadsudvikling tog således ikke form af det radiale forstadsbånd, som blev et af de centrale elementer i den regionale fysiske planlægning, idet en samlet bebyggelse kom til at brede sig fra vest mod øst og helt frem til Dyrehaven. Til gengæld udmøntedes samme planlægnings struktur for de enkelte forstadsbyers bebyggelse, da den bagvedliggende plan-tænkning allerede i praksis var udmøntet ved 30´ernes planlægningen af både forstadsbydelen vest for Lyngby station og forstadsdannelse omkring Virum station.

Med de kommunale bebyggelsesplaner, der i den forbindelse var lagt for Virum og Sorgenfri, og den særlige Fortunbyplan, som Lyngby-Taarbæk Kommune sammen med den store jordejer øst for Lyngby (Københavns Kommune) var kommet overens om, havde det socialdemokratiske sognerådsflertal således allerede ved midten af århundredet rammesat den forsatte forstadsudvikling. Op gennem 50´erne udbyggedes området omkring Virum station med overvejende almennyttigt blokbebyggelser og de bagvedliggende kvarterer med en blanding af småhuse, rækkehuse og større villaer, der i vid udstrækning optog tidens gunstige statslån.

På samme tid opførtes af almene boligselskaber tre bolighøjhuse og omliggende lavere boligblokke nord for Sorgenfri station, der fik et med højhusbebyggelsen integreret stationscenter. Et centrum for både store omliggende kvarterer, der i særlig grad blev kendetegnet af rækkehusbebyggelser og små enfamilieshuse, som tillige modtog de nævnte statslån, og et isoleret område med industri- og håndværksvirksomheder i tilpas afstand fra boligbebyggelserne.

Denne planmodel var samtidig indlejret i Fortunbyplanen, der, efter færdiggørelsen af de første vestlige almennyttige boligblokbebyggelser og rækkehuse syd for Klampenborgvej, førte til dannelse af omliggende kvarterer med parcel- og rækkehuse, de enklaver med henholdsvis boligblokke og elementhuse, som Ludtofteparken og Bjælkevangen udgjorde, og to mindre industrikvarter ved Lundtoftevej og Firskovvej. Da der i Fortunplanen allerede i starten af 40´erne var planlagt en forlægning af Nærumbanen, og denne erstattedes af et forslag til en ny S-bane fra Jægersborg til Nærum, parallelt med Helsingørmotorvejen, påbegyndtes i 60´erne opførelsen af et stationscenter ved hjørnet Lundtoftegårdvej/Lygbygårdsvej på samme tid, som der bag ved dette opførtes et højhus og lavere ligeledes almennyttige betonboligblokke.

Med det almennyttige boligbyggeri, der opførtes i den første efterkrigstid, og den lokale planlægning af Lyngby Taarbæk Kommunes forstadsbyer, som svarede til den regionale fysiske planlægning, opnåedes en forstadsform, som havde samme kendetegn som hovedstadsmetropolens velfærdsforstæder. Det i perioden almennyttige boligbyggeri kom således til at udgøre 38 procent af boligproduktionen i perioden 1950-1999 og 23 procent af boligmassen i 1999. Samtidig med at kommunen i 1977 stadig havde en nogenlunde balance mellem boligantallet i etage- og enfamiliehusbyggeriet og en bred sammensætning af lejligheder af forskellig størrelse.

Ikke desto mindre borteroderedes en række af de øvrige kendetegn, som hidtil havde karakteriseret Lyngby-Taarbæk som en velfærdsforstad. I 1980 var den industrielle karakter forsvundet, som følge af den tidlige udenlandske konkurrence, som Lyngbys store tekstilindustri udsattes for, og flytning af en række andre industrier til velfærdsforstæder eller provinsen, hvor der var større arealer til ekspansion og lavere arbejdslønningerne (tabel 19).

Jernbanepladsen i Lyngby

Jernbanepladsen i starten 60´erne (Lyngby-Taarbæk Stadsarkiv). Kun i få tilfælde kom de regionale rammebetingelser for hovedstadsmetropolens byregionale udvikling, som regional fysisk og trafikal planlægning udgjorde, til at påvirke forstadsforløbet- og formen i Lyngby-Taarbæk Kommune. Udover den aldrig realiserede bane mellem Jægersborg og Nærum, blev et af dem 50´ ernes statslige ad hoc udlæg af motorvejsstrækninger i metropolen, hvor det vejtrafikale pres var størst. Den i mellemkrigstiden udvidede Lyngbyvej og smallere Kongevej nord for Lyngby var et af disse steder, da denne vejstrækning udgjorde den eneste udfaldsvej til Nordsjælland. Men også en følge af at de velbjærgede i de nordfor liggende velstandsforstæder langt tidligere end den øvrige del af befolkningen fik privatbiler og benyttede disse til pendling til ministerierne og virksomhedshovedsæderne i det indre København i stedet for at benytte S-toget.

Da denne vejstrækning førtes gennem den flaskehals, som Lyngby Hovedgade allerede udgjorde, udlagdes Lyng-Omfartsvej fra udfletningen (i Jægersborg) mellem det første korte nyanlagte stykke af Motorring 3 og den Hørsholmmotorvej, som samtidig anlagdes. Som motorvej førtes Lyngby Omfartsvej herfra parrallet med S-banen fra Vintappersøen, gennem det centrale Lyngby og videre langs Lyngby Sø til øst for Sorgenfri, hvor den forsatte nord på som en udvidet Kongevej. Med Lyngby Omfartsvej forløb gennem det centrale Lyngby måtte den gamle station fjernes, og da staten her udlagde motorvejsforløbet som en hævet motorgade med en underliggende ny S-togsstation, fik Lyngby-Taarbæk Kommune sikret, at der indrettedes forretninger i hele motorgadens underetage. På samme tid, som den foranliggende Jernbaneplads udlagdes som en stor central busstation.[171]

Som følge af, at bustrafikken i forstæderne frem til 1974 ikke var regionalt planlagt eller drevet og overladt til statslige, kommunale og private aktører, med hvert sit køreplans-, takst- og billetsystem, sikrede Lyngby-Taarbæk på den måde, at Lyngby med S-banestation og busstation blev Nordegnens og Gladsaxe-forstædernes helt centrale trafikknudepunkt. En væsentlig forudsætning for, at befæste Lyngbys tidlige position som handelscentrum for samme område, og som ikke blot styrkedes af forretningscentret under motorgaden, men også gennem de passager, der udlagdes mellem Jernbanepladsen og den med specialforretninger spækkede Lyngby Hovedgade, ved hvis kryds med Klampenborgvej Magasin du Nords første filial i metropolforstæderne rejste sig i 1960. Samlede forudsætninger for det regionale storcenter (Lyngby Storcenter) fra 1973.[172]

Til gengæld kom Lyngby-Taarbæk med Danmarks Tekniske Højskole på Lundtoftesletten til, som den eneste forstadskommune, at huse en universitære uddannelsesinstitution. Samtidig med, at et af de tre regionale storcentre, der indgik i Første Etapeplanen, med Lyngby Storcenter yderligere befæstede Lyngbys position som det indkøbscentrum for hele Nordegnen og Gladsaxe-forstæderne, der havde kendetegnet stationsbyområdet siden slutningen af det 19. århundrede. Parrallet med denne erhvervsmæssige transformation i Lyngby, havde andelen af lejligheder i etagebyggeri og med 1-2 værelser været faldende siden 1945 i hele Lyngby-Taarbæk. På samme tid, som andelen af boliger både i villaer

---

[171] Bro: Hovedstadsmetropoolen, 2023, bd. 2. 231-233.
[172] Bro: Hovedstadsmetropoolen, 2023, bd. 2.329-338.

og rækkehuse og med tre til fire og navnlig fem eller flere værelser var blevet forøget. Samtidig med, at salgsprisen for parcelhuse havde lagt sig på et højere niveau end forstadsgennemsnittet (tabel 15 og Appendiks 2, tabel 1).

Med disse ændringer i Lyngby-Taarbæks boligmasse og erhvervsstruktur forandredes både velfærds-forstadskarakteren og den sociale sammensætning. Idet arbejderklassens befolkningsandel i perioden 1945-1970 reducerede fra 53 til 36 procent, mens funktionærlagets øgedes fra 33 til 51 procent (Appendiks 2, tabel 2). En proces, der forstærkes i den sidste efterkrigstid og førte til, at gennemsnitindkomsten i hele efterkrigsperioden kom til at tangere velstandsforstædernes, og at formuetilvækst blev større end i de fleste andre forstadskommuner (Appendiks 2, tabel 3).

Denne sociale transformationsproces var allerede igangsat i den sidste halvdel af 40´erne, da ejendomsværdierne i Lyngby-Taarbæk lå på det højeste niveau sammenlignet med forstæderne udenfor Nordegnen. Medvirkende til, at periodens betydelige byggeri af parcelhuse, i modsætning til de øvrige velfærdsforstæder, i højere grad begyndte at blive beboet af et mere velsitueret funktionærlag (tabel 3). Afgørende for, at det efterhånden skrøbelige socialdemokratiske sognerådsfletral i 1950 faldt for et konservativt, der med den forsatte forandring af den sociale sammensætning i Lyngby-Taarbæk yderlige konsolideredes (tabel 20).

Ikke desto mindre førte det konsensusprægede kommunalbestyrelsessamarbejde mellem det store socialdemokratisk mindretal og det socialkonservative flertal, som Lyngby-Taarbæk blev kendt for, til at velfærdsudgifternes andel af de kommunale udgifter i 50´- og 60´erne lagde sig på et højere niveau end gennemsnittet for samtlige forstæder (tabel 21).[173] Særlig på ældreområdet forsattes i vid udstrækning den velfærdslinje, der allerede var lagt eller havde rødder tilbage til tiden før systemskiftet. Den manifesterede sig bl.a. i form af det første egentlige plejehjem gennem udnyttelse af de nye statsstøtteregler fra 1951, plejepensionistboliger fra 1954, der lå nær de to plejehjem, og med adgang til madleverance og sygeplejeassistance som en nyskabelse.

Fra 50´erne ydedes desuden ergoterapeutassistance både for invalidepensionister med hjemmeproduktion og på plejehjemmene. Straks efter loven om folkepension i 1957, hvor hjemmehjælp kunne ydes som en del af et personligt tillæg, fik Lyngby-Taarbæk tillige hjemmehjælpere i tilslutning til sygekassens husmorafløsere. I løbet af 60´erne opførtes endelig løbende nye plejehjem og pensionistboliger, på samme tid som et eksisterende rekreationshjem blev overtaget af kommunen og udvidet, og der etableredes "lette kollektivboliger" og i starten af 70´erne også et geriatrisk center.

Var Lyngby-Taarbæk Kommune førende på ældreområdet, måtte kommunen i takt med de store årgange og en forsat tilflytning, som andre forstadskommuner i vækst, udvide antallet af skoler og daginstitutioner. Men også i disse tilfælde etableredes moderne og veludrustede institutioner.

Med det almennyttige byggeri, som kommunen havde bundet sig til gennem sin bebyggelsesplanlægning, Fortunbyplanen og aftaler med almene boligselskaber før systemskiftet i 1950, forsatte dette byggeri i den første efterkrigstid. Mens det almene boligbyggeri i vid udstrækning havde omfattet forskellige former for familieboliger, blev det boligbyggeri, som kommunen siden kom til at stå bag, derimod

---

[173] Den socialkonservative linje kom bl.a. til udtryk i den valgfolder, som den konservative gruppe udgav før kommunevalget i 1962. Folderen kombinerede et vejkort med en præsentation af kommunen med en valgbrochure. *"Se på Deres kommune"* hed den, med et blink i øjet på sidste side, hvor *"Se"* blev til et smilende C. I folderen blev kommunale velfærdsinstitutioner og infrastruktur oplistet, som et rekrutteringsargument for flere nye borgere. Ikke kun socialdemokraterne, men også Lyngby-Tårbæk Kommunes konservative så stadig på dette tidspunkt en velfungerende velfærdsforstad som et succeskriterium. Jf. Pedersen: Forstaden, 2011, s.109-110.

etableret for særlige gruppe. Således Eremitageparken (1969) til gavn for unge ægtepar og ungdoms-
boligerne Rævehøjparken fra begyndelsen af 80'erne.

*Lyngby-Taarbæk Stadsbibliotek i det centrale Lyngby i åbningsåret 1968 (Lyngby-Taarbæk Stadsarkiv). Biblioteket blev i
hovedstadsmetropolens forstæder samtidens største og mest velindrettede hovedbibliotek og rummede en bogsamling, der
næsten lå på linje med centralbiblioteket i Hellerup. Netop kulturområdet blev et af de områder, hvor det socialkonservative
kommunalbestyrelsesflertal fastholdt nogle af de elementer, som kendetegnede en velfærdskommune. Rækken af andre
kommunale kulturinitiativer talte bl.a.: Lyngbyhallen ved Lyngby Stadion (1961), Virumhallen (1964), Danmarks første
musikbibliotek (1963) og kunstbibliotek (1969), udstillingslokaliteten Sophienholm (1970) og Byhistorisk Samling for
Lyngby-Taarbæk Kommune (1976).*

I modsætning til de første årtier efter systemskiftet i 1950, efterlod den sidste efterkrigstid derimod et
indtryk af en mere liberalistisk orientering af det stedlige konservative kommunalbestyrelsesflertal,
som ledsagede fornævnte yderligere forandring af Lyngby-Taarbæks Kommunes sociale sammensæt-
ning og indkomst- og formueforhold. Under alle omstændigheder gled velfærdsudgifternes andel af de
samlede kommunale udgifter ned på forstædernes gennemsnitsniveau (tabel 21).

På samme tid understøttede kommunen i vid udstrækning både, at der opførtes boligkomplekser med
ejerlejligheder og kontorejendomme på de industrigrunde, der efterhånden blev ledige, og at Lyngbys
funktion som et regionalt handelscentrum endegyldigt blev slået fast. En markedsorientering, der ef-
terfulgtes ejerlejlighedsudstykninger i de sociale bebyggelser Eremitageparken og Rævehøjparken.
Samme med indstillingen af nyt almennyttigt boligbyggeri med det resultat, at dette byggeri ikke op-
nåede samme meget store andel af boligmassen- og produktionen, som i velfærdsforstæderne (figur 1-
2).

Syntes Lyngby-Taarbæk Kommune stadig i den første efterkrigsperiode at være bærer af en række træk, der i et vist omfang kunne karakterisere den som en velfærdsforstadskommune, fortonede disse kendetegn sig i slutningen af perioden, hvorved kommunen på flere områder tenderede velstadsforstadsformen i de omliggende kommuner på Nordegnen.[174]

Høje Tåstrup

I modsætning til Lyngby-Taarbæk Kommunes semivelfærdsforstadsform opnåedes samme i Høje Tastrup Kommune i meget vid udstrækning på grundlag af den regionale fysiske og trafikale planlægning. Øst for Tåstrup stationsbys gamle hovedgade og dennes forlængelse som landevej mod Køge opstod i den første efterkrigstid overvejende kvarterer med parcel-, række- og kædehuse og enklaver af traditionelt vinkelformede og parallelt liggende blokke ved banelinjen. På nær større enklaver af tilsvarende lavt boligbyggeri, blev området vest for hovedgaden og helt frem til Hveens Boulevard derimod domineret af store kvarterer med boligblokke og stedvis rækkehusområder samt industrikvarterer ud til boulevard, der også på sin østre side nord for Roskildevej rummede tilsvarende industriområder, som voksede sammen med lignende, også nord for Roskildevej, i retning mod Klovtoftekrydset i Tåstrup.

Som i det øvrige Tåstrup blev etageboligbyggeriet i helt overvejende grad opført af almennyttige boligselskaber. Med et mindre center fra 1968 ved stationen, butikkerne i hovedgadens randbebyggelse og omkringliggende kommunale institutioner, blev det gamle stationsbyområde centrum for Tåstrupforstaden og hele kommunen, indtil rådhuset senere flyttede ud til Høje Taastrup.

Med den gamle stationsbys karakter af stationscenter, en koncentration af etagebyggeri tæt ved, fjernere villa- og industrikvarter og den klare afgrænsning af Tåstrup indenfor Vestegnens radiale forstadsbånd, satte principperne i Fingerplanen og Første Etapeplanen sig tydeligt igennem.

Selv om den udbygning af området vest for Tåstrup, der indgik i Hovedstadsrådets regionsplanlægning, aldrig blev til virkelighed, smittede den alligevel af ved opbygningen af den nye forstad Høje Tåstrup. I midten af 70'erne fuldførtes således det regionale indkøbscenter City 2 med 90 specialforretninger og biograf, og den almennyttige blokbebyggelse Gadehavegård mellem banelinjen og Roskildevej. Op gennem 80'erne fulgte yderligere omfattende byggerier:

Dels den nye regionale hovedbanegård, som endestation for S-banen og standsningsstation for regional- og fjerntog, med tilknyttet busterminal og godscenter syd for. Dels en omkringliggende centerdannelse med rådhus, bibliotek og gymnasium nord for og syd for banelinjen, ned mod Skåne Boulevard, karréagtige blokbebyggelser med boliger og kontorbyggeri for toldvæsenet, Postgiro, Telecom, ALKA m.m. Dels yderligere syd for bydelen Torstorp med overvejende almennyttigt tæt-lavt boligbyggeri.

Med den bebyggelsesmæssige sammensætning, som Høje Tåstrup Kommune fik op gennem efterkrigstiden, kom dens antal af industrivirksomheder- og arbejdspladser i 1980 da også i nærheden af det

---

[174] Pedersen: Forstaden, 2011, s. 113-116. Tønsberg: Industrisamfundets afvikling, s. 74-76 og 79-85. Susanne Bisgaard og Erik D. Præstegaard: Sorgenfrivang- et kulturmiljø, 2019. Jørgen Skipper Nielsen og Steen Flindt: Idræt i Lyngby-Taarbæk. Lyngby-bogen 1991, s. 7-96. Ole Harkjær og Jeppe Tønsberg: København og DTU som grundejere i Lyngby-Taarbæk. Lyngby-bogen 1999, s. 121-137. Lise Skjøt-Pedersen: Fra karnap til tekøkken. Etablering af Lyngby-Taarbæk Kommunes ældreomsorg 1916-1974, Lyngby-bogen 2002, s. 145-205 2002. Et skolevæsen i udvikling. Brikker til en historisk mosaik om Lyngby-Taarbæk Kommunes skoler, Lyngby-Bogen 2009. Jeppe Tønsberg: Stadsbiblioteket i Lyngby og dets forgængere, Lyngby-bogen 2018, s.141-167, 2018. Lise Skjøt-Pedersen: Daginstitutioner i Hovedstadsmetropolen indtil 1974, METROPOL, 2023, nr. 2, s. 84-154.

industrielle tyngdepunkt, som kendetegnede de øvrige velfærdsforstæder (tabel 19). Samtidig opnåedes også næsten samme tilsvarende balance mellem boliger i etage- og enfamilieshuse. Til gengæld blev andelen af små- og mellemstore boliger med et til fire værelser på samme tid mindre i Høje Taastrup, mens andelen af boliger med fem og flere værelser lagde sig over forstadsgennemsnittet, og blev markant højere end i velfærdsforstæderne (Appendiks 2, tabel 1).

Vestegnens banegården fra 1986, blev en af Høje Tåstrup kendemærker og var tænkt som en ydre hovedbanegård, der, som alternativ til København H, med S-, regional- og fjerntog og tværgående hurtigbusser skulle betjene Nord- og Nordvesteg-nen og Køge Bugtområdet. Med hovedstadsmetropolens regionale skævvridning[175] i årtierne omkring årtusindeskiftet, mistede Vestegns-banegården sin hidtidige betydning og svækkedes yderlige af den nye københavnske hovedbanegård (København S) og den såkaldte nye bane mellem København H, Køge Nord og Ringsted (Byhistorisk Samling og Arkiv i Høje-Taastrup Kommune).

Ikke desto mindre fik arbejderklassen i Høje Taastrup i 1970 en befolkningsandel, der ikke blot lå væsentlig højere end forstadsgennemsnittet, men også over niveauet i nogle af velfærdsforstæderne, Mens andelen af funktionærer blev den laveste i hele den indre del af hovedstadsmetropolen (Appendiks 2, tabel 2). Gennemsnitindkomsten kom da også til at lægge sig på samme niveau som i velfærdsforstæderne, mens gennemsnitsformuen ikke desto mindre lagde sig på et højere niveau. (Appendiks 2, tabel 3).

Den større andel af boliger med mere fem eller værelser og formuernes relativt store størrelse indikerede, at Høje Tåstrup Kommune antagelig havde et relativt større noget mere velstillet befolkningssegment, der sandsynligvis blev afgørende for, at Socialdemokratiet og Det konservative Folkeparti tidsmæssigt ligeligt måtte deles om borgmesterposten i hele efterkrigsperiode. Henholdsvis 16 år til hver mellem 1950 og 1982 og 4 år til hver i årene 1982-1990 (tabel 20).

---

[175] Skævvridning, se side 129-130.

Antagelig medvirkende til, at velfærdsudgifternes andel af de samlede udgifter i Høje Tåstrup Kommune lå på mellem 44-51 procent i 1950 og 1960, og dermed på nogenlunde samme niveau som i velfærdsforstæderne, under den socialdemokratiske borgmesterperiode 1950-1962. Til gengæld reduceredes denne andel til 38 procent i 1970 og dermed væsentlig under velfærdsforstædernes niveau, mens en konservative sad i borgmesterstolen. For at stige fra 70 til 76 procent i 1980 og 1990 og på ny at komme nogenlunde på samme niveau som velfærdsforstæderne under de socialdemokratiske borgmesterperioder; 1978-1982 og 1986-1990. [176]

Under alle omstændigheder må den sammenlagte 20 år lange konservative borgmesterperiode med al sandsynlighed have medvirket til, at det almennyttige boligbyggeri heller ikke opnåede samme høje andel af boligproduktionen i perioden 1950-1999 og af boligmassen i 1999 som i velfærdsforstæderne (figur 1-2). Disse samlede sæt af velfærdsfaktorer, blev afgørende for, at Høje Tåstrup ikke placerede sig helt entydigt i rækken af velfærdsforstæder, men forskellene i forhold til disse var marginale. [177]

City 2 blev en af Høje Tåstrups andre kendemærker. Men som Vestegnsbanegården ramtes City 2 også af metropolens skævvridning og centralbyens gigantiske bydelscentre så som: Fields, Fisketorvet, Spinderierne i Valby, Nørrebro Centret, Frederiksberg Centret m.m. (Byhistorisk Samling og Arkiv i Høje-Taastrup Kommune).

Semivelstandsforstæder i Nordegnens udkant

I lighed med de øvrige mindre bebyggede forstadsområder i midten af århundredet, kom den regionale fysiske planlægning i Nordegnens udkant, i Birkerød og særlig Farum og Værløse kommuner, til at øve indflydelse på den erhvervs- og bebyggelsesmæssige struktur. De fire kommuner, fik da også i

---

[176] Robert Sunderland: Høje Taastrup 1963-1996, Hovedstadsmetropolen, 2011, s. 265-278.

[177] Selv om Vallensbæk Kommune i efterkrigstiden alene udgør mellem 0,8 og to procent af den samlede forstadsbefolkning i Københavns Amtskommune, er det værd at bemærke, at dens forstadsdannelse hverken fik karakter af velfærdsforstad- eller velstadsforstad. I nogen udstrækning fik kommunen samme erhvervs- og bebyggelsesmæssige struktur som de øvrige Vestegns og- Køge Bugt-forstæder. Til gengæld blev det stedlige almene boligbyggeri lige så stærkt begrænset som i Gentofte-forstæderne (figur 2). Samtidig med, at velfærdsudgifternes andel af kommunens udgifter blev blandt de mindste i 1970, og dette forhold også kendetegnede de øvrige nedslagsår (tabel 21). Forhold, der med meget stor sandsynlighed kan forklares med, at kommunen i hele efterkrigsperioden styredes af en liberal lokalliste eller Det konservative Folkeparti.

1980 et antal industrivirksomheder, der nogenlunde svarede til forstadsgennemsnittet, men det stedlige antal industriansatte lå under dette gennemsnit og indikerede, at der her etableredes mindre industrier (tabel 19).

Kendetegn
I gennem perioden havde de tre kommuner en boligmasse, hvor enfamiliehuse og boliger med fem eller flere værelser udgjorde en større andel end forstadsgennemsnittet. Samtidig med, at gennemsnitsprisen for parcelhuse lå over forstæderne som helhed og tenderede velstandsforstæderne (tabel 15 og Appendiks 2, tabel 1). En boligsocial fordeling, der også afspejledes i periodens sociale sammensætning, idet arbejderklassen i det store hele udgjorde en mindre andel i forhold til forstadsgennemsnittet, mens gruppen af selvstændige og funktionærer i forhold hertil i det store hele omfattende en større andel (Appendiks 2, tabel 2).

Den relativt store andel af befolkningen, som de selvstændige udgjorde i starten af perioden i de tre kommuner i Nordegnens udkant og andre steder, hvor forstadsdannelsen igangsattes på et senere tidspunkt, var betinget af tilbageværende bønder og husmænd på de endnu ikke bebyggede områder. Medvirkende til, at gennemsnitindkomsten- og formuen i de tre kommuner først for alvor lagde sig på et højere niveau end forstadsgennemsnittet i løbet af den sidste efterkrigstid, hvor de gamle ruralsamfunds sidste beboere og jordejere var skrevet ud af den stedlige forstadshistorie (Appendiks 2, tabel 3).

Med den sociale sammensætning, som kom til at kendetegne Nordegnens udkantsforstæder, kom borgerlige partiet til at besidde borgmesterposten uafbrudt igennem hele efterkrigsperioden i Birkerød Kommune, mens socialdemokratiske borgmester i sammenlagt 8 og 12 år blev mere undtagelsen end reglen i Værløse og Farum Kommuner (tabel 20). Velfærdsudgifternes andel af de stedlige kommunale udgifter, kom da også stort set til at ligge under forstadsgennemsnittet. Samtidig med, at omfanget af det almennyttige boligbyggeri ikke kom op på samme niveau som i velfærdsforstæderne (tabel 21 og figur 1-2).

Selv om forstæderne i Nordegnens udkant på en række af de ovenanførte områder fik en række træk, der samtidig kendetegnede velstandsforstæderne i denne egns centrale del, blev deres almennyttige boligbyggeri af et noget større volumen.[178] Samme med det mere udtalte industrielle islæt og den stedlige bebyggelseskarakter kunne forstæderne i Birkerød, Farum og Værløse kommuner ikke i fuldt omfang sidestilles med den rendyrke velstandsforstadsform.

Bebyggelseskarakter
I henseende til den lokale bebyggelses karakter, var semivelstandsforstæderne i Nordegnens udkant underkastet de betydelige fredninger og offentlige jorderhvervelser, der fulgte af fredningsplanen fra 1940, den første efterkrigstids fredningsplanforslag, den regionale fysiske planlægnings udlæg af yder- og senere landzoner samt de yderlige byggerestriktioner, der fulgte med Hovedstadsrådets regionsplanlægning. Regionale dispositioner, der skulle sikre den brede metropolbefolknings adgang til og opholdsmuligheder i store regionale rekreative områder. Sammen med byudviklingsudvalgets byudviklingsplaner med det resultat, at Birkerød, Farum og Værløse kommuner ganske vist fik meget betydelig

---

[178] De henholdsvis 16 og 17 procent, som det almene boligbyggeri udgjorde af henholdsvis boligmassen i 1999 og boligproduktionen i perioden 1950-1999 i Rudersdal, var betinget af det relativt større almennyttige byggeri i tidligere Birkerød Kommune. Kunne denne kommunes almennyttige boligbyggeri separeres fra dette i Søllerød Kommune på www.statistikbanken.dk, ville dette byggeris omfang i Birkerød i højere grad tendere Farum og Værløse kommuner, mens det i Søllerød vil have samme yderst beskedne omfang som i Hørsholm.

åbne landskaber, men at bysperdningen og fordelingen af forskellige bebyggelsesarter gennemførtes efter samme princip som i velfærdsforstæderne.

De tre semivelstandsforstæder afgrænsedes således, at de udgjorde radiale forstadsbånd nord for henholdsvis Søllerød-velstandsforstaden og Gladsaxe-velfærdsforstaden. Herover implementeres, i modsætning til velstandsforstæderne stationscenterprincippet. I Birkerød ved, at det gamle stationsbyområde, som både i Lyngby, Ballerup, Glostrup og Tåstrup, transformeredes til et stationscenter, mens der i tilknytning til S-banestationen, længe før Farumbanens omdannelse til S-bane, i Værløse fra starten etableredes et stationscenter. I Farum blev det senere til et mindre stationscenter, mens det største forretningscenter, som følge af en ældre bebyggelse omkring stationen, uhensigtsmæssigt placeredes i en betydelig afstand fra denne.

Ikke desto mindre lokaliseredes tidligt boligblokbebyggelser op mod Farums kommende S-banestation. Samme model gik igen i Birkerød og Værløse, hvor der, ligesom i Farum, udenom de koncentrerede områder med etagebebyggelse, udlagdes kvarterer med forskellige former for enfamilieshuse. I Birkerød udlagdes desuden industrikvarterer vest og sydøst for det gamle stationsbyområde, mens sådanne kvarterer opstod i udkanten af både, Kirke Værløse, Værløse og Farum.[179]

Dele af Farums industrikvarter til venstre og til højre det monstrøse, og tillige udenfor Farum kendte, almennyttige Farum Midtpunkt i midten af 70'erne. Da facaderne beklædes med korroderende jernplader, fik boligbebyggelsen i samtiden øgenavnet "Rustenborg" (Fotograf Niels Vang Larsen (1915-1996), Furesø Museer).

---

[179] Bjarne Birkbak: Den lange vej til København- Transportlinjer, spekulation og selvbyggere i Farum, Hovedstadsmetropolen efter 1945, 2011, s. 181-193. Chr. Merup Jensen: En by og dens borgere, Landskab: tidsskrift for planlægning af have og landskab, 74 Årg. 55, nr. 3, 1974, s. 56-59. Niels Peter Stilling: Hvor storbyens skygge strejfer landet. Birkerød fra landsogn til storkommune, 2008.

Kapitel 4

Konklusion

I de sidste 15 års forskning i hovedstadsmetropolens udvikling som en byregion siden midten af det 19. århundrede, er der også blevet sat fokus på de funktionelt forskelligartede byenheder, der indgår i den interaktion, som, sammen med regionale rammebetingelser for dette samspil, binder metropolen sammen som en funktionel byregion. Indtil videre er hovedstaden som en del af hovedstadsmetropolen og metropolens ydre pendlersatellitbyer og sommerhusbyer blevet belyst. I løbet af 2025 udgives desuden en antologi om købstæderne i det førindustrielle Københavns opland, og hvorledes disse særlig efter midten af det 20. århundrede bliver en del af metropolen.

Ud fra den i indledningen givne arbejdshypotese og problemstilling har den her foreliggende bog i dette århundrede påvist, hvorledes velfærds- og velstandsforstæder, men også andre forstadsformer bliver en del af hovedstadsmetropolens forstadsdannelse, der tager sin spæde begyndelse fra slutningen af 1800-tallet.

Afdækningen af disse forstadsformer har omfattet hver sin halvdel af det 20. århundrede, og er i begge perioder blevet koblet til både den forstadsdannelse, der bliver en del hovedstadsmetropolens udvikling som en byregion, og de statslige og regionale rammer, som i stadig videre omfang ledsager denne urbane proces. Afsættet for en afdækning af forstadsformernes kendetegn, baggrund og lokalkommunale dispositioner, der bidrager til, forstærker eller forandrer forstadsformernes karakter.

Forstadsformer i støbeskeen, perioden før 1950

Med dette udgangspunkt påviser bogen, hvorledes det førindustrielle og fæstningsindespærrede København med 130.000 indbyggere i midten af det 19. århundrede i de følgende 100 år forvandles til en fremvoksende hovedstadsmetropol med 1,2 mio. indbyggere. Frem til tiden omkring første verdenskrig påviser bogen et indre Københavns transformation til en centralby, udenom dannelsen af to bylag med industri- og boligområder og i periferien spirende forstæder langs Strandvejen og i Søborg, Tårnby og Kastrup. I mellemkrigstiden og 40´erne har bogen iagttaget både en udbygning af hovedstaden med dannelsen af et tredje bylag med industri- og boligområder i dens yderdistrikter og en udenom liggende sammenvokset koncentrisk samtidig forstadsdannelse i et 5-15 km bredt og buet bælte fra Øresund til Køge Bugt.

Det sociale statustab

En urbane proces, der har i vid udstrækning svarer til den, som amerikanerne E. Burgess samt Chauncy D. Harris og Edward L. Ullmann påviser i USA's byregioner i henholdsvis i 20´erne og 40´erne. Idet den også her regionalt planløse byspredning fører til dannelse af nye sammenvoksede bylag i takt med, at indre og ældre urbane lag udfyldes med bebyggelse. I disse nye bylag eller rettere i de ældre forstadskerner, som Harris og Ullmann ser som en del af de amerikanske byregioner i midten af 40´erne, har de samtidig påvist en betydelig social og funktionel diversitet.

Hvorvidt den danske hovedstadsmetropols forstæder i perioden også har haft en funktionel og social forskelligartethed, og der på dette grundlag kan udskilles forskellige forstadsformer før midten af det 20. århundrede, udgør et af denne bogs centrale spørgsmål. I forhold til den eneste synteseskabende fremstilling af historien om metropolens forstæder, kan det i første omgang konstateres, at bogen, som Poul Sverrild, påviser et socialt statustab i forstæderne i et halvcirkelsalg uden om hovedstaden fra Øresundskysten i nordøst og til Køge Bugt i sydvest.

Et socialt statustab, som bogen dokumenterer ikke blot omfatter en forskellig klassemæssig sammensætning, men også signifikante forskelle i indkomster, formuer, omfanget af personer på offentlig forsorg, detailhandelens omsætning, boligers størrelse m.m. Selv om bogen betragter centralbyen, og de tre omliggende bylag med industri- og boligområder på københavnske og frederiksbergske bro- og bykvarterer og yderdistrikter som én integreret urban enhed, der betegnes hovedstaden og adskiller sig fra forstæderne, påviser den endvidere de samme erhvervs- og bebyggelsesmæssige forskelle i forstandsdannelsen, som Sverrild også ser kendetegne de senere forstadsgenerationer, som han opstiller i værket *Vejene til Hvidovre*.

Nationale, regionale og lokale rammer

Hvorvidt dette sociale statustab og disse erhvervs- og bebyggelsesmæssige forskelle i hovedstadsmetropolens forstadsdannelse bliver et resultat af forskelligartede forstadsformer, disse bliver et produkt af forstadsdannelsen, der har været et samspil mellem forstadsform- og dannelse, eller helt andre faktorer bag forstadsformernes karakter har gjort sig gældende, har indtil videre været et ubesvaret spørgsmål.

I indledningen omtalte Niels Albertsen og Bülent Diken udskiller ganske vist i en artikel til *Nordic Journal af Architectural Research* en socialdemokratisk skandinavisk velfærdsby og en nordamerikansk liberal velfærdsbyform, men deres betragtninger vedrører alene efterkrigstidsperioden. Samtidig med, at forskningen i den danske hovedstadsmetropols forstadsudvikling i den første halvdel af det 20. århundrede ikke opererer med forskellige forstadsformer.

Den anskuer således alene de ovennævnte sociale forskelle forstæderne imellem, og ser dem, som udtryk for, hvorledes forskelle i urban velfærd kommer til udtryk gennem forskelligartede bolig- og plandispositioner truffet af socialdemokratiske eller konservativt styrede kommuner. Uden af afdække de kræfter, der ligger bag de forskellige lokalkommunale politiske regimer, de kommunaløkonomiske forudsætninger for at disse kan agere og eksterne faktorer, der øver indflydelse på denne ageren.

Alene også i indledningen nævnte Magnus Linnarsson har i indledningskapitlet til antologien *Nordic Welfare Cities* tangeret kræfter bag urban velfærd, og ser i dette, som også danske fremstillinger, at i hvert fald København (og de øvrige nordiske hovedstæder) udvikler sig til velfærdsbyer i årtierne omkring århundredskiftet.[180]

Vægten lægges her på den politisk konsensus for så vidt etablering af forsyningsværker- og systemer, forgrenet sporvejsdrift, kloakering, byggeri af skoler og hospitaler og jorderhvervelse og servitutudnyttelse til planlægning af byggeriet. Et sæt af bymæssige funktioner, som Linnarsson betegner som velfærdsgoder, der bliver drevet frem af de behov, der følger af den kraftige urbanisering og resulterer i den velfærdsby, som han ser som forløberen for og den drivende kraft bag velfærdsstaten.

For så vidt drivkræfterne bag den grad af urban velfærd, som København opnår på dette tidspunkt, lægger denne bog imidlertid vægt på, at den danske hovedstads transformation til en velfærdsby fra slutningen af 1890´erne bliver baseret på en socialdemokratisk og socialliberal politisk organiseret klassealliance mellem arbejdere, funktionærer og små selvstændige om centrale elementer i en demokarisk socialistisk formuleret strategi, der betegnedes: Kommunesocialisme. En strategi, som fra

---

[180] Tim Knudsen: Storbyen støbes. København mellem kaos og byplan 1840- 1917, 1988.

omkring første verdenskrig drives videre af et socialdemokratisk flertal baseret på en politisk organisering af arbejderes og lavfunktionærers interesser.

Den her foreliggende bog erkender, at København og enkelte andre danske storbyer som velfærdsbyer, baner vejen for velfærdsstaten. Men lægger derimod i højere grad vægt på, at det blev en kombination af kriser og en landsomfattende politisk organiseret socialdemokratisk og socialliberal klassealliance mellem by- og landarbejder, lavfunktionærer og husmænd, som allerede under den første verdenskrig og i mellemkrigstiden og 40´erne blev den drivende kraft bag en tidlig dansk velfærdsstatsform.

En følge af, at den urbane og særlige den rurale klassestrukturer var anderledes i Danmark end i det øvrige Norden og med det resultat, at den fremvoksende danske velfærdsstat, i modsætning til de øvrige nordiske lande, i stadig højere grad tidligt kom til at udstikke rammer for kommunernes og dermed også byernes udvikling. På samme tid, som offentlige og tillige private aktører, ud fra forskellige interesser, specifikt lokalt i den fremvoksende danske hovedstadsmetropol samtidig traf dispositioner, som samlet set kom til at udgøre regionale rammebetingelser for metropolens funktion som en byregion.

I metropolens forstæder kom disse rammebetingelser til at omfatte amtskommunernes ansvar for regionale landeveje og sygehusbehandling og statens og hovedstadskommunernes for gymnasial skoleundervisning, mens den kollektive trafik blev overladt statslige, kommunale og privat aktører. På samme tidspunkt, som to store kommunale forsyningsaktører og fælleskommunale samvirker kom til at stå for de fleste af forstædernes energi- og vandforsyning og regionale spildevandsafledning.

Under disse tidlige både velfærdsstatslige rammer og særlige urbanregionale rammebetingelser i hovedstadsmetropolen, der samtidig lettede forstæderne og andre af metropolens urbane enheder for en række lokalkommunale opgaver, påviser bogen, at der i mellemkrigstiden og 40´erne i vidt omfang blev givet også forstadskommunerne mulighed for i et stærkt varierede omfang både at udmønte den velfærdsstatslige velfærdslovgivning og at planlægge byspredning og fordeling af bebyggelsesarter med forskellig funktion. For sidstnævnte opgavevaretagelse en følge af, at regional fysisk planlægning i den fremvoksende hovedstadsmetropol endnu ikke var gennemført som en regional rammebetingelse, hvorved forstadskommunerne fik mulighed for lokalt at understøtte eller forandre den lokale erhvervs- og bebyggelsesmæssige struktur.

Disse plandispositionsmuligheder, blev yderligere understøttet af de kommunale byplanmæssige beføjelser, der fulgte med byplanloven fra 1938 og indirekte af periodens statslåneordninger til boligbyggeri, men blev omvendt begrænset de af de meget store erhvervelser af ubebyggede arealer, som Københavns Kommune gennemførte i datidens forstadsområde. Med en senere indlemmelse af dette i en københavnsk metropolkommune for øje. Men med den konsekvens, at forstadskommunerne fik vanskeligheder ved både at få det fulde herredømme over bebyggelsesudviklingen i store dele af deres område og her at opkøbe tilsvarende arealer, som var forudsætningen for en effektfuld lokalkommunal bebyggelsesplanlægning.

I forhold til Linnarssons tese, påviser bogen, at den stadig større urbanitet i den danske hovedstadsmetropols forstæder ikke nærmest pr. automatik førte til urban velfærd. Karakteren og omfanget af velfærd og dermed forstadsformen blev, under de nævnte velfærdsstatslige og urbanregionale rammer, således et resultat af en forskelligartet både lokalpolitisk organisering af de stedlige dominerende klassers interesser og lokalkommunal økonomi, der udsprang af de lokale forskelligartede sociale og erhvervs- og bebyggelsesmæssige strukturer.

Bogen afdækker endvidere, at den forstadsform, der blev et produkt af de stedlige lokalkommunale politiske og økonomiske kræfter, enten understøttede og forstærkede eller forandrede de lokale sociale og erhvervs- og bebyggelsesmæssige strukturer og grader af tilknyttet velfærd, som de potente markedskræfter på forhånd allerede havde skabt og fremover forsat havde potentiale til at cementere eller transformere. Gennem forskellige grund- og ejendomsværdiers indflydelse på både graden og arten af lokalisering af realkapital og boligbyggeri i henseende til ejdomsform, bebyggelsesform- og kvalitet, boligstørrelse- og udgift.

Den første forstadsdannelse

Bogen har i den forbindelse afdækket, at netop særlige beliggenhedsfaktorer, høje grund- og ejendomsværdier, og dermed markedsbetingede faktorer fra slutningen af det 19. århundrede frem til tiden omkring første verdenskrig blev afgørende for den første forstadsdannelse, der førte til velhaverforstæder i Gentofte Sognekommune. Disse forstæder koncentreredes i første omgang til områder omkring Strandvejen, men bredte sig siden i vestlige retning. Gentofte-forstæderne omfattede vidstrakte kvarterer med store villaer og randetagebebyggelse med store lejligheder og detailhandel i stueetagen langs nogle af de gennemgående gader og fik, bekvemt for beboerne, henvist fabriksvirksomhed til det reelt københavnske industrikvarter ved Tuborg Havn i sognekommunens yderste sydøstlige del.

Endvidere påviser bogen, at denne velhaverforstadsform, blot med store villaer, efterhånden begyndte at brede sig videre til Søllerød og Hørsholm sognekommuner. En forstadsdannelse, som Burgess også iagttager i 20´ernes amerikanske byregioner, idet den stedlige befolkning havde midler til, de for den længere pendling nødvendige, personbiler. Med det resultat, at disse velhaverforstæder her bredte sig over store områder, hvor grundpriserne skruedes kraftigt op, mens arbejderklassen koncentreredes til enorme forslummede boligområder i de indre bylag.

Denne urbane proces slog dog i langt mindre grad igennem i den langt mindre fremvoksende danske hovedstadsmetropol. Her var hovedstadens to indre bylag fyldt op, og en tilsvarende udvikling igangsat i det tredje bylag. Med de deraf følgende her stigende grundpriser og den meget betydelige samtidige boligmangel op til, under og efter første verdenskrig, påviser bogen en forstadstilflytning af arbejdere, lavfunktionærer og små selvstændige i de dele af hovedstadsoplandet, der var mindre attraktivt, og hvor grund- og ejendomsværdierne til gengæld var lave. Samtidig med de efterhånden ganske udbredte forstadsdannelse på Nordegnen, påviser bogen således tidlige forstæder i Søborg og Tårnby og på den inderste Vestegn, der mestendels i første omgang kom til at omfatte mindre grundmurede huse, men i stigende grad også ulovligt helsårsbeboede lysthuse opført af genbrugsmaterialer.

Velstandsforstaden

Mens disse forstæder fra starten stod med både kommunaløkonomisk stærkt belastende udgifter til håndteringen af overgangen fra land til forstad og et svagt kommunalt beskatningsgrundlag, som følge af tilflytningens sociale sammensætning, dokumenterer bogen, at velstandsforstaden tidligt udvikledes i Gentofte-forstæderne. Idet den her særdeles velhavende befolkning af egen drift og siden med kommunal medvirken pålagde de enkelte ejendommene villaservitutter. Samtidig med, at Gentofte-forstædernes særdeles købedygtige borgere længe før første verdenskrig gav kapitalkræfter en betydelig økonomisk gevinst ved at etablere sporvejsforbindelser til hovedstaden og produktions- og distributionssystemer for vand-, gas- og elektricitet.

Goder for den bosiddende overklasse, som det konservative kommunestyre videreudviklede i mellemkrigstiden og 40´erne. I form af en socialt segregerende bebyggelsesplanlægning og boligpolitik, der udlagde store villakvarterer og enklaver af etagebyggeri med store boliger og stort set udelukkede socialt boligbyggeri og industrielle bebyggelser. På samme tid, som det lokalkommunale velfærdssystem stort holdt sig på et minimumsniveau, og samme velstandsforstadsformen i videre omfang udfoldedes i Søllerød og Hørsholm sognekommuner af de stedlige konservative sognerådsregimer.

I amerikanske byregioner ser Harris og Ullmann, som anført ovenfor, tilsvarende forstadskerner, men inddrager kun beliggenhed og høje grundpriser, som bagvedliggende faktorer. Denne bog tillægger ganske vist disse faktorer vægt til forståelsen af velstandsforstaden, men det er dens bærende argument, at denne forstadsform fik sin særlige karakter som følge af den stedlige befolknings klassesammensætning og den lokalkommunale politiske organisering af den her dominerende klasses interesser.

Herved blev velstandsformen ikke kendetegnet af de sæt af velfærdsgoder, som Linnarsson kobler til sociale og miljømæssige problemer og behov for varetagelse af en række funktioner af betydning for byens funktionalitet, som udsprang af industrialiseringens urbanisering. Udfordringer og behov, der ganske vist var eller i hvert fald potentielt var til stede i velstandsforstæderne, men som det lokalkommunale system enten håndterede til fordel for den stedlige og dominerende overklasse, behændigt manøvrerede sig uden om eller helt undlod at imødegå.

Velfærdsforstaden
Trods samme beliggenhed og dermed samme kulturhistoriske og naturmæssige forudsætninger, påviser bogen, at periodens mest rendyrkede velfærdsforstæder i Lyngby-Taarbæk Sognekommune, nærmeste grotesk, kom til at skyde sig ind som en kile mellem Nordegnens velstandsforstæder. Stærkt udbyggede tidligere merkantilistiske industrier i Mølleådalen og senere en meget betydelig hovedstadsindustri i Lyngby, der som oplandsstationsby tillige fik betydelig detailhandel og håndværksvirksomhed, blev grundlaget for det differentierede erhvervsmæssige karaktertræk, som udgjorde et af kendetegnene ved en velfærdsforstadsform, som her blev drevet videre frem i 30´og 40´erne.

Ikke kun som en følge af Lyngbys komplekse urbanitet og med denne som bidragende til dannelsen af en velfærdsby før velfærdsstaten, der er kernen i Linnarssons indledningskapitel i antologien *Nordic Welfare Cities*. Men som et resultat af en stor arbejderbefolkning og et betydeligt lag af lavere funktionærer, der fulgte af sognekommunens diverse erhvervsgrundlag, og som tidligt skabte grundlaget for både et solidt beskatningsgrundlag og et socialdemokratisk sognerådsflertal fra 1913. Et flertal, som, bogen påviser, ikke blot fra starten gennemførte en, i forhold til andre af de fremvoksende forstæder, helt uset bebyggelsesregulering og understøttelse af det sociale boligområde. Men i de to efterfølgende årtier frem til midten af århundredet, ved udnyttelse af den tidlige velfærdsstats rammer til det yderste, også gennemdrev en velfærdsforstadsform, som pegede frem mod efterkrigstidens forstadsdannelser.

Bogen dokumenterer i den forbindelse, at denne velfærdsforstadsform, under Lyngby stationsbys transformation til forstad og Virums overgang fra land til forstad, udover en differentieret erhvervsstruktur, bl.a. blev et resultat af en fremsynet forstadsplanlægning. I form af både centerdannelse ved de nye S-banestationer, en derfra aftrappende bygningshøjde og arealudnyttelsesgrad i de omliggende boligkvarterer samt et meget omfattende socialt boligbyggeri og flere boliger i etagebyggeri og med mindre og mellemstore lejligheder. Hertil kom, at det kommunale velfærdssystems ydelser og institutioner lagde sig på et signifikant højere niveau end i andre af mellemkrigstidens og 40´ernes forstæder.

Velfærdsforstæder i svøb
Det mere solide kommunaløkonomiske grundlag, som udgjorde forudsætningen for, at det socialdemokratiske sognerådsflertal tidligt i vidt omfang kunne fremdrive en velfærdsforstadsform i Lyngby-Taarbæk Sognekommune, tilvejebragtes derimod først senere i forstæderne uden for Nordegnen. I

Søborg opstod, som anført ovenfor, en tidlig forstadsdannelse, der efterhånden udbredtes med flere kvarterer med grundmurede småhuse og et før, under og efter første verdenskrigen også ganske stort byggeri af forannævnte ulovligt helsårsbeboede lysthuse.

Det blev grundlaget for en stor arbejderbefolkning og gruppe af lavfunktionærer og et dermed social-demokratisk flertal i Gladsaxe Sogneråd fra 1913, der efterfulgtes af et tilsvarende systemskifte i Tårnby og Glostrup sogneråd i 1917 og 1929. Her blev det store antal arbejdere og lavfunktionærer en følge af en betydelig hovedstadsindustri i Glostrup og Kastrup stationsbyer og en omliggende, og også i Tårnby udtalt, forstadsdannelse tillige med grundmurede småhuse og helsårsbeboede lysthuse på bil-lige byggegrunde. Medvirkende til, at bogen kan påvise, at Gladsaxe, Tårnby og Glostrup sognekom-muner i starten stod med et svagt beskatningsgrundlag, der udfordredes af store udgifter ved overgan-gen fra land til forstad.

Disse udgifter fulgte af, at størstedelen af den stedlige forstadsdannelse opstod på så at sige bar mark og på grundlag spekulative masseudstykninger, der ikke havde undergået nogen form for byggemod-ning. Med det resultat, at sognekommunerne ikke blot skulle etablere elementær urban skoleundervis-ning og social forsorg, men også basale tekniske faciliteter som bæredygtige veje, trykvand og kloake-ring.

Udfordringer, der ikke desto mindre håndteredes tidligere i de tre sognekommuner end i andre forstæ-der uden for Nordegnen, som følge af et her efterhånden trods alt relativt bæredygtigt beskatnings-grundlag. I Gladsaxe-forstæderne, som konsekvens at den tidlig forstadsdannelse i bunden af Søborg efterhånden bredte sig til stadig større områder med et forholdsvis større antal grundmurede småhuse med faglærte arbejdere, lavfunktionærer og små selvstændige end helårsbeboede lysthuse. En sociale og boligbebyggelsesmæssig sammensætninger, der tillige kendetegnede Tårnby og desuden Kastrup og Glostrup, da disse før forstadsdannelsen samtidig byggede på tidligere stationsbyer med en diffe-rentieret erhvervsstruktur.

Med disse økonomiske forudsætninger, påviser bogen, at Gladsaxe Sognekommune i 30´erne kunne slå ind på en egentlig byplanlægning, der bl.a. førte til udlæggelse af et meget stort industrikvarter. Dermed fik Gladsaxe-forstæderne den industrielle karakter, som også kendetegnede Kastrup og Glos-trup og her understøttedes af udvidelser af eksisterende industriområder. Samme med omliggende yderligere kvarterer med småhuse understøttedes samtidig de to stationsbyers forstadskarakter. Men selv om disses og Gladsaxe-forstædernes industrielle kendetegn var karakteristiske for velfærdsforstæ-der, blev det først i løbet af 30´erne og for alvor i 40´erne, at denne forstadsform satte sig igennem i de tre sognekommuners velfærdssystem og bebyggelsesplanlægning.

Som følge af et samspil af forskellige faktorer. Både i form et forsat socialdemokratisk sognerådsflertal, en vedvarende stigende tilflytning af faglærte arbejder og lavere placerede funktionærer og et deraf følgende yderligere forbedret skattegrundlag, som kunne finansiere opbygningen af et lokalt velfærds-system og byplanmæssige dispositioner. Hertil kom de muligheder, som velfærdsstaten gav for en gen-nemgribende bebyggelsesplanlægning ved både 1938-byplanloven og de kraftigt udvidede statslåne-ordninger til boligbyggeri. Grundlaget for et betydeligt almennyttige byggeri, mere udbredte etagehus-bebyggelser og en boligmasse med en bredere sammensætning af mindre og mellemstore boliger.

Selv om Gladsaxe, Tårnby og Glostrup sognekommuner fik den stadig højere grad urbanitet, der fulgte af forstadsdannelsen, og som Linnarsson i indledningskapitlet til antologien *Nordic Welfare Cities* ser som drivende for en velfærdsby, blev konturerne af velfærdsforstæder også her et produkt af klassebaserede lokalkommunale dispositioner, en efterhånden mere konsolideret kommunaløkonomi og de nye og forøgede muligheder, som den tidlige velfærdsstat gav kommunerne.

Udviklingsforstæder

I modsætning til de øvrige forstæder udenfor Nordegnen fik forstadsdannelsen på Vestegnen og i Herlev Sognekommune ikke samme karakter af velfærdsforstæder inden midten af århundredet. Bogen påviser således, at den mere differentieret erhvervsstruktur med et industrielt tyngdepunkt, som kendetegnede velfærdsforstæderne, ikke nåede at slå igennem i disse dele af den fremvoksende hovedstadsmetropols forstadsområde. Samtidig med, at de borgerlige sogneråd i Herlev og Brøndby længe blokerede for forstadsdannelse for at undgå det svagere beskatningsgrund og de omkostningstunge opgaver, der ville følge med overgangen fra land til forstad.

Bogen afdækker imidlertid, at en sådan forstadsdannelse allerede før første verdenskrig igangsattes på den inderste Vestegn med meget betydelige ikke byggemodnede spekulative småparceludstykninger. Selv om disse udstykninger havde samme karakter som i de øvrige forstæder udenfor Nordegnen, blev de i modsætning hertil kentegnet af en i forhold til grundmurede småhuse større mængde af ulovligt helårsbeboede lysthuse. Trods denne urbanitet og de problemer, der fulgte med, førte det ikke, som forventet ud fra Linnarssons indledende kapitel i *Nordic Welfare Cities,* til dannelse af velfærdsforstæder i Hvidovre og Rødovre sognekommuner. Tværtimod, da de stedlige borgerlige sogneråd afholdt sig fra både en hver form for opbygning af et velfærdssystem og byggemodning, der blev overladt til grundejerforeningerne. På samme tid, som de med alle kneb forsøgte både at stoppe den illegale helårsbeboelse i lysthusene og at fratage deres beboere de rettigheder, som de lovlige helsårsbeboere havde.

På den baggrund påviser artiklen dybe klassekonflikter mellem de jordbesiddendes sogneådsflertal og de forstadstilflyttende, der helt overvejende bestod af arbejdere, som tilsluttede sig Socialdemokratiet. Selv om konflikten om de helårsbeboede lysthuse løstes med en passus i folkeregisterloven i 1924, og Socialdemokratiet i de følgende år opnåede sognerådsflertallene i Hvidovre og Rødovre, forblev de to sognekommuner som udviklingsforstæder helt frem til århundredets midte. Idet det stedlige svage beskatningsgrundlag udfordredes af udgifter til den elementære urbane skolegang og socialforsorg og den byggemodning, der ikke var tilvejebragt under det borgerlige sognerådsregime og i stigende omfang fulgte med den videre overgang fra land til forstad.

Udfordringer, som også kom til at kendetegne Brøndbyerne og Herlev, da de socialdemokratiske flertal fra 1937 i løbet af 40´erne tog skidt til at indlede en urban proces som udviklingsforstæder. Her, som i Rødovre og Hvidovre, uden der inden midten af århundredet tilvejebragtes et velfærdssystem, som svarede til de øvrige velfærdsforstæder. Kun med meget sene dispositionsplaner og påbegyndelse af et omfattende almennyttigt boligbyggeri, som også her støttedes af velfærdsstatens byplanlov og låneordninger til boligbyggeri, blev der givet muligheder for, at forstæderne på den indre Vest- og Nordvestegn stod foran en transformation til velfærdsforstæder.

Forstadsformernes udvikling, efterkrigstiden

Mens Albertsen og Diken i deres artikel i *Nordic Journal af Architectural Research* kategorisk afviser en direkte afspejling af efterkrigstidens velfærdsstat i periodens velfærdsby, udmærker også i indledningen nævnte Heiko Droste sig ved i sin artikel i *Nordic Welfare Cities* at forlænge denne antologis tidsperspektiv til tiden efter midten af det 20. århundrede. Droste peger i den forbindelse på, at de svenske kommuners autonomi blev begrænset i perioden, da de gennem centralstatsligt fastlagte regler og finansieringsformer skulle udmønte den universalistiske velfærdsstats politikområder.

Universalistisk velfærdsstat og regionale rammebetingelser

Denne bog påviser en helt tilsvarende udvikling i Danmark og tillige, at der i hovedstadsmetropolen samtidig gennemførtes stærkt udvidede regionale rammebetingelser for metropolens funktion som en byregion. I den første efterkrigstid tilvejebragtes rammebetingelserne af staten og en række andre regionale offentlige aktører og i den sidste efterkrigstid af regionskommunale Hovedstadsrådet.

Med den fysiske og trafikale planlægning, der indgik i disse regionale rammebetingelser, påviser bogen: Dels at det ældre sammenbyggede og koncentriske forstadsbælte uden om hovedstaden fligedes ud i radiale forstandsbånd langs S- og regionalbaner og motorveje, der løb frem til den omliggende ring af købstæder. Dels at hver forstadsby i hvert forstadsbånd i vid udstrækning struktureredes efter en ensartet model med stationscentre med forretninger og institutioner, en herfra aftagende bebyggelsesintensitet i de omliggende boligområder for forskellige sociale klasser og yderstliggende industrikvarterer.

Bogen har, som påvist ovenfor, peget på, at denne regionalt planlagte forstadsmodel allerede i 30´erne introduceredes i velfærdsforstæderne i Lyngby-Taarbæk Kommune, og at den i efterkrigstiden med sin fællesskabsorienterede karakter afspejlede den universalistiske velfærdsstats lighedsskabende ideologi. Selv om denne model blev udbredt til de store dele af hovedstadsmetropolens forstæder, der endnu var ubebygget og ikke byplanlagt i midten af det 20. århundrede, og her lagede erhvervs- og bebyggelsesmæssige rammer for velfærdsforstæder, påviser bogen, at det blev op til det lokalkommunale selvstyre, indenfor lovgivningens rammer og de øvrige regionale rammebetingelser, at fastlægge karakteren og omfanget af velfærdssystemet og hvilke aktører, der skulle stå bag boligbyggeriet.

Desuden påviser bogen, at samme lokalkommunale beføjelser også omfattede kommuner, som allerede udgjorde mere udbyggede og gennemgribende byplanlagte forstæder, som dermed i mindre grad blev omfattet af den regionale fysiske planlægning. Samtidig med, at disse kommuner i højere grad kunne disponere over anvendelse af de tilbageværende allerede byplanlagte ubebyggede restarealer, der af den regionale fysiske planlægning blot her udlagdes som inder- eller mellemzone (senere byzone) og uden regionale bindinger for arealanvendelsen.

Drivkræfter

Ud fra disse på forhånd fastlagte velfærdsstatslige rammer og regionale rammebetingelser for hovedstadsmetropolen urbanregionale funktion og med de forstadsformer, som havde udviklet sig eller var under udvikling frem til midten af århundredet, påviser bogen, at hovedstadsmetropolens indre forstæder i efterkrigstiden kom til at omfatte de hidtidige velstandsforstæder, en større gruppe velfærdsforstæder og i forhold hertil også hybride forstadsformer. Lokalt fremdrevet af en politisk organisering af de stedlige dominerende klassers interesser, der baseredes på den klassestruktur, som udsprang af lokalsamfundets erhvervs- og bebyggelsesmæssige struktur, hvis karakter, bogen påviser, på samme tid blev styret af en række faktorer.

Disse omfattede ikke blot de markedskræfter, der, bl.a. som følge af lokale forskelle i grund- og ejendomsværdier, havde betydning for graden og arten af lokalisering af realkapital og boligbyggeri i henseende til ejdomsform, bebyggelsesform- og kvalitet, boligstørrelse- og udgift. Men i stadig større omfang også af den, ovenfor anførte, velfærdsstatslige styring og planlægning, der i hovedstadsmetropolen i særlig grad og i stadig større omfang yderligere udmøntedes ved regionale aktørers både fysiske og trafikale planlægning, drift af kollektiv trafik og opgavevaretagelse, og som tillige rammesatte det lokalkommunalpolitiske niveaus dispositionsmuligheder for så vidt graden og omfanget af både velfærd, almennyttigt boligbyggeri og arealanvendelse.

Med den forklaringsmodel går bogen et spadestik dybere end den hidtidige forskning i hovedstadsmetropolens forstadsudvikling, der ser dennes forskelligartede sociale fremtrædelsesform blot som resultat af socialdemokratisk og konservativ bolig- og planpolitik. Og dermed hverken afdækker de velfærdsstatslige og regionale rammers betydning og de bagved liggende klassemæssige faktorer, der har deres udspring i lokalsamfundets erhvervs- og bebyggelsesmæssige struktur og udvikling, og som også i vidt omfang bidrager til den lokale forstadsform. En forklaringsdybde, som Albertsen og Diken heller ikke opnår, når de blot giver forskelligartet urban velfærd politisk-ideologiske prædikater som skandinavisk socialdemokratiske og nordamerikansk liberalistiske.

Globalt perspektiv

Til gengæld genkender bogen i hovedstadsmetropolens velfærdsforstæder de træk, som Albertsen og Diken tillægger den skandinavisk-socialdemokratiske velfærdsby, og nogen i grad også de kendetegn ved metropolens velstandsforstæder, som Albertsen og Diken ser karakteristiske for forstæderne i de amerikanske byregioner. Derimod genkendes hverken i den danske hovedstadsmetropol, og med al sandsynlighed heller ikke i andre skandinaviske og vesteuropæiske byregioner, den karakter, som Albertsen og Diken ser kendetegnede for de nordamerikanske liberale velfærdsbyer som helhed.

Ganske vist blev den danske hovedstadsmetropols centralby (København-Frederiksberg) i efterkrigstiden kendetegnet af affolkning- og industrialisering, forslumning og et tilbageværende socialt dårligere stillet befolkningssegment. Men denne indre del af metropolen fik ikke den karakter af "velfærds minighettoer" med vægt på offentlig bistand og boligprogrammer på eksistensniveau, som Albertsen og Diken ser kendetegne den nordamerikanske liberal velfærdsby. Heller ikke dens udbredte forstæder for mellem- og overklassen genkendes i danske hovedstadsmetropol, og harmonerer i øvrigt ikke med den opblanding af socialt og funktionelt forskelligartede forstadskerner (forstadsformer), som Harris og Ullmann ser som karakteristiske for de nordamerikanske byregioner. Derimod segregeredes den danske hovedstadsmetropols forstadsområde socialt i form af velstands- og velfærdsforstæder, men usammenligneligt i forhold til USA's byregioner.

Sikrede den omfordelende effekt af det velfærdsstatslige velfærdssystem, at hele den danske hovedstadsmetropol ikke social segregeredes i samme ekstreme omfang som de nordamerikanske byregioner, førte statsformens regionale fysiske og trafikale planlægning herudover til, at metropolen fik en rationel regional byspredning, Det gjaldt den radiale forstadsdannelse og regional lokalisering af funktionelt forskellige bebyggelsesarter, trafiklinjer og rekreative områder. I modsætning til USA's byregioner, hvor markedskræfterne og lokale myndigheders begrænsede plandispositioner styrede disse urbane processer.[181]

Som påvist af Harris og Ullmann med det resultat, at de indre ældre og nyere ydre forstadskerne voksende samme med hinanden og med de indre og ældste urbane lag, og der samtidig opstod en stærk opblanding af socialt og funktionelt forskelligartede forstadskerner (forstadsformer). På den nordamerikanske østkyst fra Boston til Washington DC opstod mellem de således kompakte byregion samtidig større eller mindre bydannelser, der sammen med jernbanelinjen Northeast Corridor og den parrallet løbende motorvejen Interstate 95 bandt området sammen til en magapol. [182]

---

[181] Gregory K. Ingram: Defining Metropolitan and Megapolitan Areas, Lincoln Institute of Land Policy, 2014. https://www.lincolninst.edu/sites/default/files/pubfiles/2488_1835_Ingram%20WP14GI1.pdf. Jean Gottmann: Megalopolis: The urbanized northeastern seaboard of the United States. New York, 1961.
[182] Northeast Corridor Commission

I USA's mere isolerede byregioner blev det funktionelt usammenhængende og kompakt sammenvoksede bylegeme også det fremherskende træk. Mens forstæder, som f.eks. i Chicago og Detroit, uden regional planlægning, fligedes ud langs motorudfaldsvejene i byregionernes yderste del. Idet der her var et marked for udstykninger af områder for parcelhuse, industri og andre erhverv, der indbyrdes lokaliseredes mere eller mindre planløst.[183]

I skærende kontrast til vesteuropæiske, skandinaviske byregioner og in casu den danske hovedstadsmetropol, hvor kun centralbyen (København-Frederiksberg) og det omliggende ældre forstadslag fremstod som et sammenbygget bylegeme, hvorfra efterfølgende velstrukturerede forstadsbyer som perler på en snor løb frem til købstadsringen byer. Og hvor en kombination velfærdsstatens fordelingsmekanisme, regionale aktørers fysiske og trafikale planlægning og lokal organisering af klasseinteresser, havde inddæmmet hovedstadsmetropolens overklassen til velstandsforstæder og deres hybridformer i den nordøstlige del af halvcirkelslaget uden om centralbyen, hvorfra velfærdsforstæder for størstedelen af metropolens forstadsbefolkning bredte i det mest af halvcirkelslagets videre forløb i sydvestlig retning.

Halvcirkelslagets sociale statustab blev dermed langt mindre udtalt end i starten af århundredet. Velfærdsstatens efterkrigstidsuniversalisme havde herved også sat sig igennem i form af en social mere homogen forstadsdannelse i hovedstadsmetropolen. Lige på nær overklasseforstadsenklaverne i metropolens nordøstlige forstadsområde og deres fritidsudlæggere i form af eksklusive sommerhusbyer ved Kattegatkysten.

Velfærdsforstæder

Inden for de angivne velfærdsstatslige og byregionale rammer, har bogen påvist, at velfærdforstadsformen, fra et mindre afgrænset område med en tredjedel af befolkningen i hovedstadsmetropolens indre forstadsområde i midten af århundredet, udvikledes i et sådant omfang, at den i efterkrigstiden kom til at udgøre to tredjedel af samme områdes befolkningsmængde. Udover de tidlige velfærdsforstæder i Gladsaxe, Glostrup og Tårnby kom denne forstadsform, på nær Lyngby-Taarbæk, der i efterkrigstiden fik en særlig hybrid karakter (jf. nedenstående), til at omfatte hele Nordvestegnen og stort set hele Vestegnen og Køge Bugtområdet.

Af baggrundsfaktorer peger bogen ikke blot på den tidlige udbredelse af velfærdsforstæder, men i særlig grad: Dels den regionale fysiske planlægnings betydning for lokalisering og omfanget af industri, forskellige former for boligbebyggelser og placering af stationscentre. Dels en i forhold til forstadsgennemsnittet større arbejderbefolkning og gruppe af lavefunktionærer, hvis klasseinteresser også lokalkommunalt organiseredes og formuleredes af Socialdemokratiet, der, på nær en kortvarig undtagelse i Herlev, besad borgmesterposterne i velfærdsforstæderne gennem hele efterkrigstidsperioden.

Med det resultat, at velfærdsforstæderne afspejlede velfærdsstatens idégrundlag om økonomisk vækst, blandingsøkonomi og et universalistisk fordelings- og sikringssystem. En lokal samfundsmodel, hvor der var både industri og byerhverv, et udbygget system af offentlige institutioner og serviceydelser samt et differentieret boligudbud.

Erhverv, der kunne sikre både lokal beskæftigelse og andre indkomstkilder til lokalsamfundet. Institutioner og servicetilbud, som omfattede beboernes velfærd fra vugge til grav. Et boligudbud med et meget betydeligt almennyttigt byggeri, som havde til formål at skabe et stort volumen af gode og sunde

---

[183] https://translate.google.com/translate?hl=da&sl=en&u=https://www.lincolninst.edu/publications/articles/americas-megapolitan-areas&prev=search&pto=aue

boliger til huslejer og med beboerindskud, der kunne betales af lavindkomstgrupper. Men også et boligudbud, der omfattede mindre privatejede parcelhuse og rækkehuse, som kunne betales af mellemindkomster og etablere både en social balance i lokalsamfundet og et samtidigt stærkere skattegrundlag i forhold til den sociale fordeling i det almennyttige byggeri og de sociale udgifter, som dette affødte.

Velstadsforstæder

Som en nærmest grotesk modsætning, hertil påviser bogen, hvorledes den velstandsforstadsform, der allerede i midten af århundredet var opstået i Gentofte, Søllerød og Hørsholm kommuner, videreudvikledes i efterkrigstiden. Som baggrundsfaktorer peger bogen på, at Gentofte Kommune var fuldt udbygget ved periodens begyndelse, og at delvist udbyggede Søllerød og Hørsholm kommuner på samme tid var fuldt byplanlagte. Herved fik den regionale fysiske planlægning i realiteten ikke betydning for lokalisering og omfanget af industri, forskellige former for boligbebyggelser og placering af stationscentre. Den velfærdsforstadsform, der var indlejret i egns- og regionsplanlægningen, fik dermed ikke mulighed for at sætte sig igennem i eller forandre velstadsforstæderne.

Med de selvstændiges og højfunktionærlagets signifikant større befolkningsandel, i forhold til forstadsgennemsnittet, og organiseringen og formuleringen af disse klassers interesser gennem forskellige borgerlig-liberale partier og lokallister, kunne disse samtidig fastholde borgmesterposten i gennem hele efterkrigsperioden. Forudsætningen for, at de hidtidige socialt segregerende dispositionsplaner kunne fastholdes, udvides, og implementeres i lokale byplanvedtægter. På samme tid, som både velfærdudgifternes andel af de kommunale udgifter og det almene boligbyggeris andel af boligmasse- og produktion blev mindst i velstandsforstæderne.

Mens velstandsforstædernes andel af befolkningen i hovedstadsmetropolens indre forstadsområde udgjorde 44 procent i midten af århundredet, reduceredes denne andel op gennem efterkrigstiden til en femtedel. Heraf havde arbejderklassen og laget af lavfunktionærer en mindre andel, hvilket medførte, at de fire procent af hele hovedstadsmetropolens samlede befolkning, der udgjorde dens absolutte overklasse, var bosiddende i de tre velstandsforstæder, der lagde beslag på mere end en femtedel af metropolens samlede areal.

En følge af at disse kendetegnedes af store villagrunde bebygget med tilsvarende store villaer, enkelte enklaver af etagehuse med store lejligheder og meget store parkområder eller vidstrakte åbne landskaber opblandet med skove og søer. En bebyggelsesstruktur, der herved befriede hovedstadsmetropolens mest velstillede for de velfærdsforstæder, som disse samfundslag betragtede og omtalte som kedsommeligt ensartede, lavstatusområder og ideologisk ensrettende. På samme tid, som velstandsforstæderne stort set var renset for andre ubehagelige elementer som industri, alment boligbyggeri og arbejdere, som i et yderst begrænset omfang samlet koncentreredes til isolerede reservater i bekvem afstand fra villakvartererne. Et ideelt forstadslandskab for hovedstadsmetropolens overklasse, som det stort set var udsigtsløst for andre at blive en del af, og som tillige var begunstiget af Øresundskystens nærhed.

Hybride forstadsformer

Med denne koncentration af velstandsforstæderne og de vest og sydvest for liggende helt overvejende velfærdsforstæder, fastholdtes de sociale forskelle i halvcirkelsalget uden om hovedstaden. Fra højstatusområdet ved den øresundskyst, hvor den tidlige velfærdsstat i 30´erne kun havde formået at slå mindre rekreative kiler ind i den kilometervis lange række af store villaer og haver, der, omgivet af høje mure eller hegn afspærrede adgangen til kystlinjen. Til lavstatusområder i halvcirkelslagets sydlige retning mod Køge Bugt, hvor samme velfærdsstat på samme tidspunkt havde udlagt folke- og strandparker med lejrpladser for den brede metropolbefolknings friluftsliv. Et alment gode, som den universalistiske velfærdsstat udvidede ved samme sted at udlægge Køge Bugt Strandpark for samme befolkningssegment.

For den godt en ottendedel af den indre hovedstadsmetropols forstadsbefolkning, der udlevede arbejds- og/eller fritidslivet i dette halvcirkelslag, men ikke boede eller arbejdede i velfærds- og velstandsforstæder, dannedes rammerne for tilværelsen af de hybride forstadsformer, som bogen har udskilt fra de nævnte to forstadsformer og afdækket karakteren af. Herved udsondres to kommuner, der på nogle områder havde samme forstadskarakter, som velfærdsforstæderne, og tre kommuner, hvis forstadskendetegn tenderede træk, der karakteriserede velstandsforstæder.

Semivelfærdsforstæder
Blandt de forstæder, som borgen betegner og udskiller som semivelfærdsforstæder, indgår Lyngby-Taarbæk og Høje Tåstrup kommuners forstæder, hvis særlige forstadsform, men også stærkt forskelligartede baggrund, bogen samtidig afdækker. Ved midten af århundredet var Lyngby-Taarbæk, som anført overfor, således blevet udviklet som hovedstadsmetropolens mest udtalte velfærdsforstad. De bebyggelsesplaner og aftaler, der dannede grundlag herfor, rakte imidlertid langt ind i efterkrigstiden, hvorved kommunen fik et ganske udbredt almennyttigt boligbyggeri, et betydeligt etagebyggeri og en bebyggelsesstruktur, der, med stationscentre, omgivende boligbyggerier med aftrappende bygningshøjde og uden omliggende industri, også kendetegnede velfærdsforstæderne.

Det blev imidlertid global konkurrenceudsættelse af dele af Lyngbys ældre hovedstadsindustri og forflyttelse af andre dele af denne til mere rentable produktionslokaliteter, der borteroderede det meget markante industrielle islæt, som hidtil havde kendetegnet kommunen som en velfærdsforstad. I samme retning gik 40´ernes udtalte indflytning af højere rangerede og gagerede funktionærer i kommunens store mængde af nyopførte parcelhuse, der fulgte med de stedlige relativt højere ejendomsværdier. En forandring af den sociale sammensætning, der allerede i 1950 fjerede det klassefundament, som det hidtil socialdemokratiske kommunestyre havde hvilet på.

Det konservative styre, som fulgte efter, førte til, at en række af de kendetegn, der havde karakteriseret velfærdsforstæderne i Lyngby-Taarbæk Kommune forvandt. I form af et stop for alment boligbyggeri, en meget udtalt styrkelse af Lyngby som regionalt indkøbscenter og senere etageboligbyggeri med ejerlejligheder. Ikke desto mindre førte det socialkonservative borgmesterpartis samarbejde med det store socialdemokratiske oppositionsparti til, at velfærdsudgifternes andel af de samlede kommunale udgifter i den første del af perioden lagde sig over forstadsgennemsnittet.

På den baggrund kunne det være nærliggende at tillægge det socialkonservative, som betegnelse for Lyngby-Taarbæk Kommunes særlige forstadsform i efterkrigstiden. Omvendt vil den ikke være dækkende for de øvrige forstæder, hvis kendetegn også lagde sig mellem velfærds- og velstandsforstadsformen. Idet Lyngby-Taarbæk Kommune som forstad havde sin helt særegne form og historisk betingede baggrund, og den socialkonservative kommunalpolitiske linje i øvrigt fortonede sig i slutningen af perioden.

Til gengæld har det for denne bog været centralt, at påvise forstadsformer, der på en og samme tid adskilte sig fra og tenderede enten velfærds- eller velstandsforstadsformerne. I den forbindelse kendetegnedes Lyngby-Taarbæk Kommune af træk, der på flere område også karakteriserede velfærdsforstæderne, men også adskilte sig fra disse. Samme karakter fik forstadsformen i Høje Taastrup Kommune, om end denne i langt højere grad tenderede velfærdsforstadsformen og havde helt andre forudsætninger end i Lyngby-Taarbæk.

Bogen påviser således, at den regionale planlægning i meget vid udstrækning blev bestemmende for det industrielle islæt, den sammensætning af boligmassen og den bebyggelsesmæssige struktur, der kom til at kendetegne Høje Tåstrup Kommune og i vid udstrækning svarede til den øvrige del af hovedstadsmetropolens velfærdsforstæder. I modsætning til disse fik Høje Tåstrup derimod en betydelig større andel af store boliger, der rokkede ved et klassebaseret og politisk organiseret uafbrudt socialdemokratiske kommunestyre.

Medvirkende til bogens afdækning af, at kommunalstyrelsens socialdemokrater og konservative så at sige tidsmæssigt måtte dele borgmesterperioderne. Med det resultat, at det almennyttige boligbyggeri i Høje Taastrup langt fra fik samme volumen som i velfærdsforstæderne, og at velfærdsudgifters andel af de kommunale udgifter alene under de socialdemokratiske bormesterperioder lagde sig over forstadsgennemsnittet.

Semivelstandforstæder
Bogen påviser endelig, at Birkerød, Farum og Værløse kommuner på nogle områder fik samme træk som velfærdsforstæderne, mens de på andre i højere grad tenderede velstandsforstæderne. Som følge af den betydelige indflydelse, som den regionale fysiske planlægning ydede i disse kommuner, som i starten af perioden var mindre bebyggede og mere rurale, fik bebyggelsesstrukturen således her samme karakter som i velfærdsforstæderne. Kommunerne fik tillige et industrielt tilsnit, men det blev de mindre virksomheder, der her, i modsætning vil velfærdsforstæderne, blev dominerende.

Som i andre forstæder påviser bogen, at boligmassens sammensætning også i udkanten af Nordegnen blev afgørende for den lokale sociale sammensætning. Med et omfattende byggeri af parcel- og rækkehuse og en betydelige mængde af store boliger, kom et urbant lag af selvstændige og højere rangerende og gagerede funktionærer her til at udgøre de største befolkningsgrupper. Dermed et klassebaseret politisk organiseret grundlag for, at de tre ydere forstæder i Nordegnens periferi, med udtagelse af kortere perioder, fik et næsten uafbrudt borgerlig-liberalt kommunestyre. Omfanget af det almene boligbyggeri kom dermed i nærheden af velstandsforstæder, ligesom velfærdsudgifternes andel af de samlede kommunale udgifter også her lagde sig under forstadsgennemsnittet.

Fra centrum til periferi
I hovedstadsmetropoplens mere en 125 år lange udviklingshistorie som en byregion var forstæderne længe som rene boligforstæder en periferi i forhold til hovedstadens centralbyfunktion og gigantiske industriområder. Denne position blev gradvist forskudt i mellemkrigstiden, da folketallet i forstæderne øgedes langt mere end i hovedstad, de ældre stationsbyer med deres betydelig hovedstadsindustri blev integreret i forstadsdannelsen, Gladsaxe fik sit eget store industrikvarter, og der med dannelse af velfærds- og velstandsforstæder opstod forstadsformer med hver sin funktion og sociale profil og forskellige velfærdsniveauer og andele af socialt boligbyggeri.

Var forstæderne dermed i midten af århundredet rykket ud af periferiens skygge, blev de i efterkrigstiden omdrejningspunktet for den yderligere ekspanderende hovedstadsmetropols urbanregionale udvikling. I perioden mistede hovedstaden i vid udstrækning sin industri og en betydelig del af sin befolkning og baserede i stadig større omfang sit erhvervsgrundlag på centralbyfunktionen. Samtidig med, at forstæderne opnåede en kraftig befolkningstilvækst, blev centrum for industriel produktion og udvikling, fik både sine egne stationscentre med detailhandel og lokale liberale erhverv og tre regionale storcentre, og videreudviklede velfærds- og velstandsforstæder og hybride forstadsformer.

I årtierne omkring årtusindeskiftes fortrænges forstæderne imidlertid på ny til en periferiposition. En følge af den regionale skævvridning af hovedstadsmetropolen, der fulgte af den neoliberalistisk begrundede nedlæggelse af først Hovedstadsrådets i 1990 og amtskommunerne ved 2007-Strukturreformen. Begrundelsen byggede på: Dels den øgede konkurrence mellem de europæiske byregioner, der fulgte af den kapitalistiske markedsøkonomis yderligere globalisering, som blev konsekvensen af sammenbruddet af en bipolær økonomisk og politiske verdensorden, der afløstes af en monopolær og udvidet amerikansk kapitalistisk-imperialistisk. Dels en borgerlig-liberal tiltro til at kommunerne rundt om i landet og særlig i hovedstadsmetropolen kunne generere økonomisk vækst, hvis de fik mulighed for agere på markedsvilkår og konkurrere indbyrdes og dermed frigjordes for de regionale hensyn og bindinger, som Hovedstadsrådet og senere alene amtskommunerne blev anset for at repræsentere.

Med opløsningen af de regionale planrammer, der blev en af konsekvenserne, fik centralbykommunerne mulighed for at agerer uden hensyn til resten af hovedstadsmetropolen som en hidtil sammenhængende byregion. Resultat blev både massive byomdannelser af ældre og udtjente erhvervs- og infrastrukturområder til områder med moderne bolig-, kontor- og institutionsbyggeri og en omfattende udbygning af den stedlige trafikale infrastruktur.

Det blev forudsætningen for, at centralbyen kunne tiltrække både vækstpotente erhvervsorienterede serviceproducerende erhverv og en stadig større befolkning, og dermed opnåede kraftigere stigninger i indkomster og ejendomspriser og en større andel af lønmodtagere på mellem- og højniveau. Disse forudsætninger tilvejebragtes ikke i den øvrige del af hovedstadsmetropolen og slet ikke i den indre forstæder, hvorved traditionel og højspecialiseret industri, transport-, lager-, logistik-, bygge- og anlægsvirksomhed sammen med regional handel blev det erhvervsgrundlag, som her ikke gav den samme vækst i folketal, indkomster og ejendomspriser og bevirkede, at lønmodtagere på grundniveau fik en større befolkningsandel. De indre velfærds- og velstandsforstæder og de øvrige hybride forstadsformer var dermed sat skakmat af hovedstaden og blev, som forstæderne før den sidste verdenskrig, på ny sat i dennes skygge.[184]

---

[184] Henning Bro: "Et udpræget hastværksarbejde" Omkring Hovedstadsrådets nedlæggelse 1989, Historisk Tidsskrift, 2024, bd. 1, s. 99-130.

Appendiks 1

Statsformer siden midten af det 19. århundrede

I denne bog opereres med forskellige statsformer fra midten af det 19. århundrede og frem til slutningen af det efterfølgende. Forståelsen af disse statsformer baseres på den velfærdsstatshistoriske forskning og omfatter: En natvægterstat (1850-1890), en socialkonservativ socialhjælpsstat (1890-1914), en tidlige velfærdsstat (1914-1940) og en universalistiske velfærdsstat (1945-1990). [185]

Således forskellige historiske statsformer forstået i videste forstand (stat, primær- og sekundærkommuner) , hvortil der knytter sig forskellige og skiftede ideologier og dermed interesser for så vidt: Velfærdssystemets indretning og formål, almene produktionsbetingelsers (trafik-, forsynings – og kommunikationssektoren, samfundsplanlægning m.m.) samt regulering af forskellige samfundsmæssige ubalancer (økonomiske, natur- og arbejdsmiljømæssige m.m.).

Den liberalistiske natvægterstat
For så vidt sikringen af arbejdskraftens reproduktion, blev denne under den liberalistiske natvægterstat overladt til familien, markedet og den filantropi eller de privatfinansierede selvhjælpsbaserede sociale sikringsordning (sygekasser, ulykkesforsikring og arbejdsløshedskasser), som det private initiativ tilvejebragte. Mens det offentlige alene ydede residuale minimale ydelser og institutionstilbud.

Ud fra liberalismen dogmer sikrede natvægterstaten desuden alene produktionen og samfundslivet gennem politi-, rets-, brand- og ambulancevæsen, mens tilvejebringelsen af de øvrige almene produktionsbetingelser (på nær vejanlæg) i hovedsagen blev overladt til markedet. Samme hensynet til markedskræfternes frie udfoldelse lå tillige bag natvægterstatens mindst mulig samfundsregulering; bl.a. i form af minimale bygnings- og sundhedsbestemmelser.

Bag udformningen af den liberale natvægterstat lå styrkeforholdet i det politiske system, hvor liberalismens fortalere havde magten såvel lands- som kommunalpolitisk. I form af: Dels konservative Højre-regeringer frem til 1901 baseret på et landstingsflertal og et Venstre folketingsflertal fra 1870. Dels Venstre-styre i sognerådene og Højres magt i byrådene og i kommunalbestyrelserne i København og på Frederiksberg.

Som følge af den indskrænkede valgret til Landstinget og de kommunale råd, var arbejder- og underklassen længe afskåret fra at ændre den liberalistiske samfundsmodel. Den mere gennemgribende politiske og faglige organisering af arbejderne skete tillige så sent, at arbejderbevægelsen længe ikke udgjorde en reel trussel mod den bestående samfundsorden. Strejker og andre fagforeningsinitiativer kunne let slås ned, og først i slutningen af 80´erne begyndte de første socialdemokrater i Folketinget at fremsætte krav om velfærdsreformer.

Herud over havde industrikapitalismen endnu ikke genereret behov for en større offentlig opgavevaretagelse. Industrien var stadig så svagt udviklet og samfundsøkonomien så lidt integreret, at markedet selv kunne trække sig ud af sine kriser, uden at de blev for dybe og kom til at rumme en risiko for samfundet som helhed. Uddannelse, jernbane- og sporvejsdrift samt gas- og vandforsyning var desuden profitable områder, der kunne varetages privat, uden at det blokerede for industrikapitalens udvikling. Endelig var arbejdskraften med den stærke befolkningstilvækst og indvandring til byerne en så rigelig

---

[185] Bro: Hovedstadsmetropolen – den danske byregion, 2023, bd., s. 47-50.

og dermed billig produktionsfaktor, at det ikke var nødvendigt at værne om den gennem offentlige indgreb overfor arbejds- og boligmiljø, sociale ordninger og et ordentligt sundhedsvæsen.[186]

Den socialkonservative socialhjælpsstat

Med den socialkonservative socialhjælpsstat opbygges, på socialkonservatismens hjælp-til-selvhjælps-princip, et socialt minimalt sikrende velfærdssystem i form af statshjælp til frivillige sociale sikrings-ordninger, egentlige offentlige sikringsydelser (alderdomsunderstøttelse og hjælpekassebidrag) samt institutionstilbud så som alderdomshjem, et forstærket sygehusbyggeri og bykommunale mellem- og realskoler.

Med socialhjælpsstaten overgik samtidig anlæg og drift af jernbaner, storbyers sporveje og forsynings-værker i stadig større omfang til det til offentlige aktører samtidig med, at der gennemføres en statslå-neordning til oprettelse af husmandssteder. Herudover fulgte de første samfundsregulerende tiltag. Bl.a. i form af en fabrikslov, skærpet bygningslovgivning samt de først skidt til en købstadskommunal bebyggelsesplanlægning.

Bag socialhjælpsstatens større samfundsmæssige opgavevaretagelse lå de behov, som industrikapita-lismens forstærkede kapitalkoncentration og konkurrence genererede i årtierne omkring århundredskif-tet. For at nedsætte transport- og forsyningsomkostninger og sikre de afgørende almene produktions-betingelser, som infrastrukturen udgjorde, måtte stat og kommune påtage sig de kapitalkrævende, usikre og nu mindre profitable investeringer, som jernbaner, havneanlæg, forsyningsværker, sporveje og det sekundære vej- og kloaknet kom til at udgøre. Da landbruget på samme tid blev bedre til at opsuge overskudsbefolkningen, og industrien og byerhvervene havde behov for yderligere arbejds-kraftstilførsel og endda med flere kompetencer, blev stat og kommune samtidig garant for arbejdskraf-tens "reparation" og kvalitet gennem social sikring, sundhedsvæsen og uddannelse.

Ud over de krav, som industrikapitalismen og periodens højkonjunktur stillede til stat og kommune, blev organiseringen af den stadig større befolkning af arbejdere og dermed ligestillede lag af lavere funktionærer i en samlet arbejderbevægelse en afgørende faktor bag periodens socialhjælpsstat. Fag-lige organisationer sluttede sig til hovedorganisationen De samvirkede Fagforbund, der indgik en sam-let hovedaftale med kapitalejerne om arbejdsmarkedets spilleregler, som senere understøttedes af sta-tens arbejdsretlige system og løbende overenskomster, der inden verdenskrigen pressede lønningerne op og arbejdsdagen ned fra 11 til 8-9 timer.

Til lønarbejdernes forsyning med billige forbrugsvarer og boliger etableredes kooperationen som ar-bejderbevægelsens andet ben, mens det tredje og politiske, Socialdemokratiet, via demokratiets insti-tutioner (stat og kommune), havde socialismen som endemål. Som en overgang til samfundets "socia-listiske organisering", som det udtryktes i partiprogrammet fra 1913, opererede Socialdemokratiet og hele arbejderbevægelsen med et mangesidet socialt sikrende og omfordelende offentligt velfærdssy-stem og statslig og kommunal samfundsmæssig opgavevaretagelse og regulering på en lang række områder. Kimformen til eftertidens velfærdsstat.

---

[186] Frem mod socialhjælpsstaten, Den danske velfærdshistorie, bd. 1, (Red. Jørn Henrik Petersen m.fl.), 2010, s. 199-483. Kristian Hvidt: Det folkelige gennembrud og dets mænd, Gyldendal og Politikens Danmarkshistorie, bd. 11, 1990, s. 45-7394-111, 145-172, 201-323. Svend Aage Hansen: Økonomisk Vækst i Danmark, bd. 1: 1720-1914, 1984, s. 137-273. Hans Chr. Johansen: En samfundsorganisation i opbrud, 1700-1870, Dansk socialhistorie, bd. 4, 1979, s. 11-39, 45-301. Henning Bro: Boligen mellem natvægterstat og velfærdsstat. Bygge- og boligpolitik i København 1840-1930, 2008, s. 101-105. Axel Holm og Kjeld Johansen: København 1840-1949, 1941, s. 120-122, 133-134, 165-171, 206-230, 256-268, 389-394, 399-406, 410-411. Henning Bro og Helga Mohr: Frederiksberg Kommune 1858-2008, 2008, s. 43-125.

Selv om den socialdemokratiske gruppe voksede støt og roligt ved hvert eneste rigsdagsvalg siden slutningen 1880´erne, og partiet endda efter århundredskiftet i nogle år optrådte som støtteparti for den første radikale regering, fik Socialdemokratiet inden første verdenskrig kun en mere indirekte indflydelse på landspolitisk plan. Det blev i en kombination af industrikapitales behov for større offentlig opgavevaretagelse og de helt overvejende borgerlige regeringers forsøg på, via indrømmelse i forhold til Socialdemokratiets velfærdsprogram, at inddæmme arbejderklassens nød og utilfredshed, der landspolitisk lagde grundlaget for den socialkonservative socialhjælpsstat. Hertil kom arbejderbefolkningerne i hovedstaden og ude i de større købstadskommuner blev så store, at de socialdemokratiske partigrupper kommunalpolitisk hurtigt stod stærkere end på landsplan og kunne gennemdrive den lokalpolitiske strategi, som betegnedes kommunesocialisme (jf. kapitel 2).

Den tidligere velfærdsstat
Med et socialt sikrende, omfordelende og alment levevilkårsforbedrende sigte, blev den tidlige velfærdsstats velfærdssystem kendetegnet ved: Yderligere statstilskud til sociale kasser, hjælpekasse- og dyrtidsordninger, udvidede former for sikringsydelse (så som subsidier til kornisk syge og ulykkesramte, kommune- og særhjælp, alders- og invaliderente, byggestøtte til socialt boligbyggeri, huslejestøtte), børneværn og en større buket af institutionstilbud i form af kommunale daginstitutioner, offentlig støtte til private sådanne, børnehjem og andre sociale institutioner.

Da økonomisk vækst blev forudsætningen for forbedrede levevilkår og udbygning af velfærdssystemet, blev både mellemkrig- og efterkrigstidens vefærdstatsformer drivende bag en massiv udbygning af de samfundsmæssige rammer, der udgjorde almene produktionsbetingelser. Under den tidlige velfærdsstat i form af: En yderligere udbygning af landeveje, banedriften, forsyningssektoren, sporvogns- ellers bustrafik i store byer og uden for disse, nærbaner i hovedstadsmetropolen og en mere bredspektret landbrugsstøtte.

Af hensyn til imødegåelse af økonomiske balanceproblemer, for dermed at sikre den økonomiske vækst, virksomhedernes produktionsvilkår og andre elementer i befolkningens levevilkår, gennemførtes først med den tidlige velfærdsstats mere vidtgående samfundsregulering. I form af: Indgreb over for dyrtid- og vareknaphed i årene under og efter første verdenskrig og arbejdsmarkedsindgreb, med henblik på fastholdelse af reallønnen, konjunkturregulering, devaluering, valutacentral, bilaterale handelsaftaler og diskontonedsættelse i 30´erne. Herudover huslejeregulering, forstærket kommunal bebyggelsesplanlægning, byplanlov, spildevandshåndtering og naturfredningsmæssige indgreb.

En kombination af de behov, som markedsøkonomien genererede, og ændringerne i det lands- og kommunalpolitiske styrkeforhold blev de grundlæggende faktorer bag den tidlige velfærdsstat.
Det offentlige måtte fortsat påtage sig og endda forstærke sin indsats for at sikre de almene produktionsbetingelser (så som infrastruktur og forsyning) og arbejdskraftens "reparation" og kvalificering. Hertil kom det reguleringsbehov, der fulgte med de dybe sociale og økonomiske kriser i den første del af 20´erne, i 30´erne og under de to verdenskrige.

Arbejderklassens og lavfunktionærlagets støt stigende og store befolkningsandel og den fortsatte industrialisering førte samtidig til en styrkelse af arbejderbevægelsen og magtforskydning mellem landbrugsinteresserne og byernes kapitalejere. Landspolitisk blev Socialdemokratiet det største parti og opnåede flertal med Det radikale Venstre i Folketinget i det mest af perioden og i Landstinget fra 1936. Ude i de store bykommuners byråd blev det til rene socialdemokratiske flertal, flertalskonstellationer med de radikale eller et tæt samarbejde med de konservative.

De første store statsreguleringer og velfærdsreformer gennemførtes således af socialdemokratisk støttede radikale regeringer i årene 1913-1920 og søgtes fastholdt af Socialdemokratiets første regering i midten af 20´erne. For årtiets øvrige Venstre-regeringer lykkedes det kun delvist at pille interventionslinjen fra hinanden, da den offentlige sektors fremskudte position i samfundet var kommet for at blive, og da Socialdemokratiet og den samlede arbejderbevægelse var en magtfaktor, som det borgerlige Danmark måtte tage særdeles højtideligt. Fra 1929 til 1943 og igen i årene 1947-1950 fulgte på ny socialdemokratisk ledede regeringer og ude i de store byer en yderligere konsolidering af den socialdemokratiske velfærdskommune.[187]

Den universalistiske velfærdsstat[188]

Velfærdssystemet sikrende og omfordelende sigte kom i efterkrigstiden i endnu højere grad til at kendetegne den universalistiske velfærdsstats velfærdssystem med: Forstærket subsidiering af sociale kasser, folke- og invalidepension, almen- og udvidet hjælp, bistandshjælp, dagpengehjælp, sygesikring, yderligere støtte til almennyttigt boligbyggeri, boligsikring, sidestilling af folkeskole i by og på land, enhedsskole, særlige serviceydelser, dagpleje og hjemmepleje, og en buket af institutionstilbud på særforsorgsområdet og daginstitutionsområdet og i form af familieinstitutioner, massiv udbygning af sygehussektoren og uddannelsessektoren (med folkeskoler, gymnasier og alle former for mellem- og lange videregående uddannelser) samt kulturområdets teatre, andre fritidstilbud og stærkt udbyggede folkebiblioteker.

Under den universalistiske velfærdsstat med tilvejebragtes samtidig stadig flere almene produktionsbetingelser i form af: Udlæg af motor-, hoved- og ringveje, opgradering af den national banetrafik, udvidet nærbanetrafik i hovedstadsmetropolen, udbygning af den kollektive bytrafik og forsynings- og kommunikationssektoren, udvidede og differentierede erhvervsstøtteordninger samt planmæssige arealreservationer til bolig- og erhvervsbyggeri og energipolitik. Af samme hensyn som under den tidligere velfærdsstat, udvidedes den samfundsmæssige regulering og planlægning i meget vidt omfang under den universalistiske velfærdsstat. I form af økonomisk-politisk regulering af balanceproblemer (ophedning under vækst eller vækststimulerende kriseindgreb), naturmiljøindgreb, arbejdsmiljøindgreb, planindgreb over for bivirkninger af byspredning og uhensigtsmæssig fordeling af bebyggelsesarter og vidtgående arbejdsmiljøforanstaltninger.

Som en afgørende forudsætning for den første efterkrigstids anden industrirevolution og økonomiske vækst og senere til afbødning af den sidste efterkrigstids kriser, generede den markedsøkonomiske del af blandingsøkonomien nye og mere omfattende behov, som velfærdsstaten måtte omfavne. Det

---

[187] Svend Aage Hansen: Økonomisk Vækst i Danmark, bd., II, 1983, s.9-89. Svend Aage Hansen og Ingrid Henriksen: Sociale brydninger 1914-1939, s. 1980 15-398. Jørn Henrik Pedersen: Mellem skøn og ret, Dansk Velfærdshistorie, bd., 2, 2011, s. 40-81. Jørn Henrik Pedersen: Velfærdsstaten i støbeskeen, Dansk velfærdshistorie bd., 3, 2011, s. 11-71, 155-173, 221-233, 33-356, 451-473. Henning Bro: Hovedstadsmetropolens sociale boligbyggeri, Arbejderhistorie, nr. 2, 2013, s. 62-69

[188] Havde de langsigtede socialistiske endemål om en samfundsovertagelse af alle eller dele af produktionsmidlerne fortonet sig til fordel for velfærdsstaten, som overgangsform inden samfundets socialistiske organisering, reformuleredes den demokratiske socialisme i starten af 70´erne som det fuldstændige politiske, sociale (lig med velfærdsstaten) og økonomiske demokrati. Sidstnævnte omsattes i 1973 i konkret lovgivning om Økonomisk Demokrati, der med en form for overskudsdeling og denne anbragt i solidariske fonde, ville have ført til en spredning af indkomster, formuer og ejendomsret og dermed en form for lønmodtagernes medejendomsret og medindflydelse på styring af kapital og investeringen. Med den markante overskridelse af den urørlighedszone, som virksomhedernes ejendoms- og dispositionsret udgjorde, var det umuligt at samle flertal for forslaget og end ikke et modereret forslag om Overskudsdeling i slutningen af årtiet. Velfærdsstaten var nået til en ydergrænse, hvor navnlig Det radikale Venstre ikke længere kunne "spille med". ATP, LD-fonden og de pensionsfonde, der senere opstod som følge af den obligatoriske arbejdsmarkedspension, kom til at rumme visse elementer, men langt fra de endelige mål.

drejede sig om en forstærket indsat for at sikre den grundlæggende basisproduktion og de almene produktionsbetingelser gennem en udbygning af samfundets infrastruktur og en effektiv og varieret energiforsyning. Samtidig måtte velfærdsstaten stort set alene både dække virksomhedernes stigende behov for arbejdsstyrkens kvalificering, "reparation" og udvidelse, sikre særligt konkurrenceudsatte erhverv og regulere samfundsøkonomiens balanceproblemer og de bivirkninger, der fulgte med den forstærkede industrialisering og urbanisering.

Sammenfaldende med denne sikring af markedsøkonomiens helt basale behov, opnåede den socialdemokratiske arbejderbevægelse i den første efterkrigstid sin mest magtfulde position. Via en stadig mere gennemorganiseret fagbevægelse, der ikke alene øvede en helt afgørende indflydelse på arbejdsmarkedets løn og -arbejdsforhold, men også blev en fast del af det koporativistiske beslutningssystem, der for alvor i den første efterkrigstid blev skudt ind i det lovforberedende og -udfyldende arbejde i centraladministrationen. Hertil kom arbejderbevægelsens øvrige organisationer og kooperation og ikke mindst Socialdemokratiets politiske position.

Selv om arbejderklassens andel af befolkningen gradvist faldt op gennem efterkrigstiden, havde partiet stadig godt fat i mellemlaget af offentligt ansatte funktionærer og lavere placerede privatansatte af samme kategori. Ud over kortere borgerlige regeringsperioder (på nær en del af 80′erne), forblev Socialdemokratiet op gennem efterkrigstiden regeringsbærende og kunne samtidig øve afgørende indflydelse i de fleste kommunalbestyrelser og amtsråd og besætte borgmesterposterne i de fleste bykommuner og senere amtskommuner. Med dette styrkeforhold og den styrkeposition, der lå i markedsøkonomiens basale behov, blev det muligt at realisere den omfordelende, forebyggende, socialt sikrende og samfundsregulerende velfærdsstat, der fra starten havde udgjort hoveddelen i programmerne for Socialdemokratiet og arbejderbevægelsens organisationer, hvis velfærdspolitiske idégrundlag blev yderligere udviklet i den første efterkrigstid.[189]

---

[189] Hanne Rasmusen og Mogens Rüdiger: Tiden efter 1946, Danmarks historie, bd. 8, 1990, s. 94-100, 103-105, 147-149, 167-172, 173-195, 200-204, 221-225, 231-233, 278-324, 353-365 og 371-385. Velfærdsstatens i støbeskeen, Dansk velfærdshistorie, bd., 3, 1933-1956, 2012, (red. Jørn Henrik Petersen, Klaus Petersen og Niels Finn Christiansen), s. 183-218, 235-328, 344-378, 400-449, 480-515, 535-547, 583-663. Velfærdsstatens storhedstid, Dansk velfærdshistorie, bd. 4, 1956-1973, 2012, (red. Jørn Henrik Petersen, Klaus Petersen og Niels Finn Christiansen), s. 163-697. Henning Bro: Hovedstadsmetropolens sociale boligbyggeri i Arbejderhistorie, 2013, nr. 2., s. 6181. Svend Illeris: Egnsudvikling. Egnsudviklingens historie i Danmark, Byplanhistoriske noter, nr. 54, 2005, s. 7-27, Dansk Byplanlaboratorium. Vilhelm Brage Michelsen, Karsten Bay Christensen og Ib Ferdinandsen: Bidrag til regionsplanlægningens historie, 2004 Byplanhistoriske noter.

Appendiks 2

Efterkrigstidens regionale fysiske planlægning og tabelsamling

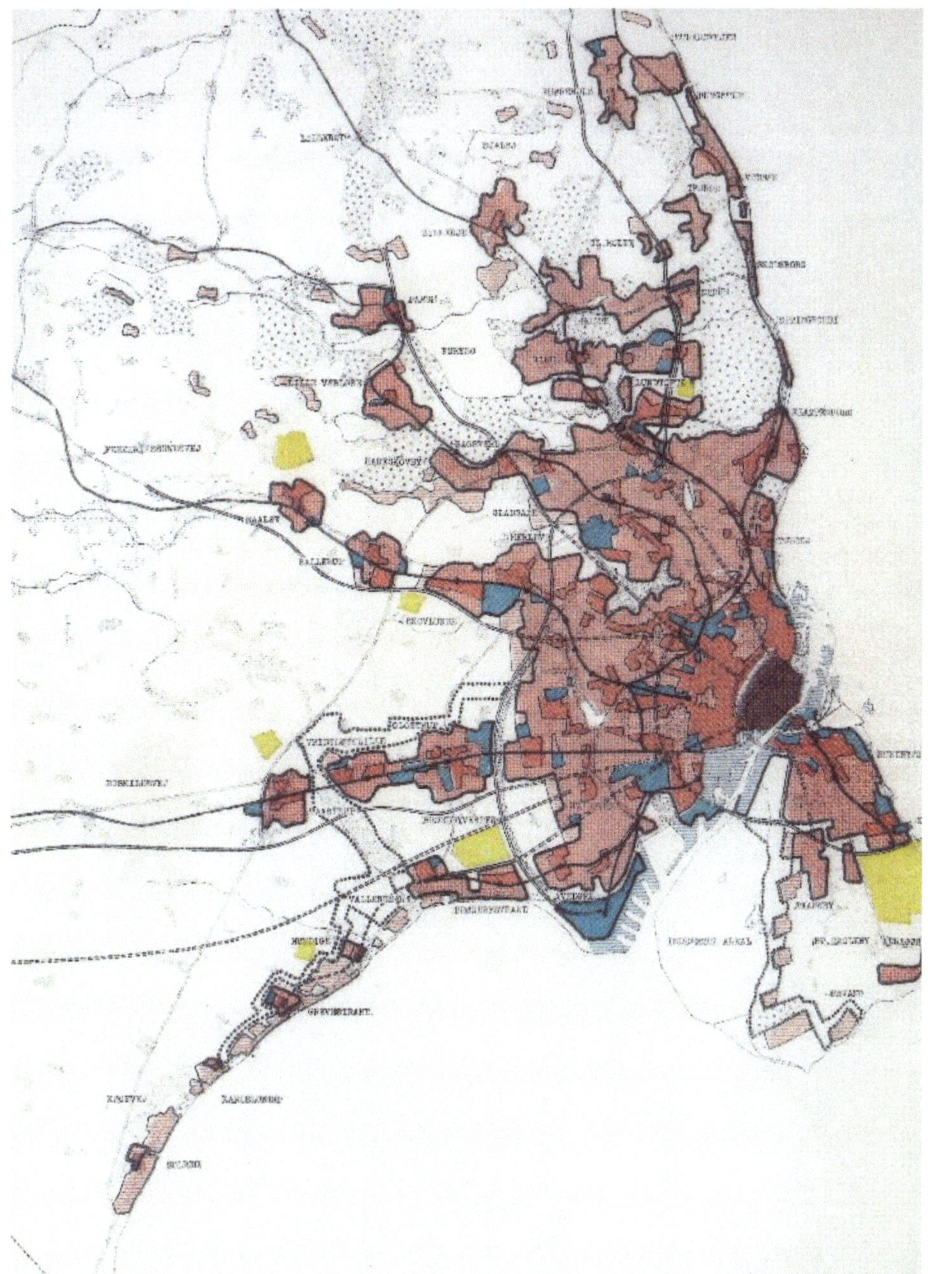

Figur 1.Fingerplanen fra 1948. Som følge af den ældre koncentriske forstadsdannelse uden om hovedstaden, blev strukturen med radiale forstand bånd udtalt langs Køge Bugt sydvest for Hvidovre, på Vestegnen vest for det ældre østlige Rødovre ud, langs Slangerupsbanen nordvest for Bagsværd og på Nordegnen nord for Lyngby-Taarbæk Kommune. Til gengæld dannedes et næsten fuldt radialt forstadsbånd på Nordvestegne helt fra grænsen til Københavns Kommune. Udover denne afgrænsning af byspredningen, angav Fingerplanen også den regionale fordeling af bebyggelsesarter. Således at mørkerød angav etagebebyggelser, lysrød enfamiliehusbebyggelser, blå industri og gul nye rekreative områder. I hovedstaden og det koncentriske forstadslag registrerede Fingerplanen fordelingen af eksisterende og byplanlagte bebyggelsesarter, mens disses fordeling i de radiale forstadsbånd blev rammesættende for byudviklingsudvalgets byudviklingsplaner og den lokalkommunale byplanlægnings udmøntning af disse.[190]

---

[190] Bro: Hovedstadsmetropolen, 2023, bd. 2, s. 146-150.

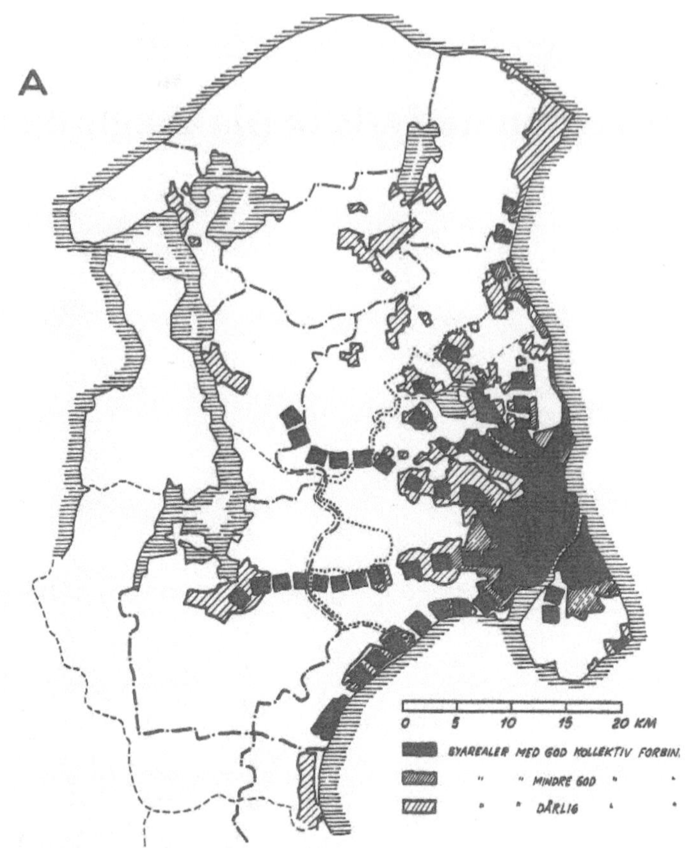

Figur 2: Den såkaldte Første Etapeplan fra 1963 byggede på Fingerplanens radiale forstadsdannelse, men forlængede disse forstadsbånd særlig i hovedstadsmetropolens sydvestlige del. Således at de radiale forstadsbånd førtes helt frem til Roskilde og Køge henholdsvis på Vestegnen og langs Køge Bugt og i retning af Frederikssund på Nordvestegnen. Ligesom Fingerplanen, blev Første Etapeplanen det overordnede plangrundlag for byudviklingsudvalgenes betænkninger og ledsagende byudviklingsplaner.[191]

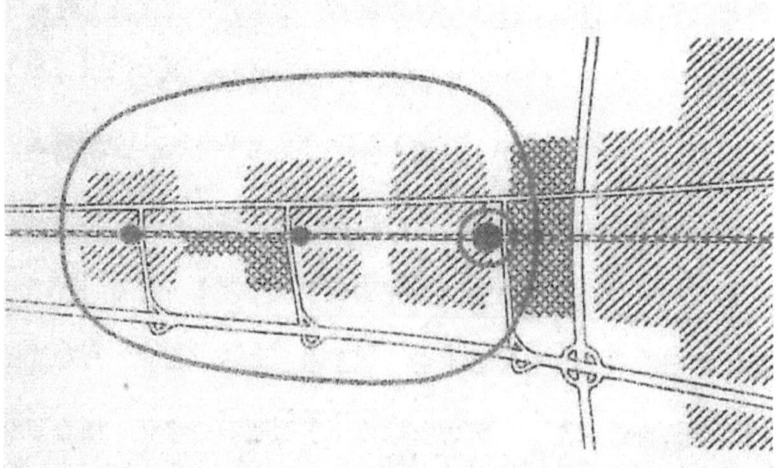

Figur 3. Forstadsbyer i Fingerplanens forstadsbånd 1948. Enkeltskravering: Boligområder. Krydsskravering: Industriområder. Sorte punkter: S-banestation med stationscenter. Sort punkt med ring: Stationscenter med funktioner af betydning for hele forstadsbåndet. Denne struktur for hver forstadsby i hvert forstadsbånd, blev fundamental i hele efterkrigstidens regionale fysisk planlægning. Hvor forstadsbyen voksede op om en tidligere stationsby, transformeredes denne til et stationscenter. Det blev tilfældet i Lyngby, Birkerød, Allerød, Ballerup, Glostrup, Tåstrup og Hedehusene.[192]

---

[191] Bro: Hovedstadsmetropolen, 2023, bd. 2, s. 154-165. Hovedstadskommunernes Samrådsmøde 20.11.1963, J.nr. 120I, 1982, Sekretariatet, Frederiksberg Stadsarkiv.

[192] Bro: Hovedstadsmetrolen, 2023, bd. 2, s. 149-151.

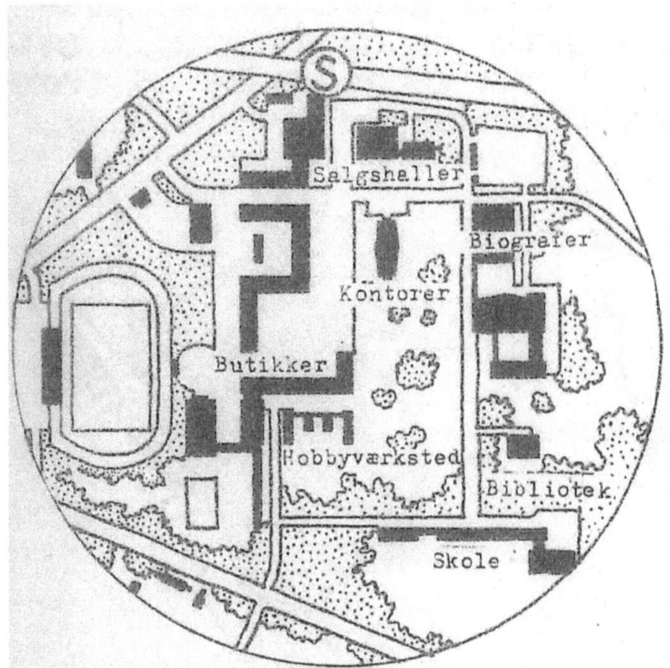

Figur 4. Forstadsbyens stationscenter i Fingerplanen 1948[193]

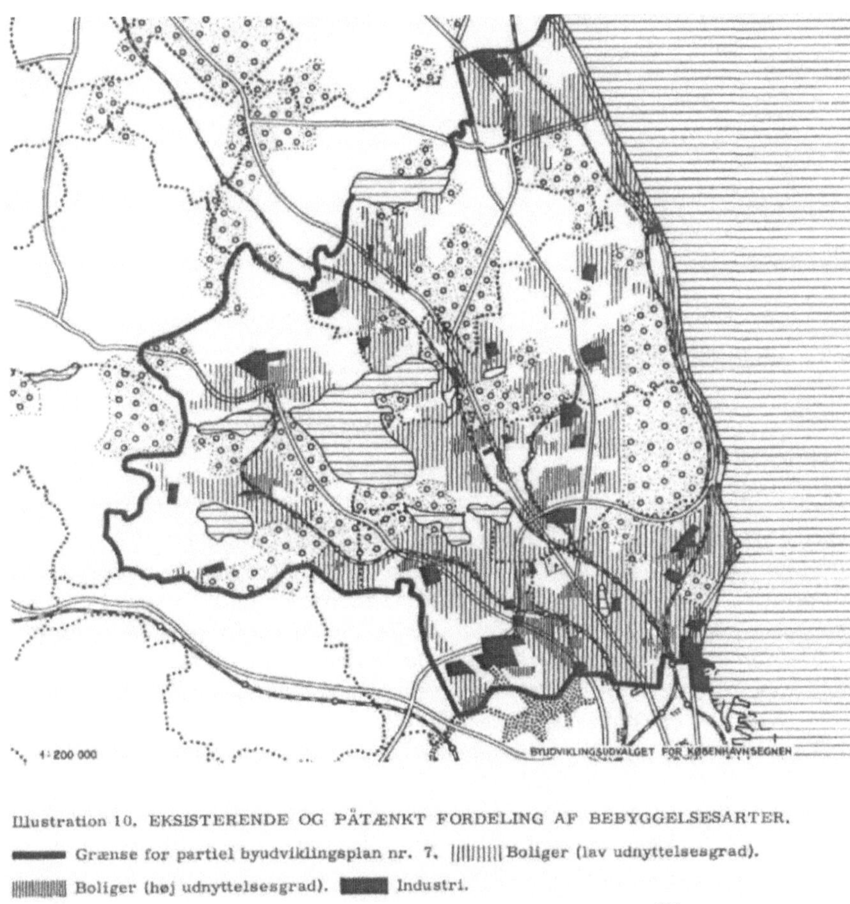

Illustration 10. EKSISTERENDE OG PÅTÆNKT FORDELING AF BEBYGGELSESARTER.

Grænse for partiel byudviklingsplan nr. 7.   Boliger (lav udnyttelsesgrad).

Boliger (høj udnyttelsesgrad).   Industri.

Figur 5: Byudviklingsplan for Nordegnen, 1967.[194]

---

[193] Jf. ovenstående note.

[194] Betænkning vedrørende partiel byudviklingsplan nr. 7 for Københavns-egnens byudviklingsområde afgivet den 30. november 1965 af det Boligministeriet i oktober 1967 nedsatte byudviklingsudvalg for Københavns-egnen, 1965.

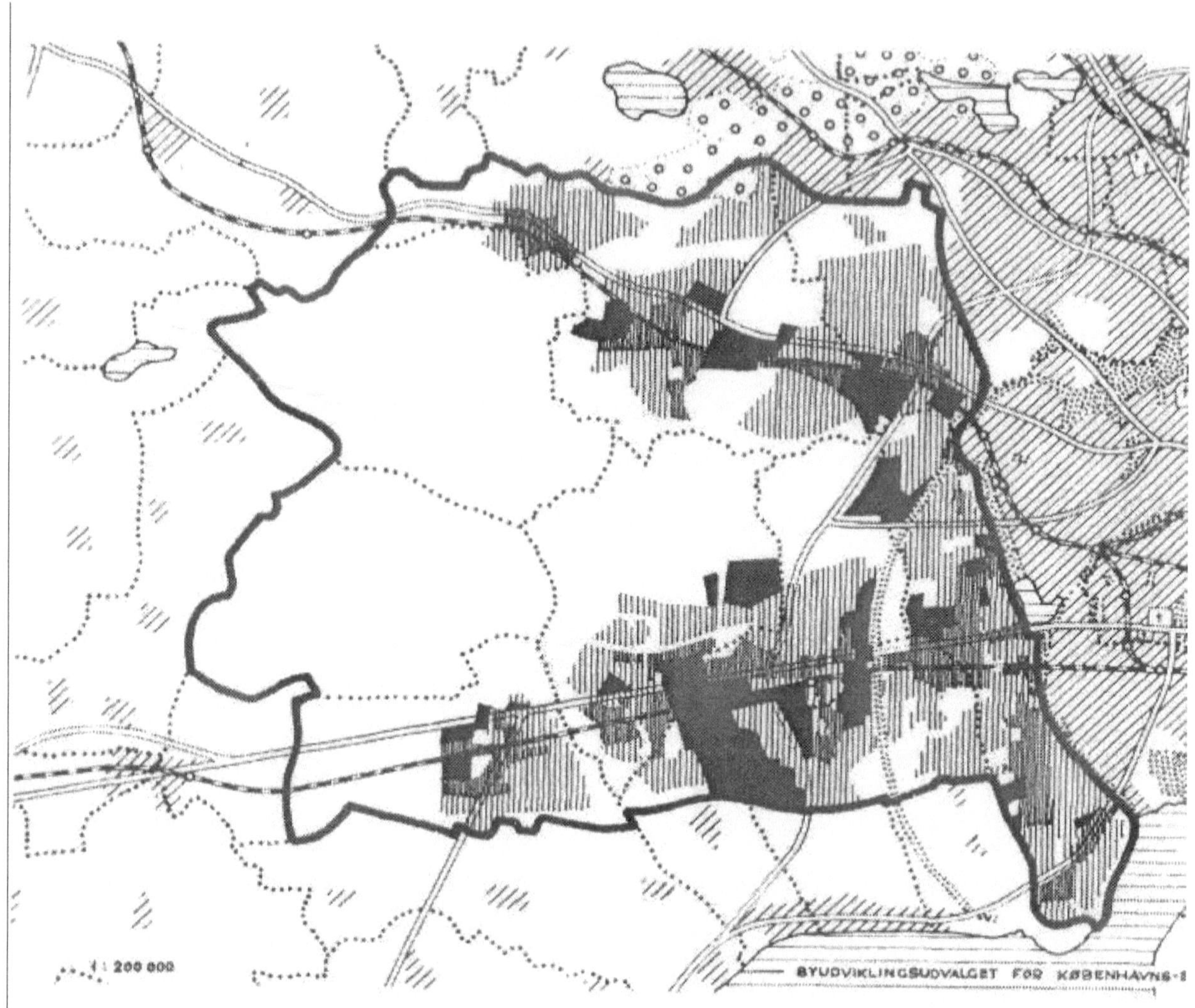

Illustration 14. EKSISTERENDE OG PÅTÆNKT FORDELING AF BEBYGGELSESARTER

▬▬ Grænse for partiel byudviklingsplan nr. 6. ▓▓▓ Boliger (lille udnyttelsesgrad)

▓▓▓ Boliger (stor udnyttelsesgrad). ■■■ Industri.

Figur 6: Byudviklingsplan for Vest- og Nordvestegnen, 1966. I byudviklingsplanerne udmøntedes først Fingerplanen og siden Første Etapeplanen gennem de arealanvendelseskrav, der indgik i de udlagte inder- og mellemzoner. Fingerplanes struktur for fordelingen af bebyggelsesarter var dermed udstukket. Idet intensivt boligbyggeri lokaliseredes omkring stationscentrene, ekstensivt boligbyggeri uden om det intensivt bebyggede område og industrikvarterne yderst, således at de bandt de enkelte forstadsbyer sammen. Denne regionalt fastlagte fordeling af bebyggelsesarterne i byudviklingsplanerne blev siden starten af 50´erne gennemført via et regionalt byplanadministrativt koordinationssystem. Dette omfattede byudviklingsudvalgene, et statsligt udvalg til samordning af byplanlægningen på tværs af kommunegrænserne, statslige Byplannævnets Hovedstadsafdeling og senere også dettes Provinsafdeling samt hovedstadsmetropolens fredningsplanudvalg. På Nordegnen slog denne fordeling af bebyggelsesarter derimod kun for alvor igennem i Lyngby-Taarbæk (af historiske grunde), Værløse, Farum, Birkerød og Allerød kommuner. Egnen blev samtidig langt mindre industritung end Vest- og Nordvestegnen og fik et betydeligt mindre boligvolumen. Udover udlæg af inder- og mellemzoner, fik den regionale fysiske planlægning derimod kun en begrænset betydning i Gentofte, Søllerød og Hørsholm kommuner, da disse i forvejen i vidt omfang var udbygget, mens ubebyggede områder var byggemodnet og blevet lokalkommunalt byplanlagt gennem tinglyste byplanvedtægter. [195]

---

[195] Betænkning vedrørende partiel byudviklingsplan nr. 6 for Københavns-egnens byudviklingsområde afgivet den 7. oktober af det Boligministeriet den 2. juli 1957 nedsatte byudviklingsudvalg for Københavns-egnen, 1965. Bro: Hovedstadsmetropolen, 2023, bd. 2, s. 165-186. Stella Borne Mikkelsen: Byudviklingsudvalget for Københavns-egnen. Zoneinddelinger i kommunerne 1949-, Hovedstadsmetropolen efter 1945, 2011, s. 391-.403

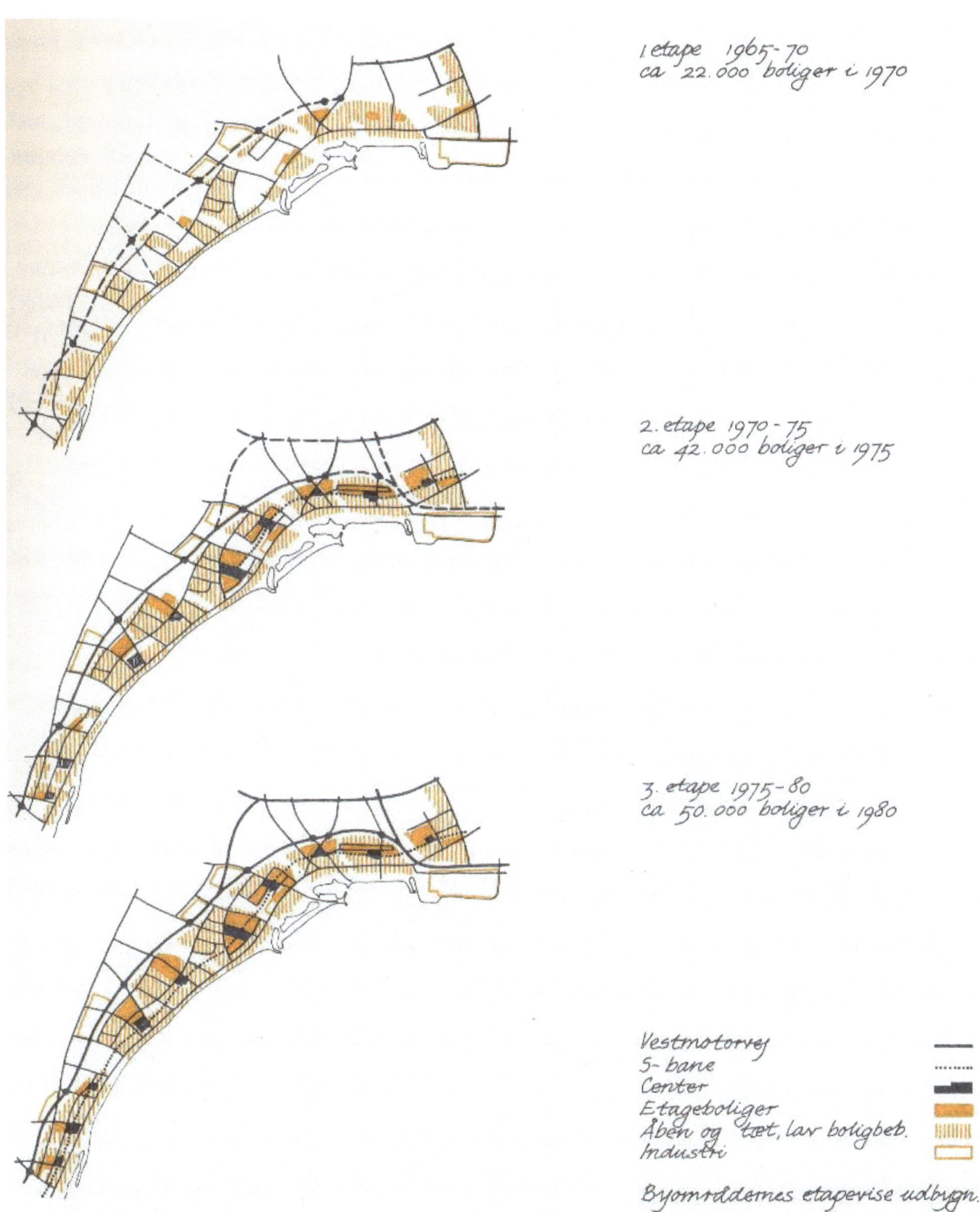

Figur 7: Køge Bugt-plans tidsfølgeplan, 1968. I starten udarbejdedes tillige byudviklingsplaner for Køge Bugt-området, man da der fra centralstatsligt hold ønskedes en stram regional planlægning af hele dette store, men stort set ubebyggede område, nedsattes 1962 et særlig planlægningsudvalg for området. Det radiale forstadsbånd blev også industritungt, og hver enkelt forstadsby struktureredes tillige fuldt ud efter Fingerplanens principper.[196]

---

[196] Dispositionsplan for Køge Bugt-området, Planlægningsudvalget for Køge Bugt-området, 1970.

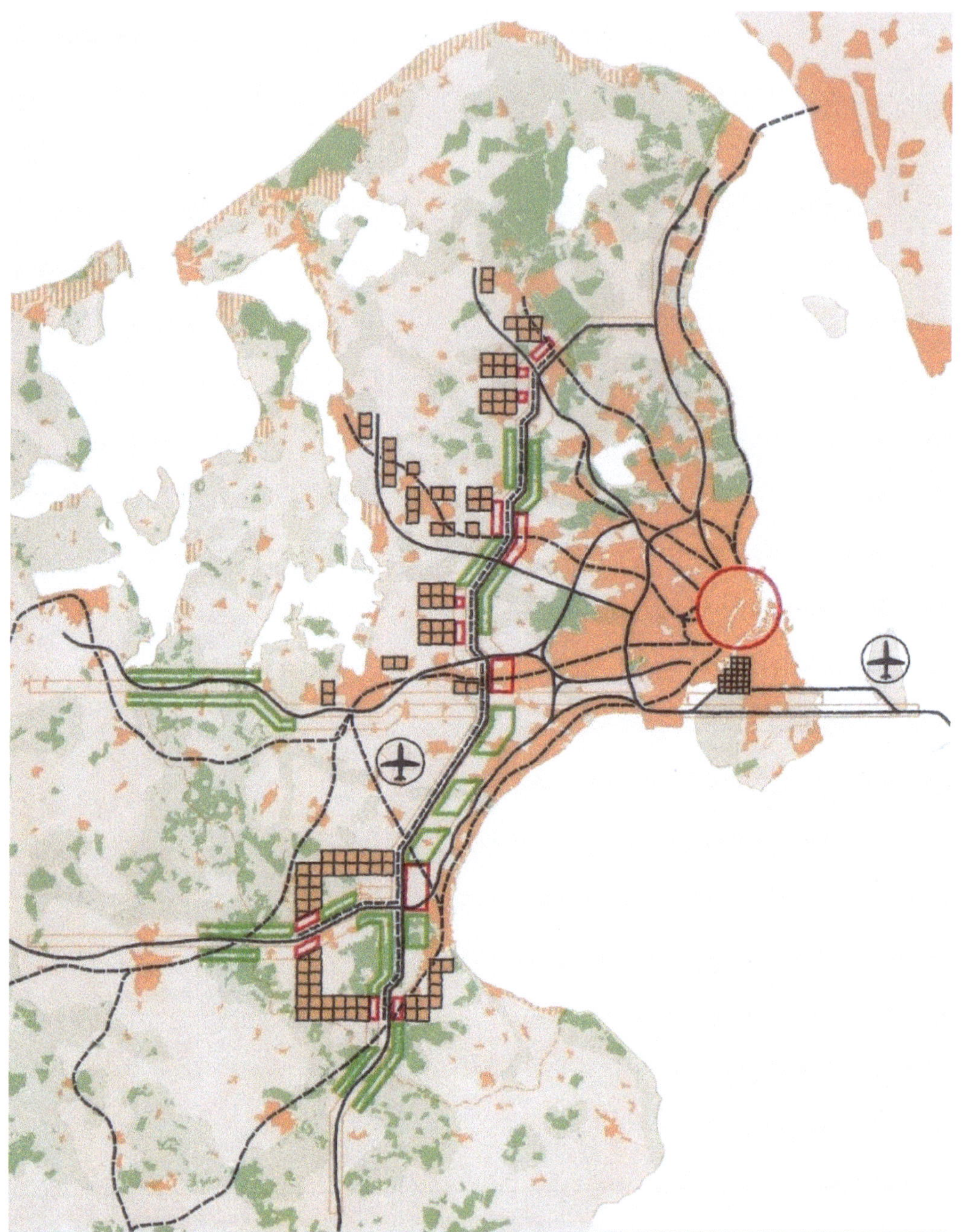

Figur 8: Hovedstadsrådets Regionsplan 1973 førte samtlige forstadsbånd frem til købstadsringen, men opererede samtidig med et nyt planelement. En gennemgående transportkorridor fra syd for Hillerød til vest for Køge med motorvej, en højhastighedsbane og energitransmissionsledninger samt særlige erhvervsmæssige A-zoner, hvor korridoren krydsede de radiale forstadsbånd (angivet med rødt). Frem til transportkorridoren måtte forstadsbånde kun udbygges indenfor de udlagt byzoner, mens der blev åbnet for urban vækst i de ydre forstadsbånd, købstadsringen og pendlersatellitbyer mellem Nord- og Vestbanens forstadsbånd og vest for Køge. Resten af hovedstadsmetropolens opland måtte ikke gøres til genstand for byvækst og skulle fremstå som oplevelsesrige landskaber. Med den sidste efterkrigstids krise og et landspolitisk krav om decentral urbanisering og regional udjævning, blev transportkorridoren og dens A-zoner aldrig realiseret; udover dem i Høje Tåstrup og Køge.[197]

---

[197] Bro: Hovedstadsmetropolen, 2023, bd. 2, s. 465-516.

Tabel 1. Hovedstadsmetropolens boligmasse, procentandele, 1945-1990.[198]

1945					
	Etage-huse	Villaer og rækkehuse	1-2 værel-ser	3-4 værel-ser	5 el. flere værelser
København	-	-	55,7	37,8	6,5
Frederiksberg	-	-	30,7	50,6	18,7
Hovedstaden: Total	90,9	9,1	50,4	41,9	7,7
Gentofte	51,9	48,1	26,2	40,5	33,3
Gladsaxe	40,9	59,1	33,7	58,5	7,8
Lyngby-Taarbæk	60,4	39,6	38,3	44,9	16,8
Søllerød	44,3	55,7	26,3	43,2	30,5
Birkerød	47,6	52,3	29,4	46,8	23,8
Hørsholm	54,1	45,9	31,5	41,1	27,4
Farum	48,3	51,7	27,4	44,9	27,7
Værløse	24,1	75,9	22,0	59,5	18,5
Herlev	50,5	49,5	35,2	55,2	9,6
Ballerup	54,4	45,6	35,8	49,2	15,0
Rødovre	30,6	69,4	27,6	63,7	8,7
Hvidovre	36,8	63,2	29,1	64,5	6,4
Brøndbyerne	43,0	57,0	23,4	61,5	15,1
Glostrup	56,6	43,4	35,2	50,5	14,3
Herstederne	78,3	22,7	38,1	47,6	14,3
Høje Taastrup	54,8	45,2	31,1	52,0	16,9
Vallensbæk	-	-	-	-	-
Tårnby	42,2	57,8	31,2	55,4	13,4
Dragør	73,3	26.7	31,2	55,5	13,3
Indre forstæder: Total	47,0	53,0	37,6	47,9	14,5
1955					
	Etage-huse	Villaer og rækkehuse	1-2 værel-ser	3-4 værel-ser	5 el. flere værelser
København	90,0	10,0	55,8	37,6	6,6
Frederiksberg	93,1	6,9	31,3	51,0	17,7
Hovedstaden: Total	90,4	9,6	51,1	37,6	11,3
Gentofte	50,3	49,7	23,3	42,4	34,3
Gladsaxe	38,2	61,8	23,3	66,6	10,1
Lyngby-Taarbæk	52,3	47,7	29,8	51,2	19,0
Søllerød	34,1	65,9	19,7	49,3	31,0
Birkerød	27,1	72,9	17,7	57,3	25,0
Hørsholm	33,0	67,0	28,7	43,9	27,4
Farum	20,0	80,0	21,1	61,2	17,7
Værløse	13,7	86,3	25,1	62,6	12,3
Herlev	56,4	43,6	25,5	70,8	3,7
Ballerup	41,5	58,5	25,6	62,5	11,9
Rødovre	32,3	67,7	22,3	67,5	10,2
Hvidovre	49,3	50,7	27,6	66,9	5,5
Brøndbyerne	55,3	44,7	50,1	40,7	9,2
Glostrup	50,3	49,7	30,5	56,7	12,8
Herstederne	36,9	63,1	26,0	58,8	15,2
Høje Taastrup	26,5	73,5	22,6	61,3	16,1
Vallensbæk	-	-	-	-	-
Tårnby	49,6	50,4	28,1	62,7	9,2
Dragør	36,9	63,1	21,8	64,8	13,4
Indre forstæder: Total	42,8	57,2	25,5	60,6	13,9

[198] Statistisk Årbog for København m.m., 1945, s. 196, 1961, s. 212-213. 1982, s. 301 og 304. 1991, s. 61 og 63.

Tabel 1 fortsat

	1977				
	Etage-huse	Villaer og rækkehuse	1-2 værel-ser	3-4 værel-ser	5 el. flere værelser
København	93,9	6,1	48,9	43,2	7,9
Frederiksberg	96,5	3,5	32,6	51,7	15,7
Hovedstaden: Total	94,6	5,4	46,7	44,7	8,6
Gentofte	61,6	38,4	23,1	42,7	34,2
Gladsaxe	57,1	42,9	29,2	56,9	13,9
Lyngby-Taarbæk	56,2	43,8	26,2	49,7	24,1
Søllerød	42,6	57,4	16,0	44,5	39,5
Birkerød	35,1	64,9	14,3	48,9	36,8
Hørsholm	39,4	60,6	16,9	42,4	40,7
Farum	45,3	54,7	12,2	55,1	32,7
Værløse	24,9	75,1	9,5	54,1	36,4
Herlev	45,5	54,5	17,7	69,0	13,3
Ballerup	57,5	42,5	16,8	65,7	17,5
Rødovre	55,1	44,9	26,9	60,8	12,3
Hvidovre	59,3	40,7	26,7	61,7	11,6
Brøndbyerne	69,9	30,1	17,7	67,4	14,9
Glostrup	67,1	32,9	28,6	56,9	14,5
Herstederne	41,6	58,4	31,2	52,4	16,4
Høje Taastrup	45,7	54,3	22,5	54,8	22,7
Vallensbæk	38,5	61,5	13,8	67,3	18,9
Tårnby	51,9	48,1	18,6	64,3	17,1
Dragør	25,4	74,6	9,2	56,2	34,6
Indre forstæder: Total	54,6	45,4	23,9	55,3	20,8
	1990				
	Etage-huse	Villaer og rækkehuse	1-2 værel-ser	3-4 værel-ser	5 el. flere værelser
København	92,9	7,1	46,7	45,4	7,9
Frederiksberg	96,7	3,3	31,0	54,1	14,9
Hovedstaden: Total	93,2	6,8			
Gentofte	62,3	37,7	22,4	44,4	33,2
Gladsaxe	57,3	42,7	24,8	61,2	14,0
Lyngby-Taarbæk	56,5	43,5	26,1	49,8	24,1
Søllerød	42,9	57,1	17,6	43,9	38,5
Birkerød	34,8	65,2	14,3	50,0	35,7
Hørsholm	37,4	62,6	17,8	44,4	37,8
Farum	39,5	60,5	14,8	54,0	31,2
Værløse	22,5	77,5	11,4		36,2
Herlev	46,2	53,8	17,4	69,0	13,6
Ballerup	55,9	44,1	17,8	64,7	17,5
Rødovre	55,6	44,4	27,4	60,2	12,4
Hvidovre	57,9	42,1	26,3	61,4	12,3
Brøndbyerne	65,6	34,4	15,8	68,5	15,7
Glostrup	62,8	37,2	27,8	58,5	13,7
Herstederne	45,6	54,4	16,4	67,3	16,3
Høje Taastrup	48,3	51,7	20,9	58,0	21,1
Vallensbæk	34,4	65,6	11,4	68,8	19,8
Tårnby	52,2	47,8	18,9	63,4	17,7
Dragør	25,2	74,8	9,6	55,9	34,5
Indre forstæder: Total	53,2	46,8	21,0	58,2	20,8

Tabel 2. Hovedstadens sociale sammensætning, procentandele, 1950-1990.[199]

1950			
	Selvstændige	Funktionærer	Arbejdere
Hovedstaden			
København	10,8	33,5	55,7
Frederiksberg	16,0	43,7	40,3
Indre forstæder			
Gentofte			
Gladsaxe	11,2	22,7	66,1
Lyngby-Taarbæk	13,8	33,4	52,8
Søllerød	23,7	31,8	44,5
Birkerød	23,0	30,2	46,8
Hørsholm	23,4	26,9	49,7
Farum	31,1	17,0	51,9
Værløse	20,4	17,1	62,0
Herlev	12,9	19,9	67,2
Ballerup	21,5	21,7	56,8
Rødovre	16,8	19,8	63,4
Hvidovre	15,6	21,3	63,1
Brøndbyerne	21,4	19,8	58,8
Glostrup	20,2	19,6	60,2
Herstederne	30,0	11,5	58,5
Høje Taastrup	21,5	14,9	63,6
Vallensbæk	33,7	6,8	59,5
Tårnby	17,4	20,4	62,2
Dragør	20,1	16,2	63,7
Indre forstæder: Total	17,4	24,2	58,4
1960			
	Selvstændige	Funktionærer	Arbejdere
Hovedstaden			
København	9,6	35,4	55,0
Frederiksberg	15,8	47,8	36,4
Indre forstæder			
Gentofte			
Gladsaxe	11,0	28,9	60,1
Lyngby-Taarbæk	13,3	38,9	47,8
Søllerød	18,0	40,0	42,0
Birkerød	13,3	39,7	47,0
Hørsholm	17,7	34,4	47,9
Farum	23,4	26,6	50,0
Værløse	10,5	34,8	54,7
Herlev	8,3	29,2	62,5
Ballerup	9,5	27,6	62,9
Rødovre	10,2	29,6	60,2
Hvidovre	9,1	26,0	64,9
Brøndbyerne	10,1	31,4	58,5
Glostrup	9,8	25,7	64,5
Herstederne	24,8	8,0	67,2
Høje Taastrup	14,7	18,3	67,0
Vallensbæk	22,4	13,6	64,0
Tårnby	8,4	26,4	65,2
Dragør	14,1	25,9	60,0
Indre forstæder: Total	11,7	30,7	57,6

[199] Statistisk Årbog for København, Frederiksberg m.m., 1951, s. 191.
1961, s. 209, 1971, s. 326, 1981, s. 326, 1991, s. 102.

Tabel 2 fortsat

1970			
	Selvstændige	Funktionærer	Arbejdere
Hovedstaden			
København	7,1	42,9	50,0
Frederiksberg	10,8	55,5	33,7
Hovedstaden: Total	7,2	43,5	49,3
Indre forstæder			
Gentofte			
Gladsaxe	8,4	40,4	51,2
Lyngby-Taarbæk	13,1	51,3	35,6
Søllerød	14,9	53,5	31,6
Birkerød	9,3	53,3	37,5
Hørsholm	13,3	55,8	30,9
Farum	13,0	45,7	41,3
Værløse	9,8	46,7	43,5
Herlev	6,8	39,4	53,8
Ballerup	6,5	40,8	52,7
Rødovre	12,6	41,6	45,8
Hvidovre	13,6	37,8	48,6
Brøndbyerne	6,2	44,9	48,9
Glostrup	7,3	38,8	53,9
Herstederne	8,2	39,5	52,3
Høje Taastrup	8,8	27,1	55,3
Vallensbæk	14,8	32,3	52,9
Tårnby	7,2	36,6	56,2
Dragør	9,5	44,7	45,8
Indre forstæder: Total	9,5	46,4	44,1
1980			
	Selvstændige	Funktionærer	Arbejdere
Hovedstaden	9,2	47,5	43,3
Indre forstæder			
Gentofte	17,1	68,4	14,5
Gladsaxe	9,4	58,0	32,6
Lyngby-Taarbæk	11,6	65,9	22,5
Søllerød	14,7	70,9	14,4
Birkerød	14,8	73.5	8,7
Hørsholm	14,3	86,7	9,0
Farum	10,6	70,6	18,8
Værløse	9,4	68,2	22,4
Herlev	12,0	54,3	33,7
Ballerup	7,4	56,0	36,6
Rødovre	7,6	57,1	35,3
Hvidovre	8,2	53,6	38,2
Brøndbyerne	6,7	54,3	39,0
Glostrup	7,7	55,6	36,7
Herstederne	6,3	62,4	31,3
Høje Taastrup	7,8	57,5	34,7
Vallensbæk	8,3	64,8	26,9
Tårnby	8,9	54,1	37,0
Dragør	12,7	63,2	24,1
Indre forstæder: Total	9,7	59,7	30,6

Tabel 2 fortsat

	1990		
	Selvstændige	Funktionærer	Arbejdere
Hovedstaden: Total	8,1	59,4	32,5
Indre forstæder			
Gentofte	14,5	63,1	12,4
Gladsaxe	7,3	62,9	29,8
Lyngby-Taarbæk	9,1	70,4	20,5
Søllerød	14,1	72,4	13,5
Birkerød	9,2	73,2	17,6
Hørsholm	12,0	73,6	14,4
Farum	8,3	70,4	21,3
Værløse	8.5	73,3	18,2
Herlev	6,0	62,7	31,3
Ballerup	5,5	59,6	34,9
Rødovre	5,9	60,8	33,3
Hvidovre	6,5	59,0	34,5
Brøndbyerne	5,5	58,3	36,2
Glostrup	5,4	60,6	34,0
Herstederne	4,7	63,5	31,8
Høje Taastrup	6,2	61,6	32,2
Vallensbæk	5,8	67,7	26,5
Tårnby	6,4	59,3	34,3
Dragør	9,8	68,3	21,9
Indre forstæder: Total	7,7	63,8	28,5

Tabel 3. Sociale indikatorer, Hovedstadsmetropolen, 1950-1990.[200]

1950			
	Personer på offentlig forsorg pr. 1000 indb.	Gennemsnitlig indkomst i kr.	Gennemsnitlig formue i kr.
Hovedstaden: Total	44	8.863	12.942
Gentofte	22	14.192	44.558
Gladsaxe	51	7.378	9.133
Lyngby-Taarbæk	40	8.404	15.196
Søllerød	26	9.709	30.241
Birkerød	58	6.768	16.348
Hørsholm	21	8.850	37.338
Farum	38	6.238	17.972
Værløse	61	5.644	10.502
Herlev	45	7.683	6.092
Ballerup	48	7.120	11.526
Rødovre	60	7.135	9.613
Hvidovre	45	7.210	6.501
Brøndbyerne	46	7.661	9.925
Glostrup	41	7.368	10.803
Herstederne	10	6.826	13.911
Høje Taastrup	37	6.495	12.554
Vallensbæk	35	6.660	15.056
Tårnby	61	7.155	8.674
Dragør	15	6.944	15.503
Indre forstæder: Total	53	7.533	13.352

1960			
	Personer på offentlig forsorg pr. 1000 indb.	Gennemsnitlig indkomst i kr.	Gennemsnitlig formue i kr.
København	33	12.243	11.938
Frederiksberg	20	14.649	29.046
Hovedstaden: Total	30	13.429	19.678
Gentofte	6	21.571	70.807
Gladsaxe	48	11.665	12.771
Lyngby-Taarbæk	36	13.442	26.072
Søllerød	17	14.134	40.475
Birkerød	32	11.617	22.794
Hørsholm	24	13.442	49.462
Farum	23	11.437	22.557
Værløse	30	10.921	13.879
Herlev	29	11.823	8.419
Ballerup	36	11.188	13.886
Rødovre	35	11.247	11.216
Hvidovre	59	10.866	10.612
Brøndbyerne	25	12.550	11.226
Glostrup	29	11.203	14.709
Herstederne	13	10.006	20.959
Høje Taastrup	31	10.056	18.145
Vallensbæk	13	10.519	18.195
Tårnby	49	10.951	11.628
Dragør	22	11.825	23.384
Indre forstæder: Total	38	11.860	18.091

Tabel 3 fortsat

1970			
	Personer på offentlig forsorg pr. 1000 indb.	Gennemsnitlig indkomst i kr.	Gennemsnitlig formue i kr.
København	44	26.143	25.450
Frederiksberg	22	30.783	-
Hovedstaden: Total	41	28.561	44.886
Gentofte	11	45.003	-
Gladsaxe	25	32.071	41.046
Lyngby-Taarbæk	17	38.109	78.091
Søllerød	9	45.862	134.128
Birkerød	13	33.856	60.309
Hørsholm	10	43.234	124.758
Farum	12	37.914	64.378
Værløse	12	37.304	52.900
Herlev	15	32.761	33.348
Ballerup	24	33.967	37.173
Rødovre	21	32.210	38.052
Hvidovre	22	30.135	34.226
Brøndbyerne	31	33.955	33.007
Glostrup	19	32.101	45.437
Herstederne	14	34.802	30.628
Høje Taastrup	17	32.392	45.671
Vallensbæk	10	34.365	37.123
Tårnby	19	30.522	36.972
Dragør	6	34.303	55.874
Indre forstæder: Total	18	34.410	53.495
1980			
	Personer på offentlig forsorg pr. 1000 indb.	Gennemsnitlig indkomst i kr.	Gennemsnitlig formue i kr.
København	93	56.000	60.205
Frederiksberg	60	69.000	126.716
Hovedstaden: Total	88	-	69.789
Gentofte	35	95.000	400.000
Gladsaxe	64	65.000	123.345
Lyngby-Taarbæk	50	78.000	238.688
Søllerød	45	98.000	362.712
Birkerød	44	80.000	201.087
Hørsholm	31	97.000	325.768
Farum	57	80.000	148.737
Værløse	47	81.000	199.080
Herlev	74	68.000	105.926
Ballerup	73	67.000	92.455
Rødovre	54	66.000	115.142
Hvidovre	57	65.000	113.329
Brøndbyerne	94	66.000	68.369
Glostrup	39	68.000	122.631
Herstederne	-	66.000	56.436
Høje Taastrup	51	71.000	111.746
Vallensbæk	33	81.000	115.782
Tårnby	39	67.000	120.322
Dragør	40	79.000	206.304
Indre forstæder: Total	51	74.000	170.811

Tabel 3 fortsat

	1990		
	Familier på offentlig forsorg pr. 1000 indb.	Gennemsnitlig indkomst i kr.	Gennemsnitlig formue i kr.
København	101	112.300	-
Frederiksberg	72	134.700	-
Hovedstaden: Total	92	120.900	-
Gentofte	45	170.600	-
Gladsaxe	78	127.600	-
Lyngby-Taarbæk	46	148.500	-
Søllerød	48	175.300	-
Birkerød	58	155.600	-
Hørsholm	40	144.700	-
Farum	94	169.900	-
Værløse	60	154.300	-
Herlev	83	128.900	-
Ballerup	89	130.500	-
Rødovre	62	125.900	-
Hvidovre	80	122.700	-
Brøndbyerne	100	125.800	-
Glostrup	59	128.600	-
Herstederne	120	126.500	-
Høje Taastrup	67	127.100	-
Vallensbæk	42	148.400	-
Tårnby	49	130.700	-
Dragør	37	150.100	-
Indre forstæder: Total	65	138.200	-

Anm: Offentlig forsorg: 1950 og 1960: Kommune- og særhjælp. 1970: Almindelig og udvidet hjælp. 1980 og 1990: Kontanthjælp.

---

[200] Statistisk Årbog for København m.m., 1953, s.115, 150, 203 og 205, 1961, s. 124. 157, 226 og 330, 1971, s. 331 og 334, 1981, s. 360 -362, 1991, s. 156.

Litteratur

Albertsen, Niels & Bülent Diken: Welfare and the City Welfare and the City, Nordic Journal of Architectural Research, 2023.

Birkbak, Bjarne: Den lange vej til København- Transportlinjer, spekulation og selvbyggere i Farum,

Bisgaard, Susanne og Erik D. Præstegaard: Sorgenfrivang- et kulturmiljø, 2019.

Hovedstadsmetropolen efter 1945, 2011.

Boding-Jensen, Kitt: Avedøre Holme-Danmarks sidste klassiske storskala industriområde, Hovedstadsmetropolen efter 1945, 2011.

Bro, Henning: Kommunal boligpolitik og boligbyggeri i Lyngby-Taarbæk Konmune1890-1930, Lyngby-bogen 1990.

Bro, Henning: Boligen mellem natvægterstat og velfærdsstat. Bygge- og boligpolitik i København 1840-1930, 2008.

Bro, Henning og Helga Mohr: Frederiksberg Kommune 1858-2008, 2008.

Bro, Henning: Fra hovedstads til hovedstadsmetropol – tiden før 1945, Hovedstadsmetropolen efter 1945, 2011.

Bro, Henning: Det skæve gymnasium – geografiske skævheder i hovedstadsmetropolens gymnasietilbud i det 20. århundrede, Uddannelseshistorie, Uddannelseshistorie 2019, 2019.

Bro, Henning: Sommerhusbyen. Sommerhusbyer i mellem-og efterkrigstidens hovedstadsmetropol METROPOL, 2021, nr. 1.

Bro, Henning: Hovedstadsmetropolen – den danske byregion. Regionale rammebetingelser for det danske hovedstadsområdes funktion som en byregion 1850-1990, Frydenlund Academic, bd. 1-3, 2023.

Bro, Henning: Pendlersatellitbyen. Hovedstadsmetropolens pendlersatellitbyer, METROPOL, 2023, nr. 1.

Bro, Henning: Oplandet. Københavnsegn og metropolopland før 1950, METROPOL, 2024, nr., 1.

Bro, Henning: ”Et udpræget hastværksarbejde” Omkring Hovedstadsrådets nedlæggelse 1989, Historisk Tidsskrift, 2024, bd. 1.

Bro, Henning: ”og dermed ligestillede”. Hovedstadslønarbejderklassen i det 20. århundredes første halvdel, Arbejderhistorie, 2025, nr. 1

Bundsgaard, Inge m.fl.: Træk af Herlev Skoles historie, Tubberup tidende: medlemsblad for Historisk Forening for Herlev-Hjortespring, nr. 18, 1990

Burgess, E.W.: The Growth for the City i P.E. Parker (red.): The City, 5. udgave 1967.

Christensen, Søren Bitsch og Mette Ladegaard Thøgersen: Bysystem og urbanisme ca. 1840-2000, Den moderne by, Århus 2006.

Christiansen, Caspar: Naturfredning og byplanlægning: Bevaring og udvikling i Søllerød, Hovedstadsmetropolen efter 1945, 2011.

Christiansen, Niels Finn: Klassesamfundet organiseres, Gyldendal og Politikens Danmarkshistorie, bd. 12, 1990.

Dragsbo, Peter: Byens udformning, P. Strømstad (red.): Mennesket og Maskinen, 1980.

Dragsbo, Peter: Forstaden – et kulturmiljøs historie, Den moderne by, 2007.

Dragsbo, Peter: Hvem opfandt parcelhuset? Forstaden har en historie, 2008.

Droste, Heiko: Three Types of Welfare Cities: The Case of Sweden, Nordic Welfare Cities, 2024.

Dybdal, Vagn: Det nye samfund på vej, Dansk socialhistorie, bd. 5, 1982.

Et skolevæsen i udvikling. Brikker til en historisk mosaik om Lyngby-Taarbæk Kommunes skoler, Lyngby-Bogen 2009.

Feldvoss, Poul: Skolen for folket. Tårnby Kommunes skolehistorie fra århundredskiftet til 2. verdenskrig, 2009.

Frem mod socialhjælpsstaten, Den danske velfærdshistorie, bd. 1, (Red. Jørn Henrik Petersen m.fl.), 2010.

Gladsaxebogen III, 1991.

Gottmann, Jean: Megalopolis: The urbanized northeastern seaboard of the United States. New York, 1961.

Hansen, Jens Erik Frits: Københavns forstadsbebyggelse i 1850'erne, 1977.

Hansen, Svend Aage og Ingrid Henriksen: Sociale brydninger 1914-1939, s. 1980.

Hansen, Svend Aage: Økonomisk Vækst i Danmark, bd., II, 1983.

Hansen, Svend Aage: Økonomisk Vækst i Danmark, bd. I, 1984.

Harris, Chauncy D. og Edward L. Ullmann: The Nature og Cities i The Annals of the American Academy of Political and Social Science, bd. 242, 1945.

Hvidberg, Ena og Hannelene Toft Jensen: Vestegnen, 1986.

Hvidberg, Ena og Hannelene Toft Jensen: Nordvestegnen, 1987.

Hvidberg, Ena og Hannelene Toft Jensen: Udsigt til Amager: Udviklingen i Tårnby og Dragør kommuner i dette århundrede, 1993.

Hvidt, Kristian: Det folkelige gennembrud og dets mænd, Gyldendal og Politikens Danmarkshistorie, bd. 11, 1990.

Jørgensen, Caspar: Affolkning og citydannelse i det indre København 1855-1985, i Fabrik og Bolig nr. 2, 1987.

Hansen, Bente Dahl: Måløv – en by på landet., 1997.

Hansen, Bente Dahl: Ballerup og Skovlunde. Om dem der var her før os. Fra landsby til stationsby og forstad, 2018.

Harkjær, Ole og Jeppe Tønsberg: København og DTU som grundejere i Lyngby-Taarbæk. Lyngby-bogen 1999.

Holden, Lone: Hvidovre – mulighedernes land i Fortid- og nutid, 1994, nr. 4.

Holm; Axel og Kjeld Johansen: København 1840-1949, 1941.

Hollensen, Lisbeth: Priorparken – Brøndbys nye bydel. Nordisk Kabel- og Traadfabriker; industrianlæg bliver kulturarv, Hovedstadsmetropolen, 2011.

Hyldtoft, Ole: København: fra fæstning til moderne storby, Karl- Erik Frandsen (red.): Kongens og folkets København – gennem 800 år, 1996.

Hyldtoft, Ole: Von FestungzurmodernenGrosstadt: Kopenhagen 1840-1914, A tale of twocities: Berlin-Kopenhagen 1650-1930, 1997.

Hyldtoft, Ole: From Fortified Town to Modern Metropolis. Copenhagen 1840-1914, Ingrid Hammerström og Tomas Hall (red.) Growth and Transformation of Modern City, Stockholm, 1997.

Hyldtoft, Ole: Fra fæstning til moderne storby, særnummer af Fabrik og Bolig, 1998.

Jansen, Inger Kjær: Amagers forstæder og med lufthavnen i baghaven, Hovedstadsmetropolen efter 1945, 2011.

Jansen, Inger Kjær: Fra landsogn til moderne forstadskommune, Stads & havneingeniøren: fagblad for teknik og miljø / Kommunalteknisk Chefforening, 2000, Årg. 91, nr. 8.

Jensen, Chr. Merup: En by og dens borgere, Landskab: tidsskrift for planlægning af have og landskab, 74 Årg. 55, nr. 3, 1974.

Johansen, Hans Chr.: En samfundsorganisation i opbrud, 1700-1870, Dansk socialhistorie, bd. 4, 1979.

Jensen Hans Jørgen Winther: En konservativ succes ? Politik og bolig i Hørsholms historie, Hovedstadsmetropolen efter 1945, 2011.

Jensen, Hans Jørgen Winther: Folkeskolen mellem land og by i Nordsjælland 1920-1925, GRANSK, 2019 [Online tidsskrift for Rudersdal Museer, Museum Nordsjælland, Museerne Helsingør og Furesø Museer].

Jensen, Sigurd: Under fælles ansvar, Københavns historie 1900-1945, bd. 5, 1991.

Jensen, Sigurd: Forstaden- byens forlængelse – en by – eller, Fortid og Nutid, dec. 1992.

Johansen, Jens: Fra syv landsbyer til 6 bydele. Bebyggelsens udvikling i Søllerød Kommune, Historisk-Topografisk Selskab for Søllerød Kommune, 1988.

Jørgensen, Caspar: Affolkning og citydannelse i det indre København 1855-1985, Fabrik og Bolig nr. 2, 1987.

Knudsen, Tim: Storbyen støbes. København mellem kaos og byplan 1840- 1917, 1988.

Kommuneatlas Gladsaxe, 1998.

Lebech, Mogens: Gladsaxe-bogen II. Gladsaxe Kommunes historie fra 1900 til 1941, 1971.

Liebst, Asger: Drømmen om Gladsaxe - En krønike om forstaden der forandrede Danmark, 2017.

Linnarsson, Magnus: The Nordic welfare city Urban community and public services since 1850, Nordic Welfare Cities, 2024.

Mellem skøn og ret, Dansk Velfærdshistorie, bd. 2, 2011 (Red. Jørn Henrik Petersen m.fl.), 2008.

Mikkelsen, Stella Borne: Byudviklingsudvalget for Københavns-egnen. Zoneinddelinger i kommunerne 1949-, Hovedstadsmetropolen efter 1945, 2011.

Monfared, Darius: Velfærdsdømme i Herlev. Elementbyggeriet i Herlevhuse i 1950´erne, Hovedstadsmetropolen efter 1945, 2011.

Monfared, Darius: Med S-tog til Herlev. Historien om Herlevs hastige forvandling til by, 2019.

Nordic Welfare Cities. Negotiating Urban Citizenship since 1850 (ed. Magnus Linnarsson & Mats Hallenberg), Routledge, 2024.

Nielsen, Jørgen Skipper og Steen Flindt: Idræt i Lyngby-Taarbæk. Lyngby-bogen 1999.

Pedersen, Poul Bæk: Arkitektur og plan i den danske velfærdsby 1950-1990: container og urbant raster, 2005.

Petersen, Ulla Holm: Aspekter af byudviklingen i Københavnsområdet 1890-1906, 1981. Vesterbro: En forstadsbebyggelse i København 1-2, 1986 Fredningsstyrelsen.

Rasmussen, Hans-Henrik: Glostrups Historie, 2009.

Rødovre 1901-1976 (red. Sigurd Rambusch), 1978.

Sgao, Z.: The New Urban Area Development, Springer Verlag, Berlin/Heidelberg, 2015

Skodborg, Lene: I Albertslund er velfærden blevet kulturarv, Hovedstadsmetropolen efter 1945, 2011.

Skjøt-Pedersen, Lise: Fra karnap til tekøkken. Etablering af Lyngby-Taarbæk Kommunes ældreomsorg 1916-1974, Lyngby-bogen 2002.

Skjøt-Pedersen, Lise: Daginstitutioner i Hovedstadsmetropolen indtil 1974, METROPOL, 2023, nr. 2.

Sorenius, Peter Jens Johansen og Niels Peter Stilling: Københavns Amt. Kulturhistorisk oversigt. Nyere tid 1536-1997, 1999.

Stilling, Niels Peter: Hvor storbyens skygge strejfer landet. Birkerød fra landsogn til storkommune, 2008.

Strandvejen – før og nu, bd. 1, 1998.

Sunderland, Robert: Høje Taastrup 1963-1996-En forstad bliver til, Hovedstadsmetropolen efter 1945, 2011.

Sverrild, Poul: Vejene til Hvidovre. Om den periurbane udvikling i en københavnsk forstadskommune, Frydenlund, 2020, s. 285.

Sverrild, Poul: Periurban phase and sphere. An investigation into urbanization of the Copenhagen suburb Hvidovre, Ålborg Universitet, 2016 [Ph.D.-afhandling]
Sørensen, Henning: Brøndbyvester – historien om en landsby, der voksede, 2002.
Trap Danmark: Tårnby Kommune, 2018.
The Welfare city in transition. A compilation of texts and images 1923-2020 (red. Pernille Marie Bärnhaim m.fl.), 2020.
Thelle, Mikkel: Røræg eller spejlæg – byplaner og hverdagsliv ved Køge Bugt 1945-1990, Den moderne by, Århus 2006.
Tønnesen; Eva: Roskildes vej fra købstad til planet by alle, Hovedstadsmetropolen efter 1945, 2011.
Tønsberg, Jeppe: Industrialiseringen af Lyngby. Træk af byens udvikling 1840-1916, Lyngbybogen, 1984.
Tønsberg, Jeppe: Handlen i Kongens Lyngby 1887-1987, Lyngbybogen, 1987.
Tønsberg, Jeppe: Industrisamfundets afvikling 1950-1980, Hovedstadsmetropolen efter 1945, 2011.
Tønsberg, Jeppe: Stadsbiblioteket i Lyngby og dets forgængere, Lyngby-bogen 2018.
Velfærdsstaten i støbeskeen, Dansk velfærdshistorie bd., 3 (Red. Jørn Henrik Pedersen), 2011.
Vesterbro: En forstadsbebyggelse i København 1-2, 1986 Fredningsstyrelsen.
Winterberg, Edith: Nybyggere i 1920'ernes Herlev, Tubberup tidende: medlemsblad for Historisk Forening for Herlev-Hjortespring. Nr. 23, 1993.
Voss, Charlotte: Gladsaxe industrikvarter 1930-1950. Fabrikker, boliger og byplaner i forstaden, Hovedstadsmetropolen efter 1945, 2011.

Trykte kilder

Betænkning om byplanmæssige forhold i Gentofte Kommune, Teknisk Forvaltning, 1944.
Betænkning vedrørende partiel byudviklingsplan nr. 7 for Københavns-egnens byudviklingsområde afgivet den 30. november 1965 af det Boligministeriet i oktober 1967 nedsatte byudviklingsudvalg for Københavns-egnen, 1965.
Betænkning vedrørende partiel byudviklingsplan nr. 6 for Københavns-egnens byudviklingsområde afgivet den 7. oktober af det Boligministeriet den 2. juli 1957 nedsatte byudviklingsudvalg for Københavns-egnen, 1965
Dispositionsplan for Køge Bugt-området, Planlægningsudvalget for Køge Bugt-området, 1970.
Folketingstidende 1953/54.
Gentofte Kommune. Billeder fra den tekniske udvikling siden århundredskiftet, Gentofte Kommunes tekniske forvaltning, 1947.
Herlev Kommune 1909-1949, 1949.
Statistiske Meddelelser, 1909-1929.
Statistisk Månedsskrift, 1930-1950.
Statistiske Årbog, 1951-1991
Statistisk Årbog for København, m.m. 195-1990.
Søborg Gymnasium 1986: 12.
Trap: Danmark, II. Bd., 1920
Trap: Danmark, bd., II,1, 1959.
Trap: Danmark, bd. III, 1953.
Trap: Danmark, bd. II,3, 1960.

Utrykte kilder

Frederiksberg Stadsarkiv
Hovedstadskommunernes Samrådsmøde 20.11.1963, J.nr. 120I, 1982, Sekretariatet [A 10].
Emneordnede sager: Gentofte Kommune. Byplan 1944, Bygningsinspektoratet [A 1200].

Gladsaxe Kommunes byggesagsarkiv
Digitale byggesager: https://www.weblager.dk/app

Rødovre Kommunes byggesagsarkiv
Digitale byggesager: https://www.weblager.dk/app.

Digitale kilder
Matrikulæroplysninger for Gladsaxe Kommuner; https://mingrund.gst.dk/.
Matrikulæroplysninger for Rødovre Kommune; https://mingrund.gst.dk/.
Ingram, Gregory K: Defining Metropolitan and Megapolitan Areas, Lincoln Institute of Land Policy, 2014. https://www.lincolninst.edu/sites/default/files/pubfiles/2488_1835_Ingram%20WP14GI1.pdf
1920-1970 i Glostrup Kommune | lex.dk – Trap Danmark
www.statistikbanken.dk

Nr.-1-1993.pdf
www.statistikbanken.dk (statbank 5a).
www.danskekommuner.dk/borgmesterfakta
Northeast Corridor Commission
METROPOL – Metropolhistorisk Netværk METROPOL
Kulturradikalisme, ca. 1870-
Sofus Bresemann – Nakskovs visionære borgmester – Historiens Hus Nakskov
https://translate.google.com/translate?hl=da&sl=en&u=https://www.lincolninst.edu/publications/articles/americas-mega-politan-areas&prev=search&pto=aue

<table>
<tr><td colspan="1" align="center">Historisk forskningsbaseret litteratur om større eller mindre dele af hovedstadsmetropolen
1977-2025</td></tr>
</table>

- Christian Wichmann Matthiesen: Ændringer i forudsætninger for hovedstadsregionens planlægning, Geografisk Orientering, nr. 3, 1977.
- Christian Wichmann Matthiessen: Ændringer i hovedstadsregionens planer, Geografisk Orientering, nr. 5, 1977.
- Christian Wichmann Matthiessen: Hovedstadsregionens planer, Geografisk Orientering, nr. 4, 1978.
- Christian Wichmann Matthiesen: Storkøbenhavn i Geografisk Orientering, nr. 4, 1981.
- Poul Erik Skriver: Byerne langs Køge Bugt, Dansk Byplanlaboratoriums skriftserie, nr. 28, 1984.
- Frank Bundgaard: Bag kulisserne – Køge Bugt-lovens politiske og administrative forspil, Byplanhistoriske Noter 8, 1986.
- 40´erne og 50´ernes byplanhistorie, Byplanhistoriske Noter, nr. 12, 1987.
- Hugo Marcussen: Lokalisering og byudvikling, s. 47-58, Byplanhistoriske Noter, nr. 22, Dansk Byplanlaboratorium, 1990
- Poul Lyager: Københavnske generalplantilløb 1932-1958, Byplanhistoriske Noter, nr. 26, 1992.
- Hans Thor Andersen, Hans Thor og Christian Wichmann Matthiesen: Metropolitan Marketing and Strategic Planning: Mega Events. A Copenhagen Perspective, Gografisk Tidsskrift, bd. 96, 1995.
- Finn Bruun: Dilemmas of Size: The Rise and Fall of the Greater Copenhagen Council, The government of world Cities. The Future of the Metro Model, 1995.
- Hugo Marcussen: Hovedstadsrådet 1.april 1974-31.december 1989, Erfaringer 6 år efter. Byplanhistoriske Noter 32, Dansk Byplanlaboratorium, 1996.
- Mogens Rüdiger Samme: DONG og energien, 1998.
- Henrik Didier Gautier: Hovedstadens forvaltning 1814-1901 i Dansk forvaltningshistorie I, Fra middelalder til 1901, 2000.
- Henrik Didier Gautier: Hovedstadens forvaltning 1901-1953 i Dansk forvaltningshistorie II, Fra 1901 til 1953, 2000.
- Hans Thor Andersen, Frank Hansen og Johan Jørgensen. The fall and rise of metropolitan government in Cppenhagen, GeoJournal, 2002, nr. 58.
- Byen og banen, Byplanhistoriske Noter, nr. 49, 2003
- Sved Illeris: Egnsudvikling. Egnsudviklingens historie i Danmark, Byplanhistoriske noter, nr. 54, 2005, Dansk Byplanlaboratorium.Mogens Rüdiger: Energi og regulering. Energipolitisk regulering og DONG A/S 1972-2004, 2007.
- Hans Thor Andersen: The emerging Danish government reform- centralised decentralisation, Urban Research & Practice, bd. 1, nr. 1, 2009, s. 1-17. Nr. 11,1, Dec, 2008.
- Henrik Vejre, Jørgen Primdahl og Jesper Brandt: The Copenhagen finger plan i Europe´sliving landscapes, Landscape Europe publication, 2009.
- Hovedstadsmetropolen efter 1945, Hovedstadsområdets Kulturhistoriske Arkiver (Red. Henning Bro m.fl.), 2011.
- Mogens Rüdiger: Energi i forandring, 2011.
- Henning Bro: Hovedstadsmetropolens sociale boligbyggeri, Arbejderhistorie, nr. 2, 2013.
- Henning Bro: Den grønne Hovedstadsmetropol. Det grønne i det røde, Arbejderhistorie, nr. 2, 2014.
- Henning Bro: Den danske hovedstadsmetropols kommunalstruktur, Nordiska lokalsamhällen i möte med globaliseringen 1950-2000. Studier i stads- og lokalhistoria, nr. 40, Stads- og kommunhistoriska institutet, Historiska Institutionen, Stockholms Universitet, 2015.
- Henning Bro: Den grønne hovedstadsmetropol, Skrifter, nr. 76, Dansk Byplanlaboratorium, Byplanhistorisk Udvalg, 2016.
- Henning Bro: Fra hestetræk til GPS-styring. Hyrevognstrafikken i Hovedstadsmetropolen 1869-2015, Erhvervshistorisk Årbog, nr. 2, 2016.
- Den grønne metropol, Natur- og rekreative områder i Hovedstadsmetropolen efter 1900 (red. Caspar Christiansen m.fl.), Hovedstadsområdets Kulturhistoriske Arkiver, 2017.
- Henning Bro: Hovedstadsmetropolens hyrevognstrafik, 1869-2018 – Fra planløshed til regulering, Siden Saxo, nr. 3 2018.
- Henning Bro: Bispeengbuen. Et metropolhistorisk monument over 1960´erne væksteufori, En byhistorisk mosaik. Festskrift til Jørgen Mikkelsen, 2019.

- Henning Bro: Farvel til hverdage. Lejrsport i mellemkrigstidens og 40´ernes hovedstadsmetropol, Arbejderhistorie, nr. 1, 2019.
- Hans Jørgen Winther Jensen: Folkeskolen mellem land og by i Nordsjælland 1920-1925, GRANSK, 2019
- Henning Bro: Fra birk til politi- og retskredse. Hovedstadsmetropolen jurisdiktion siden 1850, Politihistorisk Selskabs digitale tidsskrift, 2019.
- Henning Bro: Hovedstadsmetropolens brand- og ambulancevæsen. En privat og kommunal tjeneste med regionsudfordringer, Erhvervshistorisk Årbog, nr. 1. 2019.
- Henning Bro: Det skæve gymnasium. Geografiske skævheder i hovedstadsmetropolens gymnasietilbud i det 20. århundrede, Uddannelseshistorie 2019.
- Poul Sverrild: Vejene til Hvidovre. Om den periurbane udvikling i en københavnsk forstadskommune; Frydenlund, 2020.
- Hanna Dahlström: Köpenhamns uppkomst Om nätverk och aktörer i det tidigmedeltida Östdanmark, METRPOL, 2020, NR. 1.
- Jørgen Mikkelsen: Københavns nære og fjerne opland før industrialiseringen. METROPOL, 2020, nr. 1.
- Poul Sverrild: Byens husmænd og andre overlejrede historier. METROPOL, 2020, nr. 1.
- Henning Bro: Fra fæstningsby til Øresundsmetropol, METROPOL 2020, nr. 1.
- Henning Bro: Regionalt baserede kultur- og fritidstilbud. En særlig udfordring i mellem-og efterkrigstidens hovedstadsmetropol, METROPOL 2020, nr. 1.
- Henning Bro: Sommerhusbyen. Sommerhusbyer i mellem- og efterkrigstidens hovedstadsmetropolen, METROPOL 2021, nr.1.
- Henning Bro: Sommerhusby og typesommerhus, Erhvervshistorisk Årbog, 2020.
- Henning Bro: Regional planløshed, NY POLITIK, 2021, nr. 2.
- Henning Bro: Fra regional plan til regionale planløshed. Hovedstadsmetropolen i årtierne omkring årtusindeskiftet, METROPOL, 2021, nr. 2.
- David Kempel: Den nye urbane økonomi og byregionerEt tidsserieindeks over den danske geografiske økonomi 1992-2019, METROPOL, 2021, nr. 2.
- Henning Bro og Else Gade Gyldenkærne: Haslev – fra stationsby til pendlerby. En pendlersatellitby i hovedstadsmetropolens periferi, METROPOL, 2022.
- Henning Bro: Polydaktyli. Slangerup- og Farumbanen – en af rammebetingelserne for hovedstadsmetropolens byregionale funktion, 1906-1990, METROPOL, 2022.
- Henning Bro: Hovedstadsmetropolen- den danske byregion. Regionale rammebetingelser for det danske hovedstadsområdes funktion som en byregion i perioden 1850-1990, bd. 1-3, Frydenlund Academic, 2023.
- Henning Bro: Frederiksberg – en by i metropolen, Frederiksberg gennem tiderne, 2023.
- Henning Bro: Kommunal- og folketingsvalg på Frederiksberg. Udviklingstendenser 1896-2021, Frederiksberg gennem tiderne, 2022
- Henning Bro: Det røde Frederiksberg, Arbejderhistorie, nr.2, 2022.
- Henning Bro: Pendlersatellitbyen. Hovedstadsmetropolens pendlersatellitbyer, METROPOL 2023, nr.1.
- Marianne Fritze Nehls: København klager! En sansehistorisk undersøgelse af stank- og støj i den moderne storby1860-1914, METROPOL, 2023, nr. 1.
- Henning Bro: Frederiksberg – en by i metropolen, Frederiksberg gennem tiderne, 2023.
- Henning Bro: The Øresund metropolis: The history of the inter-Scandinavian urban region, Urban life in Nordic countries (Routledge Advances in Urban History nr. 16), Routledge, 2023
- Hans Jørgen Winther Jensen: Socialreformen 1933 i Hørsholm. En verden til forskel, METROPOL, 2023, nr. 2.
- Henning Bro: Den ustyrlige sygehussektor, METROPOL, 2023, nr. 2.
- Lise Skjøt-Pedersen. Daginstitutioner i Hovedstadsmetropolen indtil 1974, METROPOL, 2023. nr.2
- Henning Bro: Sydsverige som metropolbuffer. Den danske hovedstadsmetropol og Sydsverige, Ale, Historisk Tidsskrift för Skåne, Halland og Blekinge, nr. 1, 2024.
- Henning Bro: The conflict-filled holiday village. The expansion of summer houses in the Copenhagen metropolis' open land 1918–1990, Nordic Welfare Cities. Negotiating Urban Citizenship since 1850, Routledge, 2024.
- Henning Bro: Oplandet. Københavnsegn og metropolopland før 1950, METROPOL, 2024, nr. 1
- Henning Bro: Den ekspansive hovedstadsmetropol. Østdanske pendlersatellit- og sommerhusbyer, METROPOL, 2024, nr. 1
- Henning Bro: "Et udpræget hastværksarbejde" Omkring Hovedstadsrådets nedlæggelse 1989, Historisk Tidsskrift, nr. 1, 2024.

- Henning Bro: "Planøkonomi i mælkehandelen". Den storkøbenhavnske mælkeordning, 1939-1971, Arbejderhistorie, 2024, n. 2.
- Henning Bro: Regionale rammebetingelser. Vand. Energi. Varme, Spildevandsafledning. Regionale rammebetingelser for hovedstadsmetropolens udvikling som en byregion, 1850-1990, Urbane netværk, hovedstadsmetropolens forsyningshistorie 1850-2020, Frydenlund Academic, 2024.
- Henning Bro: Danske kommuner – en politisk kastebold, Ny politik, 2024, nr. 3.
- Henning Bro: Frederiksberg og metropolens mælkeforsyning, Frederiksberg gennem tiderne, 2024.
- Henning Bro: Regionalhistorie, Journalen, 2024, nr. 3.
- Henning Bro: Før broen. Øresundsforbindelser før Øresundsbroen, Ale, Historisk Tidsskrift för Skåne, Halland og Blekinge, nr. 2, 2025.
- Henning Bro: Hovedstadsmetropolen i det danske bysystem, Historisk Tidsskrift, 2025, nr. 1.
- Henning Bro: København - en by metropolen, METROPOL, 2024, nr. 2.
- Henning Bro: "Den snobbede bane". S-baneforlængelsen til Hillerød i 1968. METROPOL, 2024, nr. 2.
- Henning Bro: "og dermed ligestillede". Hovedstadslønarbejderklassen i det 20. århundredes første halvdel, Arbejderhistorie, nr. 1, 2025.
- Henning Bro: Øresundsrådet. Et Øresundsregionalt kommunesamvirke, 1962-1993, Över Öresund, Markadam, 2025

FSC
www.fsc.org
MIX
Papir fra ansvarlige kilder
Paper from responsible sources
FSC® C105338